METODOLOGIA DO ENSINO SUPERIOR

O GEN | Grupo Editorial Nacional – maior plataforma editorial brasileira no segmento científico, técnico e profissional – publica conteúdos nas áreas de ciências sociais aplicadas, exatas, humanas, jurídicas e da saúde, além de prover serviços direcionados à educação continuada e à preparação para concursos.

As editoras que integram o GEN, das mais respeitadas no mercado editorial, construíram catálogos inigualáveis, com obras decisivas para a formação acadêmica e o aperfeiçoamento de várias gerações de profissionais e estudantes, tendo se tornado sinônimo de qualidade e seriedade.

A missão do GEN e dos núcleos de conteúdo que o compõem é prover a melhor informação científica e distribuí-la de maneira flexível e conveniente, a preços justos, gerando benefícios e servindo a autores, docentes, livreiros, funcionários, colaboradores e acionistas.

Nosso comportamento ético incondicional e nossa responsabilidade social e ambiental são reforçados pela natureza educacional de nossa atividade e dão sustentabilidade ao crescimento contínuo e à rentabilidade do grupo.

Antonio Carlos Gil

METODOLOGIA DO ENSINO SUPERIOR

6ª Edição

PRESENCIAL, A DISTÂNCIA E HÍBRIDO

- O autor deste livro e a editora empenharam seus melhores esforços para assegurar que as informações e os procedimentos apresentados no texto estejam em acordo com os padrões aceitos à época da publicação, *e todos os dados foram atualizados pelo autor até a data de fechamento do livro*. Entretanto, tendo em conta a evolução das ciências, as atualizações legislativas, as mudanças regulamentares governamentais e o constante fluxo de novas informações sobre os temas que constam do livro, recomendamos enfaticamente que os leitores consultem sempre outras fontes fidedignas, de modo a se certificarem de que as informações contidas no texto estão corretas e de que não houve alterações nas recomendações ou na legislação regulamentadora.

- Data do fechamento do livro: *15/12/2022*

- O autor e a editora se empenharam para citar adequadamente e dar o devido crédito a todos os detentores de direitos autorais de qualquer material utilizado neste livro, dispondo-se a possíveis acertos posteriores caso, inadvertida e involuntariamente, a identificação de algum deles tenha sido omitida.

- **Atendimento ao cliente:** (11) 5080-0751 | faleconosco@grupogen.com.br

- Direitos exclusivos para a língua portuguesa
  Copyright © 2023 by
  Editora Atlas Ltda.
  Uma editora integrante do GEN | Grupo Editorial Nacional
  Travessa do Ouvidor, 11
  Rio de Janeiro – RJ – 20040-040
  www.grupogen.com.br

- Reservados todos os direitos. É proibida a duplicação ou reprodução deste volume, no todo ou em parte, em quaisquer formas ou por quaisquer meios (eletrônico, mecânico, gravação, fotocópia, distribuição pela Internet ou outros), sem permissão, por escrito, da Editora Atlas Ltda.

- Capa: Gabriel Calou, adaptada por Rejane Megale

- Editoração eletrônica: LWO Produção Editorial

- Ficha catalográfica

CIP-BRASIL. CATALOGAÇÃO NA PUBLICAÇÃO
SINDICATO NACIONAL DOS EDITORES DE LIVROS, RJ

G392m
6.ed.

    Gil, Antonio Carlos
    Metodologia do ensino superior : presencial, a distância e híbrido / Antonio Carlos Gil. - 6. ed. - Barueri [SP] : Atlas, 2023.

    Inclui bibliografia e índice
    ISBN 978-65-5977-309-1

    1. Ensino Superior - Metodologia. 2. Prática de ensino. I. Título.

22-81405
    CDD: 378.17
    CDU: 378.147

Meri Gleice Rodrigues de Souza - Bibliotecária - CRB-7/6439

SOBRE O AUTOR

ANTONIO CARLOS GIL é licenciado em Pedagogia e Ciências Sociais. É Mestre e Doutor em Ciências Sociais pela Escola de Sociologia e Política de São Paulo e Doutor em Saúde Pública pela Universidade de São Paulo. Tem lecionado as disciplinas Metodologia do Ensino Superior e Didática do Ensino Superior em diferentes cursos de pós-graduação. É professor dos programas de mestrado e doutorado em Administração da Universidade Municipal de São Caetano do Sul.

A Martim e Vicente, meus netos.
A Dora e Lina, minhas netas.

APRESENTAÇÃO

Diferentemente dos professores do ensino fundamental e do ensino médio, o professor universitário no Brasil tem tido como base para sua atuação a profissão exercida paralelamente no mercado de trabalho. A lógica subjacente a essa atuação é a de que quem sabe fazer sabe ensinar. Assim, a legitimação da competência profissional do professor universitário, bem como o processo de seleção para atuar nas instituições de ensino, tem sido determinada principalmente pelo poder das corporações. Dessa forma, a Pedagogia ficou afastada dos processos de recrutamento, seleção e aperfeiçoamento dos professores universitários.

Não há como deixar de reconhecer a importância da experiência profissional para o exercício do magistério em cursos superiores, já que estes têm a profissionalização como um de seus principais propósitos. Mas isso não significa que basta ser um profissional competente em determinada área para se qualificar para o exercício das atividades docentes. O professor necessita, além do preparo especializado na matéria que pretende lecionar, dispor de competências e habilidades pedagógicas. Tanto é que a Lei de Diretrizes e Bases da Educação Nacional estabelece que a preparação para o exercício do magistério superior far-se-á em nível de pós-graduação, prioritariamente em programas de mestrado e doutorado.

Ocorre, porém, que esses programas, voltados principalmente para a preparação de pesquisadores, não contemplam, de modo geral, a formação pedagógica. Assim, numa tentativa de superar essas deficiências, vêm sendo oferecidos, em nível de especialização, cursos como os de Docência do Ensino Superior e Didática do Ensino Superior. São cursos que, para os participantes motivados para o aperfeiçoamento de suas competências pedagógicas, costumam oferecer bons resultados.

Uma das mais importantes disciplinas oferecidas nesses cursos é a Metodologia do Ensino Superior, que objetiva esclarecer acerca da elaboração de planos de ensino, formulação de objetivos, seleção de conteúdos e elaboração de instrumentos para avaliação da aprendizagem. Com vistas, pois, a contribuir para o aprendizado dessa disciplina é que apresentamos o presente livro, elaborado com base em nossa experiência docente em cursos de graduação e de pós-graduação em diferentes áreas e de preparação de pessoal docente tanto para o Ensino Superior quanto para programas de treinamento e desenvolvimento de recursos humanos. Trata-se de trabalho modesto em suas pretensões. Procuramos torná-lo mais um manual prático para orientar as ações do professor do que um compêndio de teorias e técnicas pedagógicas. Mas, para o professor que deseja aprofundar-se em tópicos específicos, são oferecidas sugestões de leitura, ao final de cada capítulo.

Especial atenção passou a ser dada nesta edição aos aspectos metodológicos relacionados à educação a distância e ao ensino híbrido, que já vinham se tornando cada vez mais presentes nas faculdades e nas universidades, mas se intensificaram em virtude das limitações ao ensino presencial determinadas pelo combate à pandemia de Covid-19. Assim, no lançamento desta sexta edição, totalmente revista e ampliada, não poderíamos deixar de externar nossos agradecimentos a Mauro Koogan Lorch, Presidente do Grupo GEN, pela confiança depositada em nosso trabalho.

Antonio Carlos Gil

VÍDEOS DO AUTOR

Confira nesta edição um bate-papo com o autor sobre temas de grande relevância no cenário da educação.

O acesso aos vídeos é feito via *QR Code*. Para reproduzi-los, basta ter um aplicativo leitor de *QR Code* instalado no *smartphone* e posicionar a câmera sobre o código. É possível acessar os vídeos também por meio da URL que aparece abaixo do código.

Assista à entrevista do autor, Antonio Carlos Gil, com a doutora em Educação Andrea Ramal.

Vídeos do autor

SUMÁRIO

1 O Professor Universitário 1
    1.1   Formação do professor universitário no Brasil 1
    1.2   Características requeridas do professor universitário 4
    1.3   Preparação do professor universitário 7

2 O Professor Universitário em Aula 11
    2.1   O significado da aula nos cursos superiores 12
    2.2   A ênfase no ensino ou na aprendizagem 13
    2.3   O conhecimento dos alunos 16
        2.3.1   Diferenças individuais 16
        2.3.2   Classificação dos alunos 18
        2.3.3   Diagnóstico das expectativas dos alunos 19

3 Planejamento do Ensino 23
    3.1   O planejamento das atividades educativas 23
        3.1.1   Planejamento educacional 24
        3.1.2   Planejamento institucional 24
        3.1.3   Planejamento curricular 25
        3.1.4   Planejamento do ensino 25
    3.2   A elaboração de planos de ensino 26
        3.2.1   Plano de disciplina 27
        3.2.2   Planos de unidade 30

3.2.3	Plano de aula	31
3.3	Quão rígidos devem ser os planos	32

4 A Formulação de Objetivos 35

4.1 Função dos objetivos 35

4.2 Histórico dos objetivos educacionais 36

4.3 Propósitos, metas e objetivos 37

4.4 Características dos objetivos adequados 38

    4.4.1 Os objetivos orientam-se para os alunos 38

    4.4.2 Os objetivos fornecem uma descrição dos resultados de aprendizagem desejados 39

    4.4.3 Os objetivos são claros e precisos 39

    4.4.4 Os objetivos são facilmente compreendidos 39

    4.4.5 Os objetivos são relevantes 39

    4.4.6 Os objetivos são realizáveis 39

4.5 Classificação dos objetivos 40

    4.5.1 Domínio cognitivo 40

    4.5.2 Domínio afetivo 42

    4.5.3 Domínio psicomotor 43

4.6 Vantagens e limitações da formulação de objetivos 44

5 Seleção e Organização dos Conteúdos 47

5.1 Papel dos conteúdos no planejamento do ensino 48

5.2 Critérios para a seleção dos conteúdos 49

    5.2.1 Vinculação aos objetivos 49

    5.2.2 Significância 49

    5.2.3 Validade 49

    5.2.4 Utilidade 50

    5.2.5 Flexibilidade 50

    5.2.6 Adequação à diversidade dos alunos 50

    5.2.7 Adequação ao tempo 51

    5.2.8 Adequação à modalidade de ensino 51

5.3 Ordenação dos conteúdos 51

5.4 Curadoria de conteúdo 53

6 Facilitação da Aprendizagem 55

6.1 Conceito de aprendizagem 56

6.2 Fatores que influenciam o processo de aprendizagem 56

XIV

Sumário

6.2.1	Competências intelectuais	56
6.2.2	Fatores emocionais	58
6.2.3	Fatores sociais	58
6.2.4	Motivação	59
6.2.5	Concentração	60
6.2.6	Reação	61
6.2.7	Realimentação (*feedback*)	62
6.2.8	Memória	62
6.2.9	Hábitos de estudo	65

6.3 Estratégias para facilitar a aprendizagem 66

7 Aulas Expositivas 69

7.1 Modelos clássico e moderno de exposição 69

7.2 Vantagens e limitações da exposição 72

7.3 Como podem ser aprimoradas as habilidades de comunicação para a exposição 72

7.3.1	A voz	72
7.3.2	A expressão corporal	73
7.3.3	O contato visual	74

7.4 Modalidades de exposição 74

7.4.1	Aula expositiva	74
7.4.2	Aula-recitação	75
7.4.3	Exposição-demonstração	75
7.4.4	Exposição provocativa	75
7.4.5	Exposição-discussão	75

7.5 Como planejar a exposição 76

7.5.1	Seleção dos tópicos	76
7.5.2	Organização dos tópicos	76
7.5.3	Preparação das notas de aula	77

7.6 Como conduzir as exposições 77

7.6.1	Introdução	77
7.6.2	Desenvolvimento	77
7.6.3	Conclusão	78

7.7 Como melhorar a qualidade das aulas 78

7.7.1	Manifestando espontaneidade	78
7.7.2	Estimulando a atenção dos estudantes	78
7.7.3	Introduzindo variedade	79
7.7.4	Obtendo *feedback* durante a aula	79

7.7.5	Utilizando tecnologia	79
7.7.6	Encorajando a tomada de notas	80
7.7.7	Promovendo revisões	80

8 Discussão em Classe 81
8.1	O valor pedagógico da discussão	81
8.2	Discussão com a classe toda	82
8.2.1	Modalidades de discussão com a classe toda	83
8.2.2	Como iniciar a discussão	84
8.2.3	Como formular perguntas	85
8.2.4	Como estimular a participação	85
8.2.5	Como vencer a resistência dos alunos	87
8.2.6	Como encerrar a discussão	88
8.3	Discussões em pequenos grupos	89
8.3.1	Grupo de "cochicho"	90
8.3.2	Fracionamento	90
8.3.3	Painel integrado	91
8.3.4	Grupo de verbalização e grupo de observação (GV/GO)	91
8.3.5	Grupos para formulação de questões	91
8.4	Seminários	92
8.5	Avaliação das discussões	93

9 Métodos Ativos 95
9.1	Que são métodos ativos?	95
9.2	Fundamentos dos métodos ativos	96
9.3	Métodos de ensino ativo	98
9.3.1	Aprendizagem baseada em projetos	99
9.3.2	Método de caso	101
9.3.3	Aprendizagem baseada em problemas (ABP)	102
9.3.4	Aprendizagem baseada em jogos	104
9.3.5	Sala de aula invertida	106
9.4	Técnicas para facilitar a aprendizagem ativa	106
9.4.1	Pausas de esclarecimento	107
9.4.2	Artigo de um minuto	107
9.4.3	Compartilhamento de notas	107
9.4.4	Pensamento compartilhado	107
9.4.5	Resumo da resposta de outro aluno	107
9.4.6	Quebra-cabeças	107

Sumário

9.4.7	Construção de questionários	108
9.4.8	Mapas conceituais	108
9.4.9	Solução de problemas	108
9.4.10	Listas visuais	108
9.4.11	Seções de revisão ativa	108
9.4.12	*Role-playing*	109

10 Como preparar atividades para educação a distância ... 111

10.1	Significado de educação a distância	111
10.2	Vantagens e desvantagens da educação a distância	112
10.3	Fundamentos teóricos da educação a distância	112
10.4	O *design* instrucional na educação a distância	113
10.5	Elaboração de conteúdos	116
10.5.1	Seleção e organização dos conteúdos	116
10.5.2	Ordenação sequencial dos conteúdos	117
10.5.3	Seleção das fontes	117
10.5.4	Estabelecimento do diálogo didático	118
10.6	Elaboração de textos	119
10.6.1	Características dos textos didáticos	119
10.6.2	Estruturação do texto	119
10.6.3	Elaboração dos tópicos	120
10.6.4	Recursos de apoio	121
10.6.5	Ilustrações	121
10.7	Preparação de *podcasts*	122
10.8	Preparação de videoaulas	122
10.8.1	Criação do roteiro	123
10.8.2	Preparação do cenário e dos equipamentos	123
10.8.3	Preparação do professor	123
10.8.4	Apresentação da videoaula	124
10.9	Criação de *WebQuests*	124
10.10	Criação de fóruns de discussão	125
10.11	Elaboração das atividades avaliativas	126

11 Como Utilizar o Ensino Híbrido (*Blended Learning*) ... 129

11.1	O que é ensino híbrido?	129
11.2	Vantagens do ensino híbrido	130
11.3	Desvantagens do ensino híbrido	131
11.4	Modelos de ensino híbrido	132

XVII

Sumário

11.4.1 Modelo de rotação 132
11.4.2 Modelo flexível 132
11.4.3 Modelo *à la carte* 133
11.4.4 Modelo enriquecido 133
11.5 Etapas do ensino híbrido 133
11.5.1 Diagnóstico de necessidades e expectativas dos alunos ... 133
11.5.2 Elaboração do plano do curso ou da disciplina 133
11.5.3 Determinação do nível de interatividade 133
11.5.4 Determinação do modelo de ensino 134
11.5.5 Escolha das ferramentas 134
11.5.6 Planejamento das atividades de cada tópico 134
11.5.7 Promoção do engajamento 134
11.5.8 Avaliação 134
11.6 Utilização da sala de aula invertida 135
11.6.1 Planejamento do curso 135
11.6.2 Apresentação do curso 135
11.6.3 Preparação do material 136
11.6.4 Avaliação da aprendizagem dos alunos 136
11.6.5 Atividades em sala de aula 137
11.6.6 Avaliação do progresso dos alunos 137

12 Utilização de Recursos Tecnológicos 139
12.1 Vantagens da utilização de recursos tecnológicos 139
12.1.1 Aproximação da realidade 140
12.1.2 Facilitação do acesso à informação 140
12.1.3 Criação de um ambiente agradável de aprendizagem ... 140
12.1.4 Promoção do aprendizado independente 140
12.1.5 Facilitação da avaliação 141
12.2 Desvantagens dos recursos tecnológicos 141
12.2.1 Utilização com finalidade recreativa 141
12.2.2 Dependência do recurso 141
12.2.3 Incentivo à passividade 141
12.2.4 Exigência de competência técnica para utilização 141
12.3 Tecnologias emergentes de ensino 141
12.3.1 Computação em nuvem 142
12.3.2 Impressão em 3D 142
12.3.3 Realidade aumentada 142
12.3.4 Gamificação (*Gamification*) 142
12.3.5 Aprendizagem móvel 142
12.3.6 Aprendizagem combinada 143

XVIII

Sumário

12.3.7 BYOD (*Bring Your Own Device*) 143
12.3.8 Curso *On-line* Aberto e Massivo (*Massive Open On-line Course* – MOOC) 143
12.4 Ferramentas tecnológicas disponíveis 143
12.4.1 Tecnologias de comunicação 144
12.4.2 Tecnologias de apresentação 144
12.4.3 Tecnologias de planejamento 144
12.4.4 Tecnologias de produção de conteúdos 145
12.4.5 Tecnologias de apoio a disciplinas específicas 145
12.4.6 Tecnologias de avaliação..146
12.4.7 Ambientes virtuais de aprendizagem.............................146
12.5 Como usar recursos tecnológicos..147
12.5.1 Quadro de giz e quadro-branco 147
12.5.2 Blocos de papel (*flipcharts*)...148
12.5.3 Projetor multimídia...148
12.5.4 Lousa interativa (*smart board*) 149
12.5.5 *E-mails* 150
12.5.6 Fóruns de discussão *on-line* 150
12.5.7 *Chats*..151

13 Avaliação da Aprendizagem..153
13.1 Por que a avaliação da aprendizagem é crítica...............................153
13.2 Por que é importante a avaliação 154
13.3 Como tornar a avaliação adequada aos propósitos do Ensino Superior..155
13.3.1 A avaliação deve ser entendida como parte integrante do processo de aprendizagem.......................................155
13.3.2 A avaliação deve ser contínua..155
13.3.3 Os instrumentos de avaliação devem apresentar fidedignidade e validade 156
13.3.4 A avaliação deve abranger os diferentes domínios da aprendizagem 156
13.3.5 A avaliação deve ser integrada.......................................156
13.3.6 As avaliações devem ser preparadas com antecedência ...157
13.3.7 As provas devem ser diversificadas 157
13.3.8 Convém preparar os alunos para as provas 157
13.3.9 As provas devem ser ministradas sob um clima favorável...157
13.3.10 As provas devem ser corrigidas com cuidado e devolvidas rapidamente..157
13.3.11 O processo deve contar também com a autoavaliação ..158
13.3.12 O desempenho do professor também deve ser avaliado...158
13.4 Que modalidades de prova podem ser aplicadas 159
13.4.1 Provas objetivas...159

XIX

	13.4.2	Provas discursivas	163
	13.4.3	Provas práticas	164
	13.4.4	Provas orais	165
13.5		Outras modalidades de avaliação	165
	13.5.1	Avaliação da memorização e da compreensão	165
	13.5.2	Avaliação da aplicação de conhecimentos	165
	13.5.3	Avaliação da habilidade de análise	166
	13.5.4	Avaliação da habilidade de síntese	166
	13.5.5	Avaliação de habilidades humanas e atitudes	166
	13.5.6	Avaliação da consciência dos alunos acerca de suas atitudes e valores	166
	13.5.7	Avaliação da autoconsciência dos alunos enquanto alunos	167
	13.5.8	Avaliação de habilidades, estratégias e comportamentos de estudo relacionados ao curso	167
13.6		Como lidar com a cola	167

BIBLIOGRAFIA 169

ÍNDICE ALFABÉTICO 177

1

O PROFESSOR UNIVERSITÁRIO

Os professores de Ensino Básico, de modo geral, passam por um processo de formação pedagógica, desenvolvido em cursos de Pedagogia ou de licenciaturas específicas. Nesses cursos, os candidatos ao exercício do magistério entram em contato com disciplinas como Psicologia da Educação, Didática e Prática de Ensino, que têm por objetivo capacitá-los para o desempenho de atividades docentes. O mesmo não ocorre com os professores de nível superior. Ainda que muitas vezes possuam títulos como os de Mestre ou de Doutor, os professores que lecionam nos cursos universitários, na maioria dos casos, não passaram por qualquer processo sistemático de formação pedagógica.

O autodidatismo passa a ser, portanto, o principal meio de preparação do professor que atua no Ensino Superior. Assim, este livro foi elaborado com o propósito de auxiliar professores que desejam aprimorar suas habilidades docentes e de capacitar futuros professores universitários. Este primeiro capítulo refere-se aos requisitos para atuar como professor no Ensino Superior. **Após estudá-lo cuidadosamente, você será capaz de:**

- reconhecer os requisitos legais para o exercício da docência no Ensino Superior;
- identificar as características pessoais requeridas do professor universitário;
- reconhecer a importância da formação pedagógica do professor universitário.

1.1 Formação do professor universitário no Brasil

Prevaleceu durante muito tempo a concepção de que o professor universitário, por lidar com adultos, não necessita tanto da formação didática quanto os professores do Ensino Básico, que lidam principalmente com crianças e adolescentes. De acordo com esse raciocínio, o mais importante para o desempenho do professor universitário seria

1   O professor universitário

o domínio dos conhecimentos referentes à matéria que leciona, aliado, sempre que possível, à prática profissional. Seus alunos, por serem adultos e por terem interesses sobretudo profissionais, estariam suficientemente motivados para a aprendizagem e não apresentariam problemas de disciplina como em outros níveis de ensino.

Essas suposições durante muito tempo foram aceitas, sobretudo em decorrência do caráter elitista atribuído ao Ensino Superior, manifestado já na criação dos primeiros cursos universitários. Como a oferta de vagas nesses cursos era reduzida, os candidatos eram selecionados com bastante rigor e a universidade cumpria sua finalidade básica, que era de formar uma elite capaz de ocupar os postos de trabalho mais valorizados na hierarquia social. Os professores universitários, por sua vez, ancorados nos privilégios decorrentes da conquista de cátedra, não eram questionados em relação ao seu desempenho em sala de aula.

Este quadro foi se alterando, no entanto, à medida que um número maior de pessoas chegou à universidade, os cursos superiores se tornaram mais específicos e uma quantidade maior de profissionais passou a ser requerida para o desempenho das atividades docentes. Mais ainda com a intensificação da oferta de cursos a distância e na modalidade de ensino híbrido, que passaram a exigir novas habilidades dos docentes. Por outro lado, graças à adoção de uma visão mais crítica do processo de ensino, passou-se a admitir que a função de professor universitário não poderia ser desempenhada por um profissional qualificado apenas por notável competência técnica na área, mas que dispusesse também de conhecimentos e habilidades de natureza pedagógica. Tanto é que vem se tornando frequente alunos de cursos universitários, ao fazerem a apreciação de seus professores, ressaltarem sua competência técnica e criticarem sua didática.

Com vistas a capacitar professores para o Ensino Superior, as autoridades educacionais, ao longo do tempo, editaram diversas medidas. Assim, com a edição da Lei nº 5.540, de 28 de dezembro de 1968, que instituiu a Reforma Universitária, a obtenção de graus de Mestre e de Doutor tornou-se requisito para acesso aos cargos de carreira nas universidades públicas. Mas as instituições particulares de Ensino Superior passaram a exigir de seus professores apenas a conclusão de cursos de especialização (*lato sensu*). Esses cursos, quando de sua criação, de acordo com a Resolução nº 12/1983 do então Conselho Federal de Educação, tinham como exigência que pelo menos 60 horas da carga horária fossem utilizadas com disciplinas de formação didático-pedagógica. Mas esses dispositivos foram alterados pela Resolução CNE/CES nº 1, de 3 de abril de 2001, que suprimiu a exigência de disciplinas pedagógicas. Seus concluintes, no entanto, continuam habilitados para ministrar aulas em cursos superiores.

A Lei nº 9.394, de 20 de dezembro de 1996, que estabelece as diretrizes e as bases da educação nacional, ampliou as exigências para o exercício do magistério superior, determinando que:

> Art. 66. A preparação para o exercício do magistério superior far-se-á em nível de pós-graduação, prioritariamente em programas de mestrado e doutorado.

Embora os programas de mestrado sejam considerados o principal meio institucional de preparação de professores para o Ensino Superior, não contemplam,

2

O professor universitário

de modo geral, a formação pedagógica. Poucos são os programas que oferecem disciplinas dessa natureza. Esses programas têm como objetivo capacitar seus participantes para a realização de pesquisas científicas – o que constitui, sem dúvida, um dos mais importantes requisitos de um professor nesse nível de ensino, pois o que se espera é que ele não seja apenas um reprodutor, mas também um construtor de conhecimentos. Mas a inexistência de disciplinas de caráter didático-pedagógico nesses programas deixa uma lacuna em sua formação.

Numa tentativa de suprir essa lacuna, algumas instituições vêm oferecendo cursos de Metodologia do Ensino Superior e Didática do Ensino Superior. Esses cursos, que geralmente têm carga horária de pelo menos 360 horas, são considerados de pós-graduação *lato sensu* e incluem disciplinas como Psicologia da Aprendizagem, Planejamento de Ensino, Didática e Metodologia de Ensino. Para os participantes motivados para o aprimoramento de suas competências pedagógicas, costumam oferecer bons resultados. Mas são conhecidos casos de instituições de Ensino Superior que os têm oferecido a seus próprios professores com a finalidade de "qualificá-los", com resultados muito aquém do desejado.

A preparação pedagógica do professor universitário não constitui tarefa fácil. Primeiro, pela inexistência de uma tradição de cursos destinados à preparação desses professores. Depois, porque, em virtude de acomodação, temor de perda de *status* ou de não reconhecimento da importância da formação pedagógica, muitos professores negam-se a participar de qualquer programa de formação ou aperfeiçoamento nessa área.

Para justificar a postura contrária à preparação pedagógica dos professores universitários, chega-se mesmo a invocar razões de ordem etimológica. A palavra *pedagogia* vem do grego (*paidós* = criança; e *gogein* = conduzir). Assim, a pedagogia referir-se-ia apenas à educação das crianças. Por essa razão é que alguns autores preferem falar em androgogia (do grego: *andragos* = adultos) para se referir aos esforços sistemáticos destinados à formação de adultos.

Essa argumentação não procede, pois por pedagogia entende-se hoje o conjunto de doutrinas, princípios e métodos de educação tanto da criança quanto do adulto. Todavia, não há como deixar de reconhecer que tradicionalmente a maioria dos estudos e ações práticas neste campo tem sido dirigida principalmente às crianças. Mesmo os trabalhos que tratam especificamente da educação de adultos referem se, na maioria dos casos, à educação das pessoas que entram tardiamente na escola ou às atividades de preparação de recursos humanos para as empresas.

Boa parte da responsabilidade acerca da desvalorização da preparação pedagógica dos professores pode ser atribuída à própria universidade, que nem sempre valoriza o professor no desempenho de suas funções docentes. O prestígio de uma universidade é determinado principalmente pela qualidade de seus cursos de pós-graduação e pelas pesquisas que promove. O professor, por sua vez, tende a ser valorizado por sua titulação e por seus trabalhos científicos. Seu mérito enquanto professor não é avaliado. Chega-se, portanto, à irônica conclusão de que, "nas

O professor universitário

instituições denominadas de Ensino Superior, o 'ensino' nem sempre é levado em conta" (GODOY, 1988, p. 31).

A própria Lei de Diretrizes e Bases da Educação Nacional – LDB (Lei nº 9.394/1996) não contribui para que se altere essa situação, pois em seu art. 65 estabelece:

> A formação docente, *exceto para a educação superior*, incluirá a prática de ensino de, no mínimo, trezentas e sessenta horas. (grifo nosso)

É natural que, numa universidade assim concebida, os conhecimentos e habilidades pedagógicas do professor sejam pouco considerados. E que, por consequência, este não se esforce por adaptar os conteúdos de ensino às características e necessidades dos estudantes.

Todavia, à medida que se analisa detidamente o problema do magistério de nível superior, fica evidente a necessidade da formação pedagógica dos professores. Formação esta que enfatize não apenas os métodos de ensino, mas também a incorporação de conceitos acerca do papel do professor em relação ao aluno, à escola e à própria sociedade.

1.2 Características requeridas do professor universitário

Não basta cumprir as exigências legais para exercer as atribuições próprias do professor universitário. Como são muitos os papéis que lhe são atribuídos, é de se admitir que também são muitas as características requeridas para o desempenho de suas tarefas. Tanto é que podem ser identificados muitos trabalhos que se propõem a apresentar os atributos do bom professor. Alguns desses trabalhos têm sido elaborados com base em pesquisa científica. Mas, em virtude da relevância da profissão, muito do que vem sendo escrito a seu respeito caracteriza-se por notável conteúdo valorativo.

Também há que se considerar que a profissão de professor é muito dinâmica. Em virtude dos múltiplos desafios econômicos, políticos, sociais e tecnológicos, suas atribuições vêm se alterando significativamente. Fica difícil, portanto, definir com clareza e precisão os requisitos necessários para o adequado exercício da profissão, embora possam ser encontrados muitos livros que têm como propósito definir o perfil desejado do professor enfatizando tanto os papéis que desempenha quanto as virtudes requeridas. Considerem-se, a propósito, alguns de seus títulos: *O que faz um bom professor* (HASSET, 2000), *Os sete papéis do professor* (POTENZA, 2000) e *Os doze papéis do professor* (HARDEN; CROSBY, 2000), *Quais são os dez traços do professor altamente eficaz?* (McEWAN, 2002), *As qualidades dos professores eficazes* (STRONGE, 2018) e *Os segredos para o desenvolvimento mais eficaz do professor* (WESTON; CLAY, 2018).

Com base, pois, nas contribuições desses autores e de outros, como Hildebrand, Wilson e Dienst (1971), Perrenoud (2000), Schon (2000), Nicolescu (2000), Ouellet, (2002) e Masetto (2010), apresenta-se, a seguir, uma relação das características desejáveis dos professores eficazes. Trata-se, evidentemente, de características ideais. É pouco provável que um professor apresente todas essas características em alto nível. O que se pretende é que elas possibilitem a reflexão acerca do papel do professor universitário e que indiquem o que é possível fazer com vistas a aumentar sua eficácia.

O professor universitário

Acessível
Fornece número de telefone e *e-mail*. Está disponível antes e depois das aulas.
É apaixonado pela missão. Sente tanto uma vocação para ensinar quanto uma paixão por ajudar os alunos a aprender e a crescer.

Atualizado
Aborda tópicos atuais. Utiliza textos e vídeos recentes. Relaciona conteúdos a situações contemporâneas. Participa de cursos e de seminários de atualização.

Bom ouvinte
Está atento ao que dizem os estudantes. Não corta suas falas. Faz perguntas acerca do que estão fazendo.

Competência tecnológica
Utiliza eficientemente os equipamentos tecnológicos. Domina os recursos proporcionados pela internet. Mantêm página na *web* para apoiar as aulas.

Competência teórica
Ministra as aulas sem ler diretamente do livro ou das transparências. Fornece exemplos claros, adequados e compreensíveis. Responde facilmente às perguntas dos estudantes.

Compreensivo
Aceita justificativas legítimas para faltas às aulas e atrasos na entrega de trabalhos. Não perde a paciência com os estudantes. Não se nega a repetir explicações.

Comprometido
Demonstra sincero desejo de ensinar, mesmo que as condições não sejam as mais favoráveis. Aceita críticas e sugestões como indicações de mudança. Busca constantemente novas maneiras de ensinar.

Comunicativo
Fala clara e pausadamente, sem ser monótono. Utiliza um tom de voz adequado. Esforça-se para se fazer entender. Utiliza termos técnicos sem exagero.

Criativo
Experimenta novos métodos de ensino. Altera o ambiente das aulas para promover novas atividades. Adota formas diferentes para introduzir novos conteúdos. Traz novos materiais para a sala de aula.

Empático
Procura colocar-se no lugar dos estudantes. Reconhece as diferenças individuais. Está atento às suas dificuldades. Faz perguntas para verificar se o tópico foi compreendido.

Entusiasmado
Demonstra interesse pelos temas apresentados. Desenvolve atividades interessantes. Fala com euforia. Demonstra emoção.

Estimulante
Ajuda os estudantes a pensar. Persuade-os a manter o comportamento e as expectativas no nível mais alto possível.

O professor universitário

Flexível
Altera o calendário das atividades quando necessário. Modifica as estratégias de ensino para se adequar às necessidades dos estudantes.

Gentil
Cumprimenta os estudantes, inicia conversas, responde às solicitações.

Humilde
Não se vangloria. Admite seus erros. Atribui créditos aos outros.

Humorado
Utiliza linguagem agradável. Utiliza exemplos pitorescos. Conta, quando conveniente, histórias engraçadas.

Igualitário
Não discrimina os estudantes. Não manifesta preconceito de raça, cor, religião, idade, gênero e orientação sexual. Trata os estudantes igualmente.

Incentivador
Elogia o desempenho dos estudantes. Auxilia os que apresentam dificuldades. Encoraja iniciativas.

Inovador
Aplica novos métodos de ensino. Utiliza novos equipamentos tecnológicos. Mantém-se atento às inovações no ensino.

Interessado
Procura conhecer os estudantes. Interessa-se pelo seu crescimento.

Líder
Inspira confiança nos estudantes. Afeta positivamente as suas vidas.

Paciente
Repete as informações sempre que necessário. Faz perguntas para verificar a compreensão dos estudantes.

Pontual
Não se atrasa para as aulas. Não deixa a sala antes do seu final. Mantém os compromissos. Reserva tempo suficiente para perguntas.

Prático
Fornece exemplos práticos. Oferece aplicações práticas para os temas abordados em classe.

Questionador
Inicia e mantém discussões em sala de aula. Faz perguntas polêmicas e desafiadoras durante as aulas. Estimula o debate e a crítica.

Realimentador
Fornece *feedback*. Responde às perguntas dos estudantes. Comenta os trabalhos realizados. Aconselha acerca da realização de testes.

Realista
Ministra as aulas em um nível adequado para a maioria dos estudantes. Não sobrecarrega os estudantes com leituras e exercícios. Aplica testes adequados ao nível dos estudantes.

O professor universitário

Receptivo
Recebe sem constrangimento as críticas feitas pelos estudantes. Solicita *feedback* sobre sua capacidade de ensino.

Reflexivo
Observa atentamente suas ações antes e depois da instrução. Analisa o que foi ensinado e o seu resultado. Considera como suas práticas podem ser melhoradas mediante aplicação de métodos diferenciados.

Intercultural
É sensível à heterogeneidade cultural. É capaz de aproveitar a diversidade de símbolos, significados, padrões e manifestações presentes na escola e na sociedade. Comunica-se com facilidade com pessoas de diferentes culturas.

Respeitoso
É educado com todos os estudantes. Não os coloca em situações constrangedoras.

Sensível
Assegura que os alunos entendam o conteúdo apresentado antes de passar para o novo. Solicita que os estudantes demonstrem o entendimento dos temas apresentados e, quando necessário, faz perguntas para verificar a compreensão.

Sintonizado
Procura conhecer os nomes dos alunos. Está alerta ao que ocorre em classe. Mantém contato visual com os estudantes. Mantém o controle do tempo. Está atento a possíveis dificuldades na condução das atividades.

1.3 Preparação do professor universitário

Como foi considerado, a preparação do professor universitário no Brasil tem dependido basicamente do autodidatismo. Ele tem sido o protagonista da própria formação. Nesse sentido é que tem buscado especializar-se nas disciplinas que pretende ministrar. Com efeito, o professor universitário precisa ser especialista em um campo de ensino. É importante que ele detenha conhecimentos em profundidade muito maior do que os requeridos nos programas das disciplinas. Isso porque ele precisa dispor de competência suficiente para demonstrar a importância de seus conteúdos e esclarecer acerca de suas aplicações práticas. E também para solucionar eventuais problemas formulados pelos alunos ao longo do período letivo.

Não basta, porém, dispor de preparo especializado na matéria que o professor pretende lecionar. Ele precisa dispor também de conhecimentos e habilidades pedagógicas. Daí, então, a necessidade de participar de cursos ou de proceder ao estudo de material especificamente preparado para esse fim, especialmente livros que abrangem conteúdos de Metodologia e Didática do Ensino Superior.

Metodologia do Ensino Superior é uma disciplina que procura caracterizar-se pelo rigor científico. Envolve os procedimentos que devem ser adotados pelo professor para alcançar os objetivos das disciplinas que ministra. Assim, um curso de

7

Metodologia do Ensino Superior procura capacitar o professor para identificar necessidades e expectativas dos estudantes, elaborar planos de ensino, formular objetivos de aprendizagem, selecionar conteúdos, escolher estratégias e recursos de ensino e, também, para elaborar testes e desenvolver procedimentos que possibilitem avaliar a aprendizagem dos estudantes.

Didática do Ensino Superior, por sua vez, é uma disciplina que apresenta domínio mais amplo e também mais complexo. Costuma-se definir Didática como "a arte e a ciência do ensino". Dessa forma, a *Didática do Ensino Superior* envolve não apenas conteúdos que se pretendem verdadeiros em função das evidências científicas, mas também componentes intuitivos e valorativos. Os conteúdos propostos para essa disciplina apresentam muitos pontos de contato com a *Metodologia do Ensino Superior*. Todavia, tornam-se distintos à medida que, ao considerarem a utilização de conhecimentos e habilidades pedagógicas, enfatizam "a maneira artística com que o professor desempenha a sua ação em sala de aula" (GODOY, 1988, p. 45).

Com base nos objetivos que orientam essas duas disciplinas – que são as básicas para a formação do professor universitário –, podem ser definidas algumas áreas que devem merecer a atenção dos profissionais que se dispõem a lecionar em cursos superiores:

Fundamentos filosóficos e sociológicos da educação

O ensino é atividade vinculada à Educação, que constitui uma das instituições humanas mais fundamentais. Torna-se necessário, portanto, que o professor do Ensino Superior seja capaz de compreender a vinculação de suas ações concretas com as diferentes visões de mundo, de homem e de educação. E que esteja habilitado para compreender como os condicionamentos das diversas épocas e localidades influenciam suas ações cotidianas.

Planejamento de ensino

O planejamento refere-se ao conjunto de atividades que tem como propósito determinar os meios mais adequados para o alcance dos propósitos de ensino. Corresponde, portanto, às atividades desempenhadas pelo professor na determinação dos conteúdos, estratégias e recursos de ensino e procedimentos de avaliação. São atividades que, para serem bem executadas, precisam vincular-se a ações de planejamento mais amplas, consolidadas no Projeto Político Pedagógico (PPI), no Plano de Desenvolvimento Institucional (PDI) e no Projeto Pedagógico de Curso (PPC).

Psicologia da Aprendizagem

Trata das operações cognitivas, que são processos de natureza intelectual, como percepção, raciocínio, memória etc., construídas na interação com outras pessoas. Torna-se importante, portanto, para auxiliar o professor na compreensão da eficiência e eficácia das estratégias educacionais e, consequentemente, das ações que podem ser desenvolvidas com vistas a facilitar a aprendizagem dos estudantes.

O professor universitário

> **Métodos de ensino**
> A moderna Pedagogia dispõe de inúmeros métodos de ensino. Convém que o professor conheça as vantagens e limitações de cada método para utilizá-los nos momentos e sob as formas mais adequadas.

> **Técnicas de avaliação**
> Não se pode conceber ensino sem avaliação. Não apenas a avaliação no final do curso, mas também a avaliação formativa, que se desenvolve ao longo do processo letivo e que tem por objetivo facilitar a aprendizagem. Assim, o professor universitário precisa estar capacitado para elaborar instrumentos para a avaliação dos conhecimentos e, também, das habilidades e atitudes dos alunos.

LEITURA SUPLEMENTAR

MASETTO, Marcos T. *Desafios para a docência universitária na contemporaneidade*: professor e aluno em inter-ação adulta. São Paulo: Avercamp, 2015. 104 p.

Trata dos múltiplos desafios com que se deparam os professores universitários nos tempos atuais, tais como: a revolução tecnológica da informação e da comunicação na universidade, o desinteresse dos alunos pelas aulas, a avaliação dos alunos e o relacionamento com os outros professores.

2

O PROFESSOR UNIVERSITÁRIO EM AULA

Até algum tempo atrás, quando se refletia acerca das aulas em cursos superiores, uma das primeiras imagens que surgiam em nossa mente era a de um professor em sala de aula, ocupando uma mesa e uma cadeira, ao lado de um quadro em que escrevia com giz ou pincel atômico. Os alunos, por sua vez, apareciam sentados em carteiras enfileiradas, fazendo anotações em cadernos ou fichários. Em virtude, porém, da adoção de novas tecnologias de ensino e de novas perspectivas educacionais, as aulas nesses cursos vêm se alterando significativamente. O quadro-negro foi substituído por uma tela com projetor ou por uma lousa inteligente. Em muitas salas de aula, os alunos acomodam-se em carteiras móveis que facilitam o trabalho em grupo. Os cadernos e fichários – e também os livros – estão cada vez menos presentes, pois são muitos os alunos que dão preferência ao uso de equipamentos como *notebooks*, *tablets* e *smartphones*. Em algumas escolas, a própria lógica do aprendizado é invertida, com as "lições de casa" ocorrendo em sala de aula e o aprendizado conceitual desenvolvido em casa. Sem contar que muitos cursos universitários são hoje oferecidos na modalidade a distância, com aulas ministradas virtualmente, por meio de plataformas de ensino.

Apesar de todas essas mudanças, a aula – mesmo que oferecida *on-line* – continua sendo a atividade central do professor universitário. Mas é necessário que o professor se ajuste ao contexto contemporâneo do Ensino Superior, o que implica não apenas a utilização de novas tecnologias de ensino, mas também a adoção de nova visão de educação. Assim, este capítulo é destinado à reflexão acerca do papel do professor no contexto do Ensino Superior contemporâneo. **Após estudá-lo cuidadosamente, você será capaz de:**

- discutir o significado da aula nos cursos universitários;
- reconhecer a importância da decisão preferencial pelo ensino ou pela aprendizagem;
- reconhecer o papel das diferenças individuais na aprendizagem;
- diagnosticar expectativas dos estudantes em relação ao ensino.

2.1 O significado da aula nos cursos superiores

Prevaleceu durante muito tempo a concepção da aula como um tempo e um espaço do professor, que ele poderia utilizar da forma que considerasse mais adequada para transmitir o conteúdo programático da disciplina que se dispôs a lecionar. Nessa concepção, o professor é a figura central do processo. Cabe-lhe, então, definir os objetivos da disciplina, determinar as estratégias e os recursos para "passar a matéria", os procedimentos para avaliar o desempenho dos estudantes e decidir acerca de sua aprovação no curso. Todas as iniciativas são tomadas por ele e, consequentemente, tudo o que acontece em aula é responsabilidade dele.

Em virtude, porém, das novas concepções de educação e da utilização das tecnologias, emerge uma nova percepção acerca do significado da aula no Ensino Superior. A aula passa a ser vista também como um tempo e espaço para que o aluno possa aprender (MASETTO, 2010). De fato, a aula é um tempo para identificar as expectativas e os interesses dos alunos e um espaço para que, em conjunto, professores e alunos definam os objetivos do curso, planejem as atividades a serem desenvolvidas e acordem acerca do acompanhamento de seu processo.

Assim entendida, a aula não consiste apenas em um tempo e lugar que o aluno tem para ouvir as preleções do professor ou assistir à projeção de *slides* ou de vídeos. É tempo e lugar para ler, duvidar, questionar, perguntar, escrever, ouvir os colegas, comparar, debater, exercitar e experimentar. São, pois, muitas as atividades que podem ser desenvolvidas em aula. E muitas delas não precisam necessariamente ocorrer em sala de aula. Há assuntos que podem ser abordados de forma mais eficaz em outros locais, como aqueles em que, de fato, se efetivam as atividades dos profissionais que se deseja formar. Por exemplo: fábricas, lojas, consultórios, hospitais, postos de saúde, fóruns, escritórios de advocacia.

Cabe ao professor, nesse contexto, definir os objetivos da disciplina, selecionar estratégias e táticas de ensino, planejar as atividades didáticas e elaborar instrumentos de avaliação da aprendizagem. Mas sempre em interação com os alunos, mediante trabalhos em equipe e adoção de métodos ativos capazes de proporcionar um ambiente estimulador da aprendizagem. Cabe ao aluno, consequentemente, a adoção de posturas ativas, que impliquem o interesse em aprender, participar, perguntar, trocar ideias, questionar e debater.

Há que se considerar, porém, que esse compartilhamento das decisões nas aulas em cursos universitários não constitui tarefa simples. Aulas construídas com a participação de professores e estudantes exigem atividades desenvolvidas fora da classe, tanto para sua preparação prévia quanto para aplicação do conhecimento aprendido. Mas, como muitos de nossos alunos são também trabalhadores, parece razoável admitir que não dispõem de tempo para estudar fora do período destinado às aulas. Assim, muitos são os professores que, embora reconhecendo a importância da participação dos alunos, admitem que seu esforço se concentra em passar o conteúdo programático da disciplina de forma expositiva, com o apoio de apostilas ou

O professor universitário em aula

das transparências que ilustram as aulas. Essa é uma situação crítica, pois não há como formar adequadamente profissionais de nível superior sem ler, estudar, debater, fazer exercícios, pesquisar, desenvolver atividades práticas, realizar estágios etc.

Cabe, portanto, ao professor especial empenho no sentido de demonstrar aos alunos que, se não estiverem motivados para estudar, pouco proveito terão com as aulas oferecidas. Que é essencial lerem textos sugeridos e realizarem as tarefas propostas, que podem envolver atividades como pesquisa na internet, participação em fóruns e preparação de vídeos. Isso implica, primeiramente, reconhecer que o que se pretende com as aulas e as tarefas complementares não é garantir uma nota, mas promover a aprendizagem. Também é necessário demonstrar que essas atividades não são isoladas, constituem continuação das aulas. Mas é preciso garantir que essas atividades se caracterizem pelo dinamismo e não sejam consideradas apenas revisão do que foi visto em sala de aula. Especial atenção deve ser conferida, ainda, ao trabalho em equipe na consecução das atividades desenvolvidas extraclasse, visto ser a forma mais adequada para promover a reflexão crítica acerca do que foi aprendido.

2.2 A ênfase no ensino ou na aprendizagem

O reconhecimento de que a aula é um tempo e espaço para que o aluno aprenda em interação com o professor associa-se a uma questão fundamental que orienta a atuação do professor: a ênfase no ensino ou na aprendizagem. Com efeito, muitos professores colocam todo o seu empenho no ato de ensinar. Veem-se como fornecedores de informação e como os principais responsáveis pelos resultados obtidos. Acreditam que, se o professor ensinou (isto é, se explicou ou demonstrou), o aluno aprendeu.

Esses professores são especialistas em determinada matéria e cuidam que seja conhecida dos alunos. "A sua arte é a arte da exposição" (LEGRAND, 1976, p. 63). Seus alunos, por sua vez, recebem a informação, que é fornecida coletivamente. Demonstram a receptividade e a assimilação correta por meio do cumprimento de suas tarefas da realização de exercícios e trabalhos e, principalmente, da prova escrita.

As preocupações básicas desses professores podem ser expressas por indagações do tipo: "Que programa devo seguir?"; "Que matéria devo passar?"; "Que critério deverei utilizar para aprovar ou reprovar os alunos?". São preocupações que refletem a adoção dos princípios da escola clássica, que, durante séculos, foi a predominante na civilização ocidental.

Uma crítica bastante áspera a esta postura pode ser encontrada em conhecido trabalho do educador Paulo Freire:

> "A narração, de que o educador é o sujeito, conduz os educandos à memorização mecânica do conteúdo narrado. Mais ainda, a narração os transforma em 'vasilhas', em recipientes a serem 'enchidos' pelo educador. Quanto mais vá enchendo os recipientes com seus 'depósitos', tanto melhor educador será. Quanto mais se deixarem totalmente 'encher' tanto melhores educandos serão" (FREIRE, 2002, p. 66).

Esse tipo de educação, caracterizada pelo ato de depositar, transferir, transmitir valores e conhecimentos, é chamado por Paulo Freire de "bancária". Nela:

"a) o educador é o que educa;

os educandos, os que são educados;

b) o educador é o que sabe;

os educandos, os que não sabem;

c) o educador é o que pensa;

os educandos, os pensados;

d) o educador é o que diz a palavra;

os educandos, os que a escutam docilmente;

e) o educador é o que disciplina;

os educandos, os disciplinados;

f) o educador é o que opta e prescreve a sua opção;

os educandos, os que seguem a prescrição;

g) o educador é o que atua;

os educandos, os que têm a ilusão de que atuam, na atuação do educador;

h) o educador escolhe o conteúdo programático;

os educandos jamais são ouvidos nesta escolha, acomodam-se a ele;

i) o educador identifica a autoridade do saber com sua autoridade funcional, que se opõe antagonicamente à liberdade dos educandos; estes devem adaptar-se às determinações daquele;

j) o educador, finalmente, é o sujeito do processo;

os educandos, meros objetos" (FREIRE, 2002, p. 67).

Outros educadores, notadamente os animados por abordagens progressistas e adeptos de uma *educação para a mudança*, colocam maior ênfase na aprendizagem que no ensino. De fato, para os educadores que propõem uma visão humanista de ensino, é nos alunos que devem estar centradas as atividades educacionais; em suas aptidões, expectativas, interesses, oportunidades, possibilidades e condições de aprender. De acordo com essa visão, os alunos devem ser incentivados a expressar as suas próprias ideias, a investigar as coisas e a procurar os meios para o seu desenvolvimento individual e social.

À medida que a ênfase é colocada na aprendizagem, o principal papel do professor deixa, portanto, de ser o de ensinar e passa a ser o de *ajudar o aluno a aprender*. Nesse contexto, "educar não é a arte de introduzir ideias na cabeça das pessoas, mas de fazer brotar ideias" (WERNER; BOWER, 1984, p. 1-15). Assim, cabe menos ao professor fazer preleções para divulgar a cultura, mas "organizar estratégias para que o aluno conheça a cultura existente e crie cultura" (ABREU; MASETTO, 1985, p. 11).

As preocupações do professor que faz opção preferencial pela aprendizagem passam a ser do tipo: "Quais as expectativas dos alunos?"; "Em que medida um determinado

O professor universitário em aula

aprendizado será significativo para os alunos?"; "Que estratégias são mais adequadas para facilitar o aprendizado dos alunos?".

A aprendizagem, no entanto, deve ser entendida em sentido bem amplo. Isso porque, tradicionalmente, o conceito de aprendizagem tem sido utilizado principalmente na área do conhecimento, que trata de operações mentais, como as de memorizar, compreender, analisar, generalizar e avaliar. Mas a aprendizagem abrange outras áreas: a afetivo-emocional, a das habilidades humanas e profissionais, bem como a de atitudes e valores (MASETTO, 2010). De fato, se por aprendizagem entende-se qualquer mudança relativamente estável no comportamento em decorrência da experiência, envolve muito mais do que o desenvolvimento de atividades mentais. Assim, espera-se dos estudantes que, em decorrência das aulas, elevem sua autoestima, ampliem a sua percepção de competência, valorizem condutas, melhorem seu relacionamento com os outros, sejam mais solidários, respeitosos e cooperativos. Estas são mudanças de comportamento que se dão na área afetivo-emocional e que requerem do professor muito mais do que "passar a matéria".

Outras mudanças desejadas são as que se referem às habilidades para aplicar os conhecimentos adquiridos, já que estes, se permanecerem apenas na forma como foram obtidos nas aulas, terão pouca utilidade. É necessário que os alunos saibam utilizá-los em situações novas, que consigam resolver problemas e criar novas soluções. Essas são mudanças que se dão na área das habilidades humanas e profissionais. Espera-se que os alunos sejam capazes de, por exemplo, se comunicar com os colegas, com os professores, com futuros clientes e integrantes dos mais diversos tipos de público. Também se espera que sejam capazes de utilizar equipamentos técnicos, planejar e desenvolver atividades profissionais, fazer orçamentos, elaborar relatórios, participar de equipes multidisciplinares, realizar pesquisas etc.

Espera-se, ainda, que as aulas resultem na ampliação das competências para responder adequadamente aos desafios que se apresentam no contexto social e do trabalho. Isso porque as decisões tomadas nesses ambientes têm consequências que afetam outras pessoas, a própria organização, outras organizações, a comunidade ou o ambiente. É necessário, portanto, que o aprendizado proporcionado pelas aulas contribua para a formação de um profissional que não seja apenas competente em seu ofício, mas também capaz de contribuir para melhorar a vida das outras pessoas e preservar o ambiente. Essas são, pois, mudanças que se dão na área das atitudes e dos valores sociais e que são fundamentais para promover comportamentos socialmente responsáveis.

Se o professor decide enfatizar a aprendizagem, precisa também esforçar-se no sentido de que ela seja significativa, ou seja, relacionada com os conhecimentos prévios dos estudantes, que assumem um papel ativo, reestruturando e organizando a informação recebida (AUSUBEL; NOVAK; HANESIAN, 1978). Com efeito, um aprendizado baseado apenas na memória literal pouco mais é do que uma repetição, com significado escasso.

A aprendizagem significativa relaciona-se com os conhecimentos prévios e as experiências vividas dos estudantes. Implica necessariamente modificações ou

15

complementações em seus esquemas de representação da realidade. É complexa porque depende não apenas da atividade mediadora do professor, mas também da disposição do estudante para decidir se quer aprender significativamente ou não. Disposição essa que tende a ser dificultada pela tradição burocrática mantida em muitas escolas de preparar os alunos para as provas.

Para favorecer a aprendizagem significativa, o professor precisa levar em conta os conhecimentos prévios dos estudantes, pois sua profundidade está na conexão entre os novos conteúdos proporcionados pelas aulas e os conhecimentos de que os alunos já dispõem. Precisa também proporcionar atividades que sejam interessantes para os alunos, pois dessa forma eles se sentirão mais dispostos para incorporar os novos conhecimentos. As estratégias, por sua vez, deverão ser conduzidas de forma a permitir que os alunos possam discutir os temas propostos, pois assim se sentirão de alguma forma construtores do próprio conhecimento. Os exemplos fornecidos devem se ajustar à realidade dos estudantes. O clima em que se desenvolvem as atividades deve ser harmonioso para que o professor seja reconhecido como facilitador, e não dificultador da aprendizagem. Por fim, é preciso que a aprendizagem se situe no ambiente sociocultural dos estudantes.

2.3 O conhecimento dos alunos

Uma postura ainda adotada por muitos professores é a de determinar o conteúdo reconhecido como adequado para a disciplina e, em seguida, "passá-lo" aos alunos, que, ao final do semestre ou do ano letivo, serão avaliados segundo sua capacidade de absorção. Pouca ou nenhuma atenção é dada por esses professores às diferenças que podem existir entre os alunos. Mas não há como proporcionar aprendizagem significativa se essas diferenças não forem consideradas. Torna-se necessário, portanto, discutir o significado das diferenças individuais para a aprendizagem, bem como dotar-se de alguma tipologia de classificação dos alunos e de um instrumento para diagnosticar suas expectativas em relação ao ensino.

2.3.1 Diferenças individuais

Durante muito tempo, no Brasil e em muitos outros países, o corpo discente dos cursos superiores foi constituído principalmente por alunos provenientes dos estratos sociais mais elevados. Em muitos cursos, verificava-se até mesmo a predominância de gênero. Cursos de engenharia eram frequentados quase que exclusivamente por homens, e de enfermagem, por mulheres. Por isso mesmo, o modelo predominante no Ensino Superior no Brasil foi o da educação homogênea, que, aliás, sempre pareceu justo, pois atendia aos estudantes de maneira aparentemente equitativa. No entanto, com o processo de democratização (ou de massificação) do ensino, passaram a ter acesso à escola pessoas provenientes de outros estratos sociais, com interesses, motivações e heranças culturais diferentes e com competências e conhecimentos em distintos graus. Essa situação tornou inviável a postura secular do professor de desenvolver sua atividade para um alunado típico.

Como integrantes de uma população, os estudantes universitários distribuem-se segundo determinadas variáveis, como: sexo, idade, estatura, peso, estado civil,

O professor universitário em aula

nível de rendimentos, religião, nível intelectual, expectativas profissionais. Muitas dessas variáveis são relevantes para o ensino. Saber, por exemplo, o que os estudantes pensam acerca das disciplinas que estão cursando ou quais são as suas aspirações profissionais pode auxiliar os professores tanto na redefinição dos conteúdos programáticos e das técnicas de ensino quanto no estabelecimento de estratégias e táticas para lidar com os estudantes. Torna-se interessante, portanto, conhecer o perfil dos estudantes com quem os professores irão trabalhar.

Algumas informações sobre os estudantes estão disponíveis nos prontuários mantidos pelas escolas e acessíveis para os professores interessados. Mas, de modo geral, são informações coletadas com finalidades administrativas, o que as tornam insuficientes para os propósitos didáticos. Algumas escolas realizam sistematicamente diagnósticos de seu corpo discente com vistas a facilitar o trabalho dos professores. Mas, infelizmente, são poucas. Assim, se o professor quiser obter informações significativas sobre os alunos, precisará ele mesmo realizar esse diagnóstico, valendo-se de instrumentos como questionários, entrevistas, registros de observação e testes.

A principal contribuição desses diagnósticos é mostrar quanto os alunos são diferentes entre si. O professor, ao definir os objetivos de ensino, selecionar os conteúdos e determinar as estratégias para facilitar a aprendizagem, leva em consideração uma certa homogeneidade da classe. Mas, naturalmente, os alunos apresentam muitas diferenças entre si. Assim, sabendo como se distribuem os alunos segundo certas variáveis relevantes, o professor passa a dispor de um conjunto importante de informações capazes de auxiliá-lo no trabalho docente.

Embora cada indivíduo seja único, pode-se de certa forma prever o comportamento do conjunto de alunos, bem como de qualquer grupamento humano, com auxílio de métodos e técnicas desenvolvidos pela Psicologia Diferencial. O principal fundamento dessa disciplina científica é a "curva de Gauss" ou da "distribuição normal". Essa curva foi desenvolvida em meados do século XIX, depois que alguns matemáticos notaram algo muito interessante sobre o modo como o mundo se organiza. À medida que procediam à mensuração de diferentes fenômenos, tais como a altura das pessoas ou a evolução do preço das mercadorias ao longo do tempo, verificaram que os resultados tendiam a se manter próximos da média aritmética. Com base nessas observações, construíram a "curva da distribuição normal", a mais familiar das distribuições de probabilidade e uma das mais importantes em Estatística, que tem a forma de um sino (Figura 2.1).

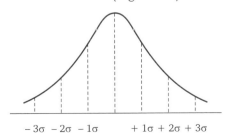

Figura 2.1 "Curva normal".

Nas "distribuições normais", poucos elementos são encontrados nas áreas correspondentes aos extremos da curva. A maioria tende a concentrar-se em torno da média. Muitas das características dos seres humanos, tais como a estatura, o peso e o nível intelectual, apresentam "distribuição normal", podendo ser representadas de maneira semelhante a essa curva. Muitos traços dos estudantes que são importantes do ponto de vista pedagógico também se distribuem dessa forma.

O professor poderá constatar, por exemplo, que o gráfico obtido com os resultados de uma prova tecnicamente bem elaborada será muito semelhante a uma "curva normal". O mesmo tende a ocorrer com outras características dos alunos, como a prontidão para o aprendizado, a capacidade de memorização, o raciocínio numérico, a extroversão etc.

Nem todas as características dos alunos distribuem-se como a curva de Gauss. Mas ela constitui valioso auxílio tanto para o estabelecimento de previsões acerca do comportamento dos alunos quanto para avaliar a adequação de seus procedimentos pedagógicos. Assim, o professor que procura antecipar os traços e o comportamento de seus alunos com base nessa curva terá certamente menos surpresas do que aquele que não o faz.

2.3.2 Classificação dos alunos

Como os estudantes não constituem uma massa homogênea, é razoável buscar algum tipo de classificação mediante a qual se torne possível lidar com mais facilidade com determinados grupos de estudantes. Considerando, porém, a complexidade do problema, é de se admitir que qualquer classificação, por mais bem elaborada que seja, tenderá a ser incompleta. Mas, a partir da década de 1960, nos Estados Unidos e na Europa, foram desenvolvidas pesquisas empíricas, que culminaram com o estabelecimento de tipologias de estudantes universitários. Naturalmente, cada tipologia foi elaborada com base num contexto cultural específico e circunscrito temporalmente. Assim, sua utilização em diferentes contextos só pode ser feita com muitas reservas. Mas a identificação de diferentes tipos de estudantes que frequentam as classes de aulas dos cursos universitários torna-se muito útil para os professores universitários.

Uma dessas classificações é a de Kuh, Hu e Vesper (2000), que, considerando os padrões de engajamento nas atividades universitárias, define dez tipos de alunos.

Desengajados	**Recreadores**	**Socializadores**
Apresentam baixo nível de participação em todas as atividades universitárias, estudam poucas horas por semana e, de modo geral, tiram notas baixas.	Dedicam tempo considerável às atividades esportivas, mas participam pouco de outras atividades, inclusive das artísticas e culturais, e apresentam baixo nível de interação social.	Apresentam notável nível de interação social com seus pares, mas baixo nível de participação nas atividades acadêmicas, esportivas, culturais e artísticas.

O professor universitário em aula

Acadêmicos
Distinguem-se pelo ativo envolvimento nas atividades acadêmicas. Apresentam razoável grau de interação com os pares, mas limitada participação nas atividades artísticas e esportivas. São os que obtêm as melhores avaliações quanto ao desenvolvimento pessoal e a preparação profissional.

Cientistas
São fortemente marcados pelo envolvimento com atividades de cunho quantitativo, mas não apresentam bons resultados nas atividades de educação geral.

Individualistas
Distinguem-se por elevada interação com os pares, participação em atividades artísticas e musicais, muito esforço e relativamente pouco contato com a faculdade. Não procuram a opinião de seus professores, embora se envolvam intensamente com os pares e com atividades artísticas.

Artistas
Apresentam elevado nível de participação em atividades artísticas e interação com os colegas e outros membros da faculdade.

Esforçados
Distinguem-se dos demais pelo alto nível de esforço despendido para levar a cabo o curso, embora não dediquem um grande número de horas para os estudos.

Intelectuais
Formam o grupo menos numeroso. Caracterizam-se pelo envolvimento com todas as atividades acadêmicas.

Convencionais
Este grupo é caracterizado por uma mistura de padrões de envolvimento. Mantêm o que é esperado dos estudantes de primeiro ano: alto envolvimento com esportes e exercícios acadêmicos e interação social com os pares; mas baixo nível de interação substantiva com os pares, bem como pouca participação nas atividades culturais e artísticas.

2.3.3 Diagnóstico das expectativas dos alunos

Reconhecer que os alunos são diferentes entre si e que as diferenças podem de certa forma ser previstas representa um ponto muito importante em favor do professor. Mas o que mais interessa é conhecer cada aluno, suas características sociais, traços de personalidade, interesses, expectativas, aspirações, temores, conhecimentos, habilidades e competências.

Claro que é impossível conhecer cada uma dessas características. Mesmo porque a identificação de algumas delas, como as relativas a traços de personalidade, envolve a aplicação de técnicas de análise psicológica, que são complexas, demoradas e requerem o concurso de especialistas, o que a torna inviável na prática. Mas, mediante a utilização de alguns instrumentos relativamente simples, torna-se possível identificar algumas de suas características mais relevantes em relação ao ensino. O professor pode verificar, por exemplo: o nível de conhecimentos prévios dos alunos sobre a disciplina, o nível de interesse, a importância que lhe é atribuída, as dificuldades percebidas, a imagem que os estudantes têm do curso e do professor, o nível de satisfação com as aulas etc.

A identificação dessas características consiste na denominada avaliação diagnóstica, que se efetiva mediante a aplicação de testes aos alunos. Os testes mais utilizados nessa modalidade de avaliação são os que têm como propósito determinar o conhecimento prévio dos alunos acerca dos conteúdos a serem ministrados. Seus resultados podem contribuir para antecipar possíveis dificuldades em relação ao alcance dos objetivos. Podem servir, portanto, para orientar o curso de forma mais realista, mediante a programação de estratégias capazes de engajar mais facilmente os alunos nas atividades propostas.

Tão importante quanto a avaliação prévia dos conhecimentos dos alunos é a verificação de suas expectativas em relação ao curso, que pode ser feita mediante solicitação para que comentem os objetivos, os conteúdos e as estratégias de ensino propostas. Esses comentários podem ser elaborados livremente como respostas a questões como:

Quão útil você acha que esta disciplina será para você?

Quão agradável você acha que será cursar esta disciplina?

Questões como essas dão ampla liberdade para a formulação de respostas. Mas alguns alunos podem encontrar alguma dificuldade para respondê-las. Por essa razão, há professores que preferem elaborar questões mais objetivas que possam ser respondidas mediante completamento, como, por exemplo:

Espero que esta disciplina me ajude a _____ .

Uma coisa que gostaria que não ocorresse nesta disciplina é _____ .

Uma coisa que me agrada nesta disciplina é _____ .

Outra forma prática de verificação das expectativas é a construção de questionários com itens escalonados, como, por exemplo:

O professor universitário em aula

Quão útil você acredita que esta disciplina será para sua carreira?

Muito útil   ( )

Útil   ( )

Pouco útil   ( )

Inútil   ( )

Quão agradável você acha que será cursar esta disciplina?

Muito agradável   ( )

Agradável   ( )

Pouco agradável   ( )

Nada agradável   ( )

Quão difícil você acha que será esta disciplina?

Muito difícil   ( )

Difícil   ( )

Fácil   ( )

Muito fácil   ( )

Os procedimentos aqui indicados para identificar as características dos alunos são de natureza interrogativa. Mas não se pode desprezar a importância da observação direta das pessoas para conhecê-las melhor. Por isso, recomenda-se que os professores utilizem também a observação para melhor conhecer as características dos alunos.

LEITURA SUPLEMENTAR

MASETTO, Marcos Tarciso. Desafios para a docência no Ensino Superior na contemporaneidade. *In: Didática e prática de ensino*: diálogos sobre a escola, a formação de professores e a sociedade. 17. Encontro Nacional de Prática de Ensino ENDIPE 2014.

3

PLANEJAMENTO DO ENSINO

O início das atividades do professor universitário não se dá no primeiro dia de aula. Suas tarefas começam com o planejamento, que se inicia algumas semanas ou alguns meses antes, dependendo da experiência do professor com a disciplina que pretende lecionar. Por mais erudito e experiente que seja, ele não pode dispensar essa etapa, pois graças a ela é que seu trabalho assume racionalidade e permite que seja avaliado.

A maioria dos professores universitários reconhece a importância do planejamento do ensino. Mas nem todos planejam seus cursos de maneira criativa. Muitos simplesmente seguem os capítulos de um livro-texto, sem considerar o que é realmente necessário que os alunos aprendam. Também há professores que utilizam sistematicamente, sem muita reflexão, os mesmos métodos de ensino e os mesmos procedimentos de avaliação.

Assim, este capítulo é dedicado ao planejamento do ensino. Mais especificamente, à elaboração dos planos de ensino, que são os documentos preparados pelo professor que envolvem as decisões mais importantes a serem tomadas ao longo do processo letivo. **Após estudá-lo cuidadosamente, você será capaz de:**

- conceituar planejamento do ensino;
- caracterizar os diferentes níveis de planejamento do ensino;
- elaborar planos de disciplina, planos de unidade e planos de aula.

3.1 O planejamento das atividades educativas

A maioria de nossas atividades é realizada de forma rotineira, não requerendo o delineamento prévio de etapas de ação. Contudo, o planejamento faz parte de nosso cotidiano, pois estamos constantemente enfrentando situações que não pertencem ao contexto de nossa rotina. Essas situações precisam ser enfrentadas mediante a utilização de procedimentos racionais para que suas consequências sejam satisfatórias. E o planejamento constitui pressuposto básico para o desenvolvimento de ações racionais.

As atividades do professor, bem como de todos os atores importantes no campo da educação, requerem planejamento. Assim, podem-se definir quatro níveis de planejamento nesse campo: planejamento educacional, planejamento institucional, planejamento curricular e planejamento do ensino.

3.1.1 Planejamento educacional

O planejamento educacional é o que se desenvolve em nível mais amplo. Objetiva definir os fins últimos da educação e os meios para alcançá-los. Está, pois, a cargo das autoridades educacionais, no âmbito do Ministério da Educação, do Conselho Nacional de Educação e dos órgãos estaduais e municipais que têm atribuições no campo da Educação.

O planejamento educacional refere-se diretamente à ação governamental, pois vincula o sistema educacional ao desenvolvimento socioeconômico do país, do estado ou do município. Trata-se de um planejamento a médio e longo prazos, que requer para sua execução o diagnóstico claro e preciso da situação educacional do país, a definição das bases filosóficas que darão suporte à ação governamental, a avaliação dos recursos humanos, materiais e financeiros requeridos, bem como a previsão dos fatores capazes de interferir em seu desenvolvimento.

Os produtos do planejamento educacional não são constituídos na maioria das vezes por ações pontuais, mas por documentos, como políticas, planos, programas e projetos capazes de orientar e de fornecer os meios necessários ao alcance dos objetivos da Educação.

3.1.2 Planejamento institucional

O planejamento institucional é desenvolvido no âmbito das Instituições de Ensino Superior (IES). Por exigência do Ministério da Educação, essas instituições têm que elaborar a cada cinco anos o seu Plano de Desenvolvimento Institucional (PDI). Esse é o documento que identifica a instituição no que diz respeito à sua filosofia de trabalho, à missão a que se propõe, às diretrizes pedagógicas que orientam suas ações, à sua estrutura organizacional e às atividades acadêmicas que desenvolve e/ou que pretende desenvolver.

Para a elaboração desse plano, as IES precisam definir sua missão institucional e seus objetivos gerais. Também precisam descrever suas metas, bem como apresentar os dados referentes à sua organização acadêmica e administrativa, planejamento e organização didático-pedagógica, oferta de cursos e programas, infraestrutura acadêmica e o projeto de acompanhamento e avaliação do desempenho institucional.

Planejamento do ensino

3.1.3 Planejamento curricular

Em consonância com o planejamento institucional, desenvolve-se o planejamento curricular, que objetiva a organização do conjunto de ações que precisam ser desenvolvidas no âmbito de cada curso com vistas a favorecer ao máximo o processo ensino-aprendizagem. Constitui, portanto, tarefa contínua e multidisciplinar que orienta a ação educativa da instituição universitária. Sua preocupação básica é com a previsão das atividades que o estudante realiza sob a orientação da escola com vistas a atingir os fins pretendidos.

Durante muito tempo, as escolas superiores dispuseram de pouca margem de liberdade para realizar seu planejamento curricular. Isso porque a legislação anterior caracterizava-se por excessiva rigidez, com a fixação detalhada dos currículos mínimos. Todavia, a Lei de Diretrizes e Bases da Educação (Lei nº 9.394, de 20 de dezembro de 1996), atualmente vigente, confere autonomia às Instituições de Ensino Superior para fixar os currículos de seus cursos, desde que observadas as diretrizes curriculares gerais.

3.1.4 Planejamento do ensino

O planejamento do ensino é o que se desenvolve em nível mais concreto e está a cargo, principalmente, dos professores. É alicerçado no planejamento curricular e visa ao direcionamento sistemático das atividades a serem desenvolvidas dentro e fora da sala de aula com vistas a facilitar o aprendizado dos estudantes.

O professor universitário, ao assumir uma disciplina, precisa tomar uma série de decisões. Por exemplo, decidir acerca dos objetivos a serem alcançados pelos alunos, do conteúdo programático adequado para o alcance desses objetivos, das estratégias e dos recursos que vai adotar para facilitar a aprendizagem, dos critérios de avaliação etc.

Todas essas decisões, bem como os meios necessários para sua viabilização, fazem parte do planejamento de ensino, que se configura como condição essencial para o êxito do trabalho docente. De fato, à medida que as ações docentes são planejadas, evita-se a improvisação, garante-se maior probabilidade de alcance dos objetivos, obtêm-se maior segurança na direção do ensino e também maior economia de tempo e de energia.

Existem muitas maneiras de planejar. Mas, para que o planejamento do ensino seja mais efetivo, convém que se inicie com uma declaração criteriosa dos resultados desejados e se desenvolvam suas atividades a partir dos desempenhos requeridos e implicados pelos objetivos. É o que Wiggins e McTighe (2019) denominam planejamento reverso.

Em muitas IES, o planejamento do ensino é confiado a uma equipe, principalmente quando os cursos são oferecidos a distância ou na modalidade de ensino híbrido. Porém, é frequente a situação em que o planejamento fica a cargo exclusivamente do professor responsável pela disciplina. Entretanto, é sempre recomendado que outros professores compartilhem a responsabilidade de sua elaboração. Quando isso ocorre, dá-se o planejamento cooperativo, que favorece o crescimento profissional, o respeito à diversidade, o ajustamento às mudanças, o exercício da autodisciplina e da democracia.

Para o planejamento de ensino, o professor procede inicialmente ao diagnóstico da realidade em que se insere a disciplina. Essa realidade envolve as necessidades e as expectativas dos alunos, a importância e o *status* da disciplina no contexto do curso, os recursos disponíveis para o seu desenvolvimento etc.

Com base nesse diagnóstico, o professor define os objetivos da disciplina, determina o seu conteúdo programático, seleciona as estratégias e os recursos de ensino e define os procedimentos a serem adotados para a avaliação da aprendizagem pelos alunos.

À medida que o professor vai desenvolvendo o seu curso, pode receber *feedback* dos estudantes. Como o planejamento de modo geral apresenta alguma flexibilidade, o professor pode, com base nesse *feedback*, proceder a alterações com vistas a melhorar a qualidade do seu curso. Dessa forma, os estudantes vão se tornando coparticipantes desse processo, caracterizando-o, de certa forma, como planejamento participativo.

Também ao longo do desenvolvimento do curso, o professor faz novas leituras, dialoga com outros professores, toma contato com novas experiências educacionais e procede à avaliação do desempenho dos alunos e do seu próprio. Todas essas ações podem indicar a necessidade de mudanças. Assim, o professor pode proceder ao replanejamento de seu curso, mediante redefinição de objetivos, acréscimo ou supressão de conteúdos ou mudança nas estratégias de ensino. Muitas vezes, essas alterações podem ser feitas no decorrer do próprio ano ou semestre letivo.

3.2 A elaboração de planos de ensino

As decisões tomadas no processo de planejamento concretizam-se em documentos, que habitualmente são designados como planos. Assim, o planejamento educacional desenvolvido pelas autoridades governamentais dá origem a planos nacionais, estaduais ou municipais de educação. Esses planos geralmente são abrangentes, razão pela qual costumam subdividir-se em projetos ou em programas. Os projetos são descrições detalhadas de determinados empreendimentos a serem realizados, com o esclarecimento dos recursos necessários para o seu alcance. Os programas, por sua vez, são constituídos por conjuntos de projetos com objetivos semelhantes desenvolvidos num determinado âmbito.

O planejamento institucional conduz à elaboração tanto do Projeto Político Pedagógico como do Plano de Desenvolvimento Institucional. O planejamento curricular, que também é elaborado no âmbito da escola, conduz aos planos de cursos, que esclarecem acerca dos objetivos dos cursos que a escola oferece, da população-alvo, da estrutura curricular, das condições para inscrição, dos procedimentos de avaliação etc.

Os professores também consolidam as decisões decorrentes do planejamento em planos de ensino. Primeiramente, elaboram o plano da disciplina, que envolve de forma global as ações a serem desenvolvidas durante o ano ou o semestre letivo. Em seguida, elaboram os planos de unidade, que orientam sua ação em relação a cada uma das partes do plano da disciplina. Cada uma dessas partes ou unidades corresponde a ações a serem desenvolvidas ao longo de um certo número de aulas. E, à medida que especificam as atividades a serem desenvolvidas em cada uma das aulas, elaboram também planos de aulas.

Planejamento do ensino

3.2.1 Plano de disciplina

O plano de disciplina é uma previsão das atividades a serem desenvolvidas ao longo do ano ou do semestre letivo. Constitui um marco de referência para as ações voltadas ao alcance dos objetivos da disciplina. É um instrumento para identificar a relação da disciplina com as matérias afins e com o curso tomado de forma global. À medida, portanto, que o professor concretiza suas decisões num plano, passa a dispor de um roteiro dos caminhos a serem seguidos e das providências a serem tomadas no seu devido tempo.

De modo geral, o plano de disciplina esclarece acerca de sua duração, objetivos gerais, conteúdo programático, estratégias de ensino, recursos didáticos e procedimentos de avaliação. Para sua elaboração concorrem muitos fatores, tais como orientação da escola, habilidades do professor, recursos disponíveis etc. A rigor, o plano é apenas um roteiro abreviado e esquemático e seu principal valor está sobretudo no caráter pessoal de quem o executa. Mas deve ser lido e analisado por outras pessoas, tais como: coordenador do curso, professores responsáveis pelas demais disciplinas e assessores pedagógicos. Por isso, na elaboração do plano, devem ser considerados alguns princípios norteadores. Assim, o plano de disciplina deverá:

a) relacionar-se intimamente com o plano curricular de modo a garantir coerência do curso como um todo;

b) ser elaborado com linguagem clara, precisa e concisa;

c) adaptar-se às necessidades, capacidades e interesses dos estudantes;

d) ser elaborado com base em objetivos realistas, levando em consideração os meios disponíveis para alcançá-los;

e) envolver conteúdos que efetivamente constituam meios para o alcance dos objetivos;

f) prever tempo suficiente para garantir a assimilação dos conteúdos pelos estudantes;

g) ser suficientemente flexível para possibilitar o ajustamento a situações que não foram previstas;

h) possibilitar a avaliação objetiva de sua eficiência e eficácia.

Não existe um modelo rígido a ser seguido na elaboração de um plano de disciplina. Todo plano, entretanto, deve apresentar numa sequência coerente os elementos a serem considerados no processo de ensino-aprendizagem. O roteiro apresentado a seguir indica, de maneira simples e funcional, como podem ser organizados num plano de ensino os seus diversos componentes.

A. IDENTIFICAÇÃO DO PLANO

A primeira parte do plano de disciplina é constituída por dados de identificação. Geralmente, nessa parte são indicados os seguintes dados:

1. Data.

2. Nome da instituição.

3. Curso.
4. Disciplina.
5. Nome do professor.
6. Série ou semestre.
7. Turno.
8. Carga horária.
9. Classes em que é aplicado.
10. Número de alunos em cada classe.
11. Monitores (quando houver).

A inserção de todas essas informações é necessária, pois o plano de disciplina é um documento que pode ser consultado a qualquer momento não apenas pelo professor que o elaborou, mas também pelo coordenador do curso, por professores de disciplinas afins e mesmo pelos estudantes. A apresentação de dados com certo nível de detalhamento contribui para a avaliação do plano. Pode-se verificar, por exemplo, a adequação entre a duração do curso e a extensão do conteúdo, ou entre o número de estudantes em sala e as estratégias de ensino.

B. OBJETIVOS

Os objetivos constituem o elemento central do plano e deles derivam todos os demais componentes. Esses objetivos são formulados em termos gerais e indicam a função da disciplina no âmbito do curso. Maiores esclarecimentos serão fornecidos no Capítulo 4. Entretanto, pode-se considerar, por exemplo, a disciplina Estatística num curso de Psicologia. Um de seus objetivos poderá ser: "Capacitar os alunos para a aplicação de medidas e testes estatísticos necessários para a realização de exames e pesquisas psicológicas". Ou a disciplina Legislação Tributária, num curso de Administração de Empresas, que poderá ter como um de seus objetivos: "Proporcionar os conhecimentos básicos de Legislação Tributária com vistas à sua aplicação no âmbito das empresas".

C. CONTEÚDO

O conteúdo corresponde aos temas e aos assuntos que serão estudados na disciplina com vistas ao alcance dos objetivos pretendidos. Esses temas podem ser organizados em unidades de ensino. A quantidade de unidades depende da especificidade da disciplina, mas recomenda-se não mais do que cinco unidades por semestre (ou dez por ano), com duração de três a quatro semanas cada uma. Por exemplo, a disciplina Métodos e Técnicas de Pesquisa Científica, ministrada em muitos cursos universitários ao longo de um ano letivo, poderia ter seu conteúdo distribuído pelas unidades:

1. Conhecimento científico.
2. Método científico.
3. O processo de pesquisa.
4. Pesquisa bibliográfica e documental.
5. Pesquisa experimental.
6. Levantamentos de campo.

Planejamento do ensino

7. Estudos de caso.
8. Técnicas de coleta de dados.
9. Análise e interpretação dos dados.
10. Redação do relatório.

Os procedimentos sugeridos para a seleção e a organização dos conteúdos são apresentados no Capítulo 8.

D. EMENTA

Algumas instituições exigem a apresentação da ementa da disciplina, que muitas vezes é confundida com os objetivos ou com o conteúdo programático. De fato, apresenta íntima relação com esses dois componentes, mas se torna bem mais útil quando se refere ao resumo do conteúdo da disciplina apresentado em poucas frases.

Exemplo:

Disciplina: Metodologia Científica

Ementa: A lógica dos procedimentos científicos. Planejamento da pesquisa, coleta, análise e interpretação de dados. Redação de trabalhos científicos.

E. BIBLIOGRAFIA

Nessa parte, devem ser apresentadas as sugestões de leituras que deverão ser feitas para aprender os conteúdos. Convém ser bastante preciso em relação ao capítulo do livro ou ao artigo de revista que deverá ser consultado. Desaconselha-se a indicação de lista muito extensa de material para ser lido ou consultado e também de obras de difícil acesso. Sugere-se que essa seção seja subdividida em duas partes: Bibliografia Básica e Bibliografia Complementar. Essa subdivisão é muito importante, até mesmo para que o responsável pela Biblioteca possa definir a quantidade de exemplares a serem adquiridos. As referências a cada obra devem ser completas (autor, título da obra, local de publicação, editora e ano) e elaboradas preferencialmente de acordo com as normas definidas pela ABNT.

Exemplo:

MEDEIROS, João Bosco. *Redação científica*: a prática de fichamentos, resumos, resenhas. 12. ed. São Paulo: Atlas, 2014.

F. ESTRATÉGIAS DE ENSINO

Essa parte do plano esclarece acerca das estratégias escolhidas para facilitar a aprendizagem dos conteúdos, que são apresentadas nos Capítulos 7, 8 e 9.

As estratégias devem ser listadas. Não há necessidade de detalhamento, mas as estratégias devem ser indicadas de forma bem específica.

Exemplos:

- Aulas expositivas.
- Estudo dirigido.
- Discussão em grupo.
- Seminários.

G. RECURSOS

O plano de disciplina deve indicar também os recursos a serem utilizados pelo professor. Essa é uma providência muito importante, pois nem sempre a escola dispõe de determinados recursos em quantidade suficiente para atender prontamente às necessidades da disciplina. É necessário também que o professor domine os equipamentos, para evitar a perda de tempo e os constrangimentos que a descoberta à última hora pode acarretar.

Existe uma grande variedade de recursos de ensino, desde os mais simples, como quadros de giz, cartazes, álbuns seriados, reprodução de textos, até os mais complexos, como projetor multimídia e lousa eletrônica. Nem sempre há necessidade de equipamentos sofisticados. Muitas vezes, o professor pode lançar mão de recursos bastante simples disponíveis pela comunidade, mas requer-se sempre a sua previsão.

H. AVALIAÇÃO

O plano de disciplina envolve também os procedimentos necessários para verificar em que medida os objetivos foram alcançados. A avaliação poderá ser feita por provas objetivas, provas dissertativas, provas práticas, registro de observação etc. Convém que o professor considere o sistema de avaliação vigente na escola, pois seus regimentos poderão limitar a atuação do professor quanto à modalidade de avaliação, período de avaliação, cálculo das médias etc.

I. CRONOGRAMA

O plano deve apresentar a distribuição das atividades durante o período letivo. Geralmente, o plano é organizado em unidades de ensino. Nesse caso, indica-se cada uma delas com a data em que ocorrerá.

3.2.2 Planos de unidade

O plano de unidade é um documento mais pormenorizado que o plano de disciplina. Seus objetivos são mais operacionais, isto é, designam clara e precisamente os comportamentos esperados dos alunos. Nele, os conteúdos são apresentados de maneira mais pormenorizada, assim como as estratégias de ensino, os recursos e os procedimentos para a avaliação.

Para que o plano seja útil, recomenda-se em sua construção a observação de alguns critérios:

a) as unidades do plano devem ser construídas em torno de um tema que envolva assuntos que se inter-relacionam ou se complementam;

b) a organização do plano deve levar em consideração não apenas o ordenamento lógico dos conteúdos, mas também as dificuldades de aprendizagem dos estudantes;

c) recomenda-se que as unidades não sejam muito desiguais em termos de extensão;

d) as unidades do plano devem relacionar-se entre si de forma tal que o plano apresente uma estrutura que o caracterize como um todo organizado facilmente compreensível;

Planejamento do ensino

e) o plano de unidade deve ser elaborado preferencialmente com a participação dos estudantes;

f) o plano deve ser elaborado de forma tal que cada unidade utilize conteúdos das unidades anteriores, ao mesmo tempo em que oferece elementos para a aprendizagem do conteúdo das posteriores;

g) deve-se evitar que uma unidade requeira muito tempo para ser desenvolvida, pois unidades muito longas podem causar cansaço e desinteresse. Não se aconselha definir mais do que quatro semanas de duração para cada unidade.

Os componentes dos planos de unidade são praticamente os mesmos dos planos de disciplina. Os planos de unidade devem, no entanto, ser elaborados de forma a facilitar a identificação e os relacionamentos entre seus componentes. Apresenta-se a seguir um esquema de plano de unidade, que pode ser modificado segundo a conveniência de cada professor.

PLANO DE UNIDADE					
Escola:	Série:		Professor:		
Curso:	Turma:		Ano/Semestre:		
Disciplina:					
Unidade:				Carga horária:	
Objetivos	Cronograma	Conteúdos	Estratégias	Recursos	Avaliação

3.2.3 Plano de aula

A maioria dos trabalhos relativos ao planejamento do Ensino Superior não trata da elaboração de planos de aula. Esses instrumentos são muito importantes no Ensino Fundamental, onde se requer dos professores a especificação dos comportamentos esperados dos alunos, bem como dos meios utilizados para alcançá-los.

O que distingue o plano de aula do plano de unidade é que este é bem mais restrito. De modo geral, limita-se à previsão do desenvolvimento a ser dado ao conteúdo da matéria e às atividades de ensino-aprendizagem propostas de acordo com os objetivos no âmbito de cada aula. Isso não significa que o plano de aula seja dispensável. Muito pelo contrário. Até há professores que elaboram planos de aula sem que tenham realizado planos de unidade, nem mesmo planos de disciplina. A rigor, aqueles não constituem planos de aula, mas planos de discurso, pois o que a maioria dos professores faz, quando não elabora planos de disciplina ou de unidade, é a ordenação de sua fala, já que o conteúdo ministrado não decorre de objetivos claramente formulados.

Quando o professor elabora cuidadosamente o plano de disciplina e o plano de unidade, com o esclarecimento dos objetivos, a especificação dos conteúdos e a determinação das estratégias e recursos mais eficazes, bem como os procedimentos de avaliação, a elaboração do plano de aula se torna bastante simples. O que o professor tem a fazer, nesse caso, é principalmente especificar os conteúdos, cuidando para que cada um de seus tópicos seja desenvolvido mediante a utilização das estratégias e dos recursos mais adequados, com rigorosa previsão do tempo e das atividades que ficarão a cargo dos alunos.

3.3 Quão rígidos devem ser os planos

Uma pergunta formulada com frequência por professores universitários refere-se à rigidez com que os planos de ensino devem ser seguidos. Respondê-la, no entanto, não constitui tarefa simples, pois trata-se de questão que envolve muitos fatores.

Nenhum plano pode ser considerado absolutamente rígido. Por isso, os professores precisam estar dispostos a promover ajustes em seus planos. No entanto, antes de proceder a qualquer mudança, convém verificar em que medida as dificuldades encontradas pelo professor devem-se mais a fatores pessoais do que ao plano que elaborou. Pode ocorrer, por exemplo, que o professor esteja sendo demasiado prolixo em suas apresentações, ou que venha abordando alguns tópicos de maneira superficial. Ou que tenha proposto temas para discussão que levaram a classe a desviar-se do assunto. Também é possível que as aulas não tenham caminhado bem em virtude da falta de motivação dos estudantes ou de qualquer outro fator ligado ao comportamento deles.

A maioria dessas situações pode ser modificada mediante a introdução de certa dose de humor ou a injeção de um pouco mais de energia nas preleções. Por isso, qualquer que seja a razão pela qual o professor esteja tendo dificuldade para levar a cabo o plano, ele deve procurar primeiramente rever suas atitudes em sala de aula.

Um problema bem mais sério é o que se refere à avaliação. Os estudantes tendem a ficar ansiosos quando percebem o nível de exigência da disciplina. Por isso, convém que o exato volume dos trabalhos requeridos seja indicado logo no início do curso. O professor deve evitar a redução das tarefas. Também não deve perguntar se os estudantes gostariam que houvesse mudanças nas exigências. Isso poderia comprometer a liderança do professor em sala de aula e o interesse dos alunos na realização das tarefas.

Os planos, a despeito de sua flexibilidade – que é característica desejável em sua elaboração, – devem ser seguidos. O professor precisa, portanto, considerar que o planejamento de ensino envolve muito mais do que aquilo que vai ser dito em classe. Portanto, convém que o professor esteja atento para as dificuldades relativas à formulação dos objetivos, seleção dos conteúdos, escolha das estratégias e recursos de ensino e procedimentos de avaliação, que serão considerados nos próximos capítulos.

LEITURAS SUPLEMENTARES

BRASIL. Ministério da Educação. Secretaria de Educação Superior. *Diretrizes curriculares para os cursos de graduação.* Brasília. Disponível em: http://portal.mec.gov.br/sesu/index. Acesso em: 14 jun. 2019.

As Diretrizes Curriculares especificam a composição da carga horária a ser cumprida para a integralização dos currículos e as unidades de estudos a serem ministradas; indicam os tópicos ou os campos de estudo e demais experiências de ensino-aprendizagem que compõem os currículos, e incluem orientações para a condução de avaliações periódicas.

SANT'ANNA, Flavia Maria; ENRICCONE, Delcia; ANDRÉ, Lenir Cancella; TYRRA, Clódia Maria Godoy. *Planejamento de ensino e avaliação.* 11. ed. Porto Alegre: Sagra: DC Luzzatto, 1996.

Essa obra clássica apresenta os conceitos básicos, as etapas e a estrutura do planejamento. Trata de objetivos, conteúdos, procedimentos, recursos de ensino e avaliação do ensino-aprendizagem. Indica sugestões concretas para a elaboração de planos de disciplina, de unidade e de aula.

WIGGINS, Grant; McTIGHE, Jay. *Planejamento para a compreensão:* alinhando currículo, avaliação e ensino por meio da prática do planejamento reverso. 2. ed. Porto Alegre: Penso, 2019.

Nessa obra, os autores propõem o que definem como planejamento reverso, que envolve desenvolver o currículo a partir dos desempenhos requeridos ou implicados pelos objetivos. Assim, pedem aos planejadores para que reflitam sobre as seguintes perguntas depois de estruturarem os objetivos: o que contaria como evidência desses resultados? Com o que o alcance desses objetivos se parece? Quais são, então, os desempenhos implícitos que devem fazer parte da avaliação, e para qual direção todo o ensino e toda a aprendizagem devem apontar?

4

A FORMULAÇÃO DE OBJETIVOS

A elaboração de um plano de ensino, qualquer que seja o seu nível, inicia-se com a formulação de objetivos. Com efeito, qualquer planejamento consequente requer primeiro a definição clara e precisa do que se espera que o aluno seja capaz de fazer após a conclusão de um curso, disciplina, unidade ou aula.

Nem sempre, porém, é o que ocorre na prática dos professores universitários. Há professores que selecionam tópicos e ao longo das aulas vão "passando a matéria". Dessa forma, ao final do curso admitem ter alcançado seus objetivos. O que seria satisfatório se o objetivo fosse "terminar o curso". Mas nenhum professor certamente admite ser esse o seu objetivo.

Este capítulo é dedicado à formulação de objetivos. **Após estudá-lo cuidadosamente, você será capaz de:**

- reconhecer a importância dos objetivos nos planos de ensino;
- identificar as etapas do movimento em prol da formulação dos objetivos;
- reconhecer as características dos objetivos adequados;
- classificar os objetivos;
- elaborar objetivos;
- reconhecer as vantagens e limitações da formulação de objetivos.

4.1 Função dos objetivos

Quem leu o livro *Alice no país das maravilhas* certamente se lembra da passagem em que ela se encontra diante de muitos caminhos para partir em busca do coelho que fugiu com o relógio. Ao ver um grande gato no alto de uma árvore, pergunta-lhe: "Você pode me ajudar?" Ele diz: "Sim, pois não." "Para onde vai essa estrada?", pergunta ela. Ele responde com outra pergunta: "Para onde você quer ir?" Ela diz: "Eu não sei, estou perdida." Ele, então, lhe diz assim: "Para quem não sabe para onde vai, qualquer caminho serve."

Muitos professores encontram-se em situação parecida com a de Alice. Como não definem claramente objetivos de ensino, não podem decidir acerca do caminho que irão seguir. Ou, em outras palavras, não têm como escolher o melhor método de ensino. Cabe lembrar que método significa "caminho para chegar a um fim".

A formulação de objetivos é fundamental em qualquer atividade educacional. O educador precisa conhecer a meta que dará sentido aos seus esforços, já que não é possível selecionar o caminho mais adequado quando não se sabe aonde se quer chegar. Definir os objetivos significa, portanto, definir o que se espera dos estudantes. Muitos professores indagam-se acerca do que farão em aula, mas deveriam preferencialmente perguntar acerca dos resultados que seus alunos devem atingir ao longo do curso. A educação, a rigor, não tem propósitos ou objetivos. Pessoas, como professores e especialistas em educação, é que os têm, ou deveriam ter.

Os objetivos estão no centro de processo de planejamento, quer se esteja planejando uma política, um curso ou uma aula. O planejamento é que permite controlar o futuro em vez de ser controlado por ele. Com o planejamento pode-se prever e, consequentemente, evitar dificuldades inesperadas em sala de aula e, assim, assegurar-se de que o potencial da situação seja mais eficazmente realizado.

Os objetivos de ensino são geralmente expressos em termos de comportamento esperado dos estudantes. Dessa forma, o estabelecimento de objetivos serve para orientar o professor quanto à seleção do conteúdo, a escolha de estratégias de ensino e a elaboração de instrumentos para avaliação de desempenho do estudante e de seu próprio. Também serve para orientar o estudante acerca do que dele se espera no curso e do que será objeto de avaliação. Assim, pode-se dizer que em torno dos objetivos gravita todo o trabalho do professor. Definir objetivos significa, portanto, antecipar o que o estudante irá aprender e o que poderá ser feito para tornar essa atividade mais fácil, agradável e significativa.

4.2 Histórico dos objetivos educacionais

Johann Friedrich Herbart (1776-1841) e Herbert Spencer (1820-1903) são considerados os pioneiros no movimento de objetivos explícitos na educação. Suas obras indicam a necessidade da definição clara de propósitos de ensino. Mas somente no início do século XX, com a pressão em prol da educação para as massas e com o sucesso do movimento da Administração Científica, é que os professores se encorajaram a tratar cientificamente do problema da formulação dos objetivos.

Foi Franklin Bobbitt quem primeiramente propôs o estabelecimento de objetivos educacionais em termos bem definidos. Objetivos gerais, segundo ele, deveriam ser evitados, pois seriam pouco úteis para a construção do currículo. Sua obra *How to make a curriculum*, publicada em 1924, constitui importante marco no movimento de objetivos explícitos em educação.

Ralph Tyler, em 1949, publicou o livro *Princípios básicos de currículo e ensino*, que constitui importante marco na história dos objetivos. Nessa obra, Tyler define com clareza uma metodologia para estabelecer os objetivos de ensino, justificando a

A formulação de objetivos

necessidade de sua formulação explícita, com vistas a: (1) capacitar o professor para planejar as etapas a serem seguidas pelos estudantes; (2) auxiliar o estudante quanto ao direcionamento e à ênfase na matéria a ser aprendida; e (3) auxiliar o professor na avaliação do desempenho dos alunos.

Em 1956, Benjamin Bloom e seus colegas das Universidades de Chicago e de Michigan publicaram a *Taxonomia dos objetivos educacionais.* Essa taxonomia, que não chegou a ser completada por Bloom, tem suscitado grande número de pesquisas e obras de divulgação referentes aos objetivos educacionais, constituindo referência obrigatória para todos os educadores que planejam suas ações a partir de objetivos. Colegas e seguidores de Bloom vêm procedendo ao aperfeiçoamento de sua obra, merecendo destaque os trabalhos de Anderson e Krathwohl (2001) e Marzano e Kendall (2007).

Em 1962, Robert Mager lançou um livro que, a despeito de sua concisão (62 páginas), passou a exercer significativa influência sobre os educadores, a ponto mesmo de muitos professores admitirem que a história dos objetivos educacionais se divide em dois grandes períodos: antes e depois de Mager.

No Brasil, o movimento em prol dos objetivos educacionais iniciou-se na década de 1970, graças à tradução das obras de Bloom (1972, 1973); Tyler (1974) e Mager (1987). Os cursos de formação de professores do ensino básico absorveram suas ideias e atualmente a maioria dos estabelecimentos de ensino nesses níveis definem os objetivos como elemento fundamental na elaboração dos planos de ensino. Também, os cursos que se propõem a capacitar pedagogicamente os professores universitários enfatizam a formulação de objetivos de ensino.

4.3 Propósitos, metas e objetivos

Se há um ponto em que a maioria dos educadores modernos está de acordo, é no que se refere à necessidade da formulação de objetivos. Verifica-se, no entanto, significativa diferença no pensamento de educadores europeus e norte-americanos no tocante à dimensão que devem assumir esses objetivos. Os europeus preferem tratar de objetivos mais amplos, ou de propósitos educacionais. Abordam o assunto de maneira mais filosófica, referindo-se geralmente a um conjunto de intenções detalhadas para o futuro. Já os norte-americanos preferem falar em objetivos mais concretos, ou em metas que possibilitem sua mensuração.

Os propósitos – mais presentes nos trabalhos produzidos na Europa – constituem um ideal, uma direção a seguir. Eles têm caráter muito mais amplo que os objetivos e as metas. Enquanto os propósitos indicam apenas uma direção a ser tomada, os objetivos e as metas voltam-se para a operacionalização.

Davies (1979) procura esclarecer essa questão propondo a distinção entre propósitos, metas e objetivos. Um propósito refere-se a um ideal e pode subdividir-se num conjunto de metas ou objetivos gerais, cada um representando um ponto decisivo. Alguns desses pontos podem ser realizados mais cedo, outros simultaneamente e outros podem ser deixados para mais tarde. Assim, as metas (ou objetivos gerais) podem ser consideradas tentativas para operacionalizar o que é representado pelo propósito.

Um propósito pode ser, por exemplo: "Capacitar estudantes para a realização de pesquisas científicas". Esse propósito pode ser subdividido em cinco metas, ou objetivos gerais:

1. Reconhecer a importância da pesquisa empírica na produção do conhecimento científico.

2. Formular problemas de pesquisa passíveis de verificação empírica.

3. Elaborar projetos de pesquisa.

4. Construir instrumentos de coleta e análise de dados.

5. Analisar e discutir resultados de pesquisas.

Note-se que a expressão *capacitar estudantes*, que se refere a um propósito, indica uma direção, mas tem um caráter amplo e abstrato. Já a expressão elaborar projetos, que se refere a uma meta, é bem mais precisa. Mas, ainda assim, refere-se à descrição de atividades que os estudantes serão capazes de realizar ao término de uma sequência de aprendizagem. Convém, pois, que essas metas, ou objetivos gerais, sejam fracionadas em objetivos específicos.

Pode-se dizer que as metas têm um caráter estratégico, enquanto os objetivos específicos são de natureza tática. Eles precisam, consequentemente, ser mais claros, precisos e operacionais na forma, mais limitados no tempo e quantificáveis. Um objetivo específico útil descreve exatamente o que o aluno será capaz de fazer, pensar ou mesmo sentir ao final de uma experiência de aprendizagem. Assim, a meta já considerada "elaborar projetos de pesquisa", tratada agora como objetivo geral, pode envolver os seguintes objetivos específicos:

1. Distinguir projeto de plano.

2. Reconhecer a importância da elaboração de projetos no processo de pesquisa.

3. Identificar os componentes de um projeto de pesquisa.

4. Ordenar as partes do projeto.

5. Utilizar terminologia própria da linguagem de projetos.

4.4 Características dos objetivos adequados

Formular objetivos adequados aos propósitos do Ensino Superior nem sempre constitui tarefa fácil. Muitos professores, pressionados pelos coordenadores de curso, elaboram seus planos com objetivos que, apesar de planejados de acordo com procedimentos técnicos, não se aplicam efetivamente ao ensino que irão ministrar. Requer-se, portanto, a observação de alguns critérios.

4.4.1 Os objetivos orientam-se para os alunos

Os objetivos devem se orientar para o que o aluno será capaz de fazer, e não para o que o professor ensina. Um objetivo efetivo refere-se a expectativas acerca do comportamento, desempenho ou entendimento do aluno. Para assegurar que o objetivo esteja centrado no estudante, sugere-se que seja iniciado com a fórmula: "O aluno será capaz de...".

A formulação de objetivos

4.4.2 Os objetivos fornecem uma descrição dos resultados de aprendizagem desejados

Os objetivos devem refletir o que o aluno estará apto a fazer não apenas durante o curso, mas, sobretudo, ao seu final. Formular objetivos intermediários também pode ser interessante, mas os professores precisam definir objetivos que correspondam efetivamente ao que se deseja deles após concluir o curso. Esses objetivos devem referir-se mais à descrição do resultado pretendido da instrução do que ao processo em si. Por exemplo, após cursar a disciplina Estatística, um objetivo poderá ser o de "calcular o coeficiente de correlação de Pearson".

4.4.3 Os objetivos são claros e precisos

Para que os objetivos sejam claros e precisos, é necessário que sejam explícitos. Devem, portanto, ser elaborados de forma a permitir a descrição do que o estudante estará apto a fazer em decorrência da instrução recebida. Para tanto, convém que sejam expressos mediante a utilização de verbos de ação, isto é, que verbos expressem comportamentos observáveis. Verbos como *saber, entender e compreender* não esclarecem o que se pretende do estudante. Já os verbos *definir, identificar, desenhar e escrever,* por suscitarem poucas interpretações, tornam os objetivos claros e precisos. Quando, por exemplo, um professor formula um objetivo como "identificar num mapa-múndi regiões com elevados níveis de desenvolvimento socioeconômico", torna-se possível verificar em que medida o estudante é capaz de manifestar o entendimento acerca do tópico ministrado.

4.4.4 Os objetivos são facilmente compreendidos

É necessário que os alunos e mesmo outras pessoas que não disponham de maiores conhecimentos acerca do conteúdo das disciplinas sejam capazes de entender o significado dos objetivos. Naturalmente, o professor precisa escrever os objetivos utilizando linguagem técnica, mas é importante considerar que são feitos para os outros e não para si mesmo.

4.4.5 Os objetivos são relevantes

Os objetivos devem ser relevantes para os propósitos da aprendizagem. Para tanto, é necessário que o professor, ao formulá-los, esteja seguro de sua importância no contexto do ensino que ministra.

4.4.6 Os objetivos são realizáveis

Quando se propõe um objetivo, é necessário garantir que possa ser alcançado. O professor precisa levar em consideração não apenas as competências dos alunos, mas também os meios de que dispõe para proporcionar o alcance desses objetivos.

4.5 Classificação dos objetivos

Os objetivos de aprendizagem podem ser classificados em três domínios: cognitivo, afetivo e psicomotor (BLOOM *et al.*, 1972). O domínio cognitivo refere-se aos objetivos relacionados a conhecimentos, informações ou capacidades intelectuais. É o domínio a que se dá maior atenção nos cursos universitários. O domínio afetivo abrange os objetivos relacionados a sentimentos, emoções, gostos ou atitudes. O domínio psicomotor, por fim, envolve os objetivos que enfatizam o trabalho de natureza neuromuscular.

4.5.1 Domínio cognitivo

Os objetivos correspondentes a este domínio foram ordenados por Bloom *et al.* em seis níveis, do mais simples ao mais complexo: memorização, compreensão, aplicação, análise, avaliação e criação Essa classificação, no entanto, foi revisada por seus colaboradores (ANDERSON; KRATHWOHL, 2001), que passou a designar as categorias por verbos, e não mais por substantivos.

Memorização (*remember*)
Recuperação do conhecimento relevante de memória de longo prazo. Os objetivos neste nível podem ser expressos por verbos como: *citar, identificar, listar* e *definir.* Por exemplo: "Definir o conceito de Administração Científica".

Compreensão (*understand*)
Reafirmação do conhecimento sob novas formas. Neste nível, o indivíduo conhece o que está sendo comunicado e pode fazer uso do respectivo material ou ideia. Não é capaz, no entanto, de relacioná-lo a outro material ou de perceber suas implicações mais complexas. Os objetivos neste nível podem ser expressos por verbos como: *ilustrar, exemplificar* e *traduzir.* Por exemplo: "Explicar as regras de concordância verbal".

Aplicação (*apply*)
Uso de abstrações em situações particulares e concretas. As abstrações podem apresentar-se sob a forma de ideias gerais, princípios técnicos ou regras de procedimento que devem ser aplicadas. Os objetivos neste nível podem ser expressos por verbos como: *aplicar, demonstrar, usar, inferir* etc. Por exemplo: "Aplicar o princípio da resistência a situações práticas em Aerodinâmica".

Análise (*analyze*)
Separação de um todo em suas partes componentes. Em sua forma mais elementar, a análise envolve uma simples relação de elementos. Num nível mais elevado, implica determinar a natureza do relacionamento entre esses elementos. Os objetivos neste nível podem ser expressos por verbos como: *analisar, distinguir, categorizar* e *discriminar.* Por exemplo: "Distinguir juízos de fato de juízos de valor".

A formulação de objetivos

> **Avaliação (*evaluation*)**
> Julgamento acerca do valor do material e dos métodos para propósitos determinados. Seus objetivos podem ser expressos por verbos como: *avaliar, criticar, julgar* e *decidir*. Por exemplo: "Avaliar um plano de disciplina, levando em consideração o conteúdo programático e o nível de conhecimento dos estudantes".

> **Criação (*create*)**
> Junção de elementos de maneira a formar um novo conjunto coerente ou elaborar um produto original. Este constitui o mais elevado nível do domínio cognitivo. Seus objetivos podem ser expressos por verbos como: *compor, construir, criar, reorganizar* e *produzir*. Por exemplo: "Construir um instrumento para avaliação de competência digital".

De acordo, ainda, com essa revisão da taxonomia, a dimensão cognitiva envolve: conhecimento factual, conhecimento conceitual, conhecimento procedural e conhecimento metacognitivo. O conhecimento *factual* corresponde aos elementos básicos que os estudantes precisam adquirir para entender uma disciplina ou para solucionar problemas no seu âmbito, envolvendo tanto o conhecimento da terminologia quanto o de detalhes e elementos específicos. O conhecimento *conceitual* trata do relacionamento entre os elementos básicos numa estrutura mais ampla, abrangendo classificações, categorias, princípios, teorias e modelos. O conhecimento *procedural* trata da elaboração de métodos de investigação e de critérios para utilização de métodos, técnicas e instrumentos. O conhecimento *metacognitivo*, por fim, envolve o conhecimento estratégico, o conhecimento sobre o próprio processo cognitivo, incluindo o próprio conhecimento contextual e condicional, bem como o autoconhecimento.

De acordo com essa revisão da taxonomia, os objetivos de aprendizagem podem ser colocados numa das quatro categorias referentes à dimensão do conhecimento e numa das seis da dimensão cognitiva. Assim, utiliza-se um substantivo para indicar o conhecimento que está sendo aprendido: factual, conceitual, procedural ou metacognitivo. Utiliza-se um verbo para indicar a dimensão do processo cognitivo: *lembrar, entender, aplicar, analisar, avaliar* ou *criar*. A célula em que as duas dimensões se interceptam é onde se coloca o objetivo no quadro da taxonomia revista. Por exemplo: "Os estudantes serão capazes de identificar princípios para classificação de atos administrativos". Nesse caso, combina-se a categoria *lembrar* do processo cognitivo com a categoria conceitual da dimensão do conhecimento. Outro exemplo: "Os estudantes serão capazes de avaliar a adequação de métodos para a investigação da constituição dos solos". Aqui, combinam-se as categorias *avaliar* e *conhecimento procedural*.

4 A formulação de objetivos

Quadro 4.1 Classificação dos objetivos segundo a revisão de Anderson *et al.*

	Dimensão do processo cognitivo					
	1 **Lembrar** Reconhecer Relembrar Identificar	**2** **Entender** Interpretar Exemplificar Comparar	**3** **Aplicar** Executar Implementar Utilizar	**4** **Analisar** Diferenciar Organizar Categorizar	**5** **Avaliar** Criticar Julgar Decidir	**5** **Criar** Gerar Planejar Produzir
A. **Conhecimento** **Factual** – Terminologia – Detalhes e elementos						

B.
Conhecimento
Conceitual
– Classificação
– Princípios e
  generalizações
– Teorias, modelos
  e estruturas						

C.
Conhecimento
Procedural
– Métodos e
  técnicas
– Critérios para
  a adoção de
  procedimentos						

D.
Conhecimento
Metacognitivo
– Conhecimento
  estratégico
– Conhecimento
  sobre o processo
  cognitivo
– Autoconheci-
  mento						

Fonte: Anderson e Krathwohl (2001).

4.5.2 Domínio afetivo

Os objetivos correspondentes ao domínio afetivo, segundo a taxonomia de Bloom, podem ser classificados em cinco categorias:

A formulação de objetivos

4

Receptividade

Disposição para tomar consciência de um fato e prestar atenção ao mesmo. Esta categoria constitui o nível mais baixo da taxonomia e seus objetivos podem ser expressos por verbos como: *aceitar, atender, escutar* e *perceber*. Por exemplo: "Escutar o que o professor diz".

Resposta

Reação a um fato. Neste nível, o estudante vai além da simples receptividade; ele está disposto a receber o estímulo dado, não o evitando. Os objetivos desta categoria podem ser expressos por verbos como: *acompanhar, concordar* e *responder*. Por exemplo: "Acompanhar com atenção a exposição do professor".

Valorização

Reconhecimento do valor de uma coisa, fenômeno ou comportamento. Dentre os verbos utilizados para expressar os objetivos desta categoria, estão: *aceitar, apreciar, reconhecer* etc. Por exemplo: "Reconhecer a importância da comunicação no trabalho".

Organização

Organização de valores num sistema. Quando o estudante encontra mais de um valor relevante para uma situação, ele os organiza, determina a inter-relação e aceita um como dominante. Os verbos *desenvolver, discutir, organizar* e *pesar* podem ser utilizados para expressar objetivos desta categoria. Por exemplo: "Formar seu próprio código de conduta como dirigente de uma entidade".

Caracterização por um valor ou complexo de valores

Neste nível, que é o mais elevado do domínio afetivo, o estudante age firmemente de acordo com os valores que aceita, tornando-se esse comportamento parte de sua personalidade. Os verbos *acreditar, rejeitar, mudar* e *revisar* são utilizados para expressar os objetivos desta categoria. Por exemplo: "Revisar sua filosofia educacional a partir da análise da obra de Paulo Freire".

4.5.3 Domínio psicomotor

Bloom e seus colaboradores não detalharam a taxonomia referente ao domínio psicomotor. Coube a autores como Dave (1970), Simpson (1972) e Harrow (1972) a continuação desse trabalho. Dave, que foi aluno do Bloom, apresenta como categorias do domínio psicomotor:

Imitação

Observar uma ação e tentar repeti-la, ou observar um produto acabado e tentar replicá-lo. Objetivos neste nível podem ser expressos por verbos como: *copiar, duplicar, imitar, repetir* e *reproduzir*. Por exemplo: "Repetir os movimentos de braço do professor".

> **Manipulação**
> Desempenhar uma habilidade ou elaborar um produto de forma reconhecível, seguindo mais as instruções do que a observação. Objetivos neste nível podem ser expressos por verbos como: *adquirir, completar, manipular, operar* e *produzir.* Por exemplo: "Operar um cronômetro segundo instruções contidas no manual".

> **Precisão**
> Desempenhar com proficiência uma ação ou elaborar um produto com precisão e sem hesitação. Objetivos neste nível podem ser expressos por verbos como: *alcançar, concluir, refinar, superar* e *transcender.* Por exemplo: "Concluir a elaboração de um molde de prótese dentária".

> **Articulação**
> Modificar procedimentos com vistas a adequá-los a novas situações. Objetivos neste nível podem ser expressos por verbos como: *adaptar, alterar, mudar, reorganizar* e *revisar.* Por exemplo: "Alterar procedimentos para elaboração de transparências em decorrência do uso de novo aplicativo".

> **Naturalização**
> Desenvolver novas ações ou formas de manipular materiais, transcendendo as habilidades já desenvolvidas, de maneira automática ("sem pensar"). Objetivos neste nível podem ser expressos por verbos como: *arranjar, combinar, compor, construir* e *criar.* Por exemplo: "Criar uma nova rotina de ginástica".

4.6 Vantagens e limitações da formulação de objetivos

A formulação de objetivos é polêmica nos meios educacionais. Argumentos pró e contra têm sido gerados. A maioria desses argumentos, no entanto, tem sido favorável aos objetivos. Os argumentos contrários, de modo geral, não se referem aos objetivos em si, mas à maneira como são utilizados ou à ideologia subjacente ao movimento em prol dos objetivos. Cabe lembrar que o principal suporte teórico do movimento em prol dos objetivos foi dado pelo comportamentalismo, enfoque teórico muito criticado por educadores vinculados a posturas humanistas.

Para esses educadores, o comportamentalismo contribui para que o estudante seja visto como um ser passivo e moldável, e o professor, como um executor de tarefas prescritas. Nesse contexto, o currículo torna-se um instrumento cuja principal função é a de controlar a escola e ajustar as pessoas à ordem econômica e social vigente (McKERNAN, 2010; BENNETT; BRADY, 2014; ERIKSON; ERIKSON, 2018).

Os argumentos mais utilizados contra a formulação de objetivos de ensino são:

a) Os objetivos mais comuns são os mais fáceis de operacionalizar. Consequentemente, objetivos mais complexos podem ser subestimados, contribuindo para o rebaixamento dos níveis de ensino.

A formulação de objetivos

b) Por se referirem a mudanças comportamentais, os objetivos desconsideram resultados educacionais importantes, como as mudanças nas atitudes familiares e profissionais, nas crenças e nos valores sociais etc.

c) Planejar como os estudantes devem se comportar após a instrução é um procedimento autoritário.

d) Formular objetivos previamente desestimula a adoção de posturas criativas por parte dos estudantes.

e) O estabelecimento de objetivos específicos impede o professor de tirar proveito das oportunidades de aprendizagem que aparecem inesperadamente em sala de aula.

f) Muitas vezes, os resultados mais importantes são os que não foram antecipados. Assim, objetivos pré-especificados podem tornar o avaliador desatento ao imprevisto.

g) A formulação prévia de objetivos não dificulta a adoção de uma postura construtivista em sala de aula.

Em favor da formulação de objetivos, os argumentos mais utilizados são:

a) Os objetivos constituem a base do planejamento racional do ensino.

b) A formulação de objetivos incentiva os professores a pensar e a planejar em termos específicos.

c) A formulação de objetivos claros faz com que os conteúdos se restrinjam ao que realmente é importante para os estudantes.

d) Os objetivos auxiliam na escolha de estratégias e recursos de ensino.

e) Os objetivos constituem a base racional da avaliação da aprendizagem.

f) A apresentação dos objetivos no início do curso possibilita ao estudante o conhecimento prévio acerca do que irá ver ao longo do ano ou semestre letivo.

g) Os objetivos auxiliam os estudantes a realizar um estudo seletivo.

h) Os objetivos servem para proporcionar aos estudantes um sistema de retroalimentação.

i) Os objetivos ajudam a rever os conteúdos mediante a verificação de sua relevância no contexto do plano de curso.

LEITURAS SUPLEMENTARES

MAGER, Robert F. *O que todo chefe deve saber sobre treinamento*. São Paulo: Market Books, 2001.

Embora trate especificamente de treinamento, esse livro foi escrito por um dos mais importantes autores no campo dos objetivos educacionais. O Capítulo 3 – Como entrar no mundo impreciso da palavra – constitui importante auxílio para o professor analisar a relação entre a formulação clara de objetivos e o desempenho profissional.

HOFRICHTER, Markus. *Como criar metas e objetivos*: de forma correta. Porto Alegre: Simplíssimo Livros, 2017.

E-book com 34 páginas, constitui manual prático para a elaboração de objetivos.

5

SELEÇÃO E ORGANIZAÇÃO DOS CONTEÚDOS

A seleção e a organização de conteúdos constituem atividades das mais importantes na elaboração dos planos de ensino. Até algumas décadas atrás, representavam o ponto de partida para todo o planejamento de ensino. O professor, com base nos programas elaborados pela instituição de ensino, planejava todas as suas atividades. Esse planejamento, a rigor, consistia simplesmente em distribuir, de acordo com o tempo disponível, os conteúdos do programa de sua disciplina.

Embora posturas como essa ainda sejam adotadas por muitos professores, a tendência atual é enfocar os conteúdos numa perspectiva mais dinâmica. Os conteúdos passam a ser vistos menos como orientadores do planejamento e mais como elementos que contribuem para a concretização dos objetivos de aprendizagem. Na educação a distância, a seleção e a organização dos conteúdos assumem importância tal que se passa a falar em professor conteudista e curadoria de conteúdo. Assim, o presente capítulo é dedicado à discussão do papel dos conteúdos nos planos de ensino e aos procedimentos necessários para sua operacionalização. **Após estudá-lo cuidadosamente, você será capaz de**:

- reconhecer o papel dos conteúdos no planejamento do ensino;
- relacionar conteúdos e objetivos de ensino;
- identificar critérios para a seleção e a ordenação de conteúdos;
- ordenar uma sequência de conteúdos na disciplina que pretende ministrar;
- definir procedimentos adotados na curadoria de conteúdo.

5.1 Papel dos conteúdos no planejamento do ensino

O professor universitário de algumas décadas atrás não tinha muita dificuldade para definir e organizar o conteúdo das disciplinas que se encontravam a seu encargo. Os programas oficiais eram rígidos e a maioria das disciplinas fazia parte do chamado "currículo mínimo", cujas ementas definiam a organização dos livros-textos que, ao serem adotados pelo professor, constituíam a base para todas as atividades de ensino. Assim, o que o professor tinha a fazer era esgotar o assunto no tempo disponível, independentemente da qualidade do rendimento do estudante. Bastava-lhe simplesmente tomar os programas elaborados pelas autoridades educacionais, pelos "grandes mestres" ou pela instituição de ensino e passar o seu conteúdo aos estudantes.

Esta forma de encarar os conteúdos está ultrapassada. Como os órgãos responsáveis pela educação não definem mais currículos mínimos, mas apenas diretrizes curriculares, os professores são solicitados a fazer bem mais do que distribuir no tempo disponível todo o conteúdo a ser desenvolvido. Com efeito, o conteúdo deixou de ser visto como orientador do planejamento e passou a ser encarado como meio para a concretização dos objetivos. Dessa forma, o professor dispõe de muito mais liberdade para "montar o seu programa", já que pode selecionar os conteúdos mais apropriados para os objetivos que foram definidos, como também para organizá-los.

Nesse contexto, o professor passa a ter muito mais autonomia na seleção dos conteúdos. Mas, para que sua autonomia possa constituir um benefício, é necessário que a utilize com competência e responsabilidade. Não é demais lembrar que o planejamento dos conteúdos deverá servir antes à aprendizagem do estudante que ao interesse do professor. E, à medida que o professor conferir maior ênfase à aprendizagem que ao ensino, a fixação dos conteúdos passará a envolver tanto o tratamento da informação que é transmitida ao estudante quanto as suas capacidades intelectuais, necessidades e interesses.

Sob essa perspectiva, a seleção e a ordenação dos conteúdos não constituem atividades simples e burocráticas. Envolvem conflitos e negociação, pois o professor tem que considerar as peculiaridades dos grupos para os quais os conteúdos são pensados, reconhecer as possibilidades e os limites para o seu alcance e dispor-se para alterá-los em função do modo como os estudantes respondem a eles.

Algumas das principais questões propostas aos professores na seleção e na organização dos conteúdos são:

Que conhecimentos, habilidades e atitudes devem ser ensinados?

Quem deve participar dessas decisões? A coordenação do curso? Os outros professores? A direção da escola? Os estudantes?

Como decidir acerca do que deve ser ensinado e do que deve ser colocado de lado?

Quão fáceis, agradáveis, coerentes e significativos serão esses conteúdos para os estudantes?

Os conteúdos deverão ser alcançados por todos os estudantes ou por parte deles?

Em que medida os conteúdos contribuem para o avanço pessoal e social dos estudantes?

Como ajustar os conteúdos às diferentes modalidades de ensino?

Seleção e organização dos conteúdos

A seleção e a organização dos conteúdos constituem, portanto, atividades que exigem amplo conhecimento do assunto e do grupo de estudantes para os quais serão ministrados e, sobretudo, muita segurança em relação ao que será ministrado no contexto da disciplina. Por isso, considera-se que "o tratamento dispensado pelo mestre ao conteúdo é um dos mais evidentes indicadores do seu grau de atualização, criatividade, iniciativa e sistematização" (SANT'ANNA *et al.*, 1995).

5.2 Critérios para a seleção dos conteúdos

Os conteúdos devem ser selecionados para atender às necessidades sociais e individuais dos estudantes numa determinada realidade e época. Para tanto, alguns critérios devem ser considerados.

5.2.1 Vinculação aos objetivos

Os objetivos, numa perspectiva moderna, constituem o ponto de partida para a determinação das ações de ensino. Por isso, os conteúdos devem derivar dos objetivos, e não o contrário.

Nem sempre esse critério fica claro para os professores identificados com o ensino tradicional, em que o conteúdo é tido como o ponto de partida. Nesse contexto, o livro-texto era visto como o recurso didático básico de onde derivariam o conteúdo, a sequência do ensino, as estratégias de ensino e a avaliação da aprendizagem. Por essa razão, muitos professores, ainda vinculados ao esquema tradicional, ao serem solicitados a redigir objetivos, fazem-no a partir dos conteúdos.

Para que os objetivos sejam úteis na seleção dos conteúdos, é necessário que tenham sido elaborados de forma tal que esclareçam o que se espera do estudante em relação ao aprendizado. Quando, porém, os objetivos são constituídos por frases que o professor foi solicitado a elaborar para cumprir os requisitos de elaboração do plano, não são adequados para orientar a seleção dos conteúdos.

5.2.2 Significância

Os conteúdos devem ser significativos para os alunos, isto é, precisam estar relacionados às suas experiências pessoais. Há professores que selecionam conteúdos retirados de textos elaborados em realidades muito diferentes das que são vivenciadas pelo grupo para o qual as aulas são ministradas. Quando isso acontece, os alunos passam a ter mais dificuldades para lidar com os conteúdos oferecidos. Já quando os conteúdos se vinculam à realidade dos estudantes, sua assimilação se torna muito mais rápida e proveitosa.

5.2.3 Validade

Os conteúdos são considerados válidos quando têm condições de produzir os efeitos esperados. É necessário, portanto, ao selecionar um conteúdo, garantir que este seja autêntico e não seja obsoleto. Não seria razoável, por exemplo, em um curso de Didática, incluir um tópico como "utilização do retroprojetor", já que esse equipamento se tornou obsoleto. Seria muito mais válido abranger tópicos referentes à utilização de projetores multimídia ou lousa interativa. Assim, torna-se necessário rever regularmente os conteúdos e proceder à substituição dos tópicos, quando necessário.

A seleção dos conteúdos não pode, no entanto, ser determinada exclusivamente pelo critério do imediatismo. É necessário selecionar conteúdos que não só sejam válidos para o momento em que são ministrados, mas também que possam servir em muitos outros momentos da vida dos alunos. Conteúdos que contribuam para vislumbrar novas perspectivas e identificar novas possibilidades.

5.2.4   Utilidade

A seleção dos conteúdos deve levar em consideração as necessidades e os interesses dos alunos. Quando estes não conseguem perceber sua utilidade, a não ser para a obtenção de bons resultados nas provas, tendem a considerá-los inúteis. Os conteúdos devem ser selecionados considerando as exigências do meio em que vivem os alunos, bem como a utilização posterior do conhecimento, em situações novas.

Isso não significa, porém, que se deva conferir ao conteúdo um caráter essencialmente utilitário ou pragmático. Uma postura desse tipo acabaria por dificultar uma visão crítica da disciplina. Os conteúdos não podem ser de natureza puramente técnica, mas relacionados aos mais amplos desafios da sociedade contemporânea.

5.2.5   Flexibilidade

A definição dos conteúdos serve para nortear a ação do professor. Esses conteúdos, no entanto, devem ser elaborados com flexibilidade suficiente para que o professor possa fazer alterações, adaptações, renovações e enriquecimentos em função do acelerado ritmo de transformação dos tempos atuais e das características dos estudantes.

5.2.6   Adequação à diversidade dos alunos

Foi muito comum no passado a postura de professores que selecionavam conteúdos sem se preocupar com as dificuldades de aprendizagem dos alunos. Para muitos professores, os conteúdos deveriam ser transmitidos aos alunos e, se estes apresentassem dificuldades, seriam apenas exortados a "estudar mais". Caso as dificuldades permanecessem, não haveria outra solução além da reprovação.

Reconhece-se nos dias atuais a necessidade de identificar o nível de maturidade e de adiantamento dos alunos para a definição dos conteúdos. Em virtude da ampliação do número de cursos superiores nas últimas décadas, verifica-se maior diversidade no nível dos alunos das diferentes escolas, não apenas no que se refere aos conhecimentos, mas também ao nível de aspiração. Assim, o professor, para determinar a extensão dos conteúdos e sua variedade, precisa levar em consideração as características de seu público-alvo, sobretudo em relação à faixa etária, nível socioeconômico, aspirações profissionais, conhecimentos anteriores e motivação para estudar a matéria.

Algumas dessas informações podem ser obtidas a partir de boletins e fichas elaboradas pela instituição de ensino. Outras podem ser obtidas mediante consulta a outros professores e ao coordenador do curso. Outras tantas, porém, só podem ser obtidas diretamente dos estudantes, mediante observação, entrevistas

Seleção e organização dos conteúdos

ou questionários. Por essa razão é que muitas vezes a plena definição dos conteúdos só se torna viável após o início das aulas.

5.2.7 Adequação ao tempo

Pode ocorrer que duas instituições ofereçam disciplinas com o mesmo título, porém com carga horária diferente. Naturalmente, os conteúdos das disciplinas apresentarão diferentes níveis de profundidade, pois não será razoável esperar que os estudantes logrem o mesmo aproveitamento se o tempo oferecido for muito diferente.

O aprendizado do estudante não é determinado exclusivamente pelo tempo que ele permanece em sala de aula. Há que se considerar também o tempo utilizado com leituras, exercícios, pesquisas etc. Porém, a carga horária constitui geralmente um indicador expressivo da profundidade que se pretende conferir à disciplina. Por essa razão, ao fixar o conteúdo de uma disciplina, torna-se necessário considerar o tempo que o professor disporá para o seu desenvolvimento.

5.2.8 Adequação à modalidade de ensino

Tradicionalmente, os critérios para seleção dos conteúdos têm sido estabelecidos considerando o ensino presencial. Todavia, com a difusão da educação a distância e do ensino híbrido, é preciso considerar que os conteúdos podem ser transmitidos não apenas mediante aulas presenciais ou textos escritos, mas também com o auxílio de outros meios, como vídeos, *podcasts*, material postado nas redes sociais etc. Torna-se necessário, portanto, definir a modalidade de ensino para promover a adequação dos conteúdos.

5.3 Ordenação dos conteúdos

Após a seleção dos conteúdos, o professor procede à sua ordenação. Este procedimento é importante, porque uma ordenação criteriosa simplifica a compreensão dos conteúdos, favorecendo o progresso da aprendizagem num espaço de tempo mais curto.

Quando os conteúdos são selecionados da maneira tradicional, essa tarefa se torna bastante simples, pois basta seguir a ordem definida pelo livro-texto. Mas, quando o conteúdo é selecionado com vistas ao alcance de objetivos, sua ordenação requer maiores cuidados.

Muitos professores procuram ordenar o conteúdo da disciplina que ministram numa "sequência lógica", que geralmente coincide com a que foi estabelecida pelos autores no livro selecionado como texto básico. Assim, tem sido comum, sobretudo no ensino de disciplinas científicas, começar com a apresentação de conceitos e fórmulas reconhecidas como importantes para o desenvolvimento do programa.

De fato, do ponto de vista de quem vai aprender ciências, os conceitos e as fórmulas constituem, evidentemente, o ideal a atingir, mas não o ponto de partida para a aprendizagem. A esse respeito, John Dewey (1979, p. 242) lembra:

> "O aluno começa a estudar ciências em compêndios nos quais a matéria foi coordenada de acordo com o critério do especialista. Alinham-se

51

desde logo conceitos acompanhados de definições. Desde logo expõem-se leis e, com elas, no máximo, algumas poucas indicações do modo por que se chegou a descobri-las. Os alunos aprendem 'uma ciência' em lugar de aprenderem o modo científico de tratar o material familiar da experiência ordinária."

Cabe, portanto, ao professor considerar na seleção dos conteúdos não apenas a ordem lógica, mas também a "ordem psicológica", que se refere às condições pessoais dos estudantes e que envolve, entre outros aspectos, sua experiência de vida e a motivação para o aprendizado da disciplina. Muitas vezes, ao procurar estabelecer a sequência lógica dos conteúdos, o professor inclui, logo nas primeiras unidades do programa, tópicos que, apesar de introdutórios, envolvem certa dificuldade para o seu aprendizado. Naturalmente, há situações em que um assunto requer que uma unidade seja aprendida antes de outra, pois constitui pré-requisito. Mas as razões para utilizar esse tipo de sequência nem sempre são tão imperativas.

Também, ao estabelecer a sequência dos conteúdos, o professor precisa levar em conta a motivação dos alunos. Assim, é conveniente identificar unidades que despertam maior interesse e depois intercalá-las, na medida do possível, com as demais unidades do curso.

Uma importante contribuição para o processo de ordenação de conteúdos é encontrada em trabalho clássico referente à elaboração de currículos escolares (SMITH; STANLEY; SHORES, 1957). Esses autores definem quatro abordagens que podem ser utilizadas no estabelecimento da sequência das informações.

A primeira abordagem é a que organiza os conteúdos do mais simples para o mais complexo, do mais fácil para o mais difícil, do mais concreto para o mais abstrato. Trata-se de uma abordagem essencialmente indutiva. Muitos professores de matemática adotam essa sequência. Considera-se que, embora a matemática seja uma ciência essencialmente dedutiva, a sequência indutiva é a adotada para facilitar a aprendizagem.

A segunda abordagem é a dos pré-requisitos, que estabelece que alguns conhecimentos, por serem fundamentais, devem ser apresentados primeiramente. Essa abordagem apresenta similaridade em relação à anterior, mas não enfatiza o rigor no sequenciamento, desde que tudo o que for essencial para a compreensão tenha sido abordado antes. Por exemplo: a apresentação do conceito de adição deve preceder ao de multiplicação.

A terceira abordagem é a que enfatiza primeiro o todo e depois as partes. Fornece-se primeiramente uma visão geral do assunto antes de entrar em detalhes específicos. É, pois, uma abordagem dedutiva, que contrasta com a abordagem que parte da aprendizagem simples para chegar à complexa. É adotada, por exemplo, nos cursos de línguas estrangeiras, em que os professores, em vez de começar com noções gramaticais, preferem que os estudantes mergulhem nos textos e na conversação.

A quarta abordagem é a cronológica, com os conteúdos sequenciados pela ordem em que ocorreram historicamente. Constitui a abordagem mais usual de ordenação de conteúdos em disciplinas que tratam de fatos segundo a perspectiva histórica.

Seleção e organização dos conteúdos

Essas abordagens, embora distintas, centram-se no currículo. Há, porém, outras abordagens que enfatizam outros aspectos, como a maneira de os estudantes processarem o conhecimento, o seu interesse nos assuntos e sua relevância social. Assim, psicólogos que adotam a abordagem cognitiva propõem que a apresentação dos conteúdos seja sempre precedida de uma visão geral (ORNSTEIN; HUNKINS, 2009). O guia de estudo de aprendizagem, currículo e avaliação da Open University (1999), por sua vez, sugere que a ordenação dos conteúdos se dê segundo a ordem que o estudante ache a mais fácil para estudar. Também há propostas de que os estudantes, dentro dos limites dos recursos disponíveis, negociem o que gostariam ou precisariam aprender. Há, ainda, autores que adotam o denominado modelo socialmente crítico, em que o conteúdo é retirado de problemas sociais significativos do dia e organizado em torno de temas, investigações ou projetos (NEARY; WINN, 2009).

5.4 Curadoria de conteúdo

Com a difusão da educação a distância, passou-se a conferir importância cada vez maior aos conteúdos no planejamento do ensino. Tanto é que um dos principais atores nessa modalidade de ensino é o professor conteudista, que é o responsável por garantir o processo de aprendizagem dos alunos por meio da gestão do conteúdo. Isso significa que cabe a esse profissional determinar a melhor forma de levar conhecimento aos estudantes. Trata-se, pois, de um professor especializado em determinada área do conhecimento que pesquisa em fontes confiáveis e elabora de forma dialógica – isto é, conversando com os potenciais alunos – os conteúdos a serem apresentados nas diferentes plataformas de ensino.

Também na educação a distância especial importância passa a ser conferida à curadoria de conteúdo, que consiste no processo de zelar pela qualidade e confiabilidade dos conteúdos. Implica, pois, um processo de triagem, avaliação e organização, envolvendo tanto os conteúdos em si como os recursos utilizados para facilitar a aprendizagem. Assim, cabe ao professor assumir o papel de curador, selecionando conteúdos relevantes, avaliando-os e adaptando-os à proposta da instituição de ensino responsável pela educação a distância.

A curadoria de conteúdo envolve muito mais do que reunir *links* que encaminham para páginas da internet que contêm textos ou imagens referentes aos temas. Weisgerber e Butler (2012) definem oito passos na curadoria de conteúdo:

1. Encontrar (buscar conteúdos relevantes).
2. Selecionar (filtrar o conteúdo com base na qualidade, na relevância e na originalidade).
3. Editorializar (preparar, introduzir e resumir o conteúdo, adicionando uma perspectiva pessoal).
4. Arranjar (ordenar, organizar, comparar e distribuir os conteúdos nos módulos do curso).
5. Criar (decidir o formato da publicação).

6. Compartilhar (disponibilizar o material para interação).

7. Engajar (hospedar a conversação, providenciar espaço e participar das conversas).

8. Monitorar (acompanhar o engajamento).

LEITURAS SUPLEMENTARES

SANT'ANNA, Flavia M.; ENRICONE, Dilcia; ANDRÉ, Lenir; TURRA, Clodia M. *Planejamento de ensino e avaliação.* 11. ed. Porto Alegre: Sagra: DC Luzzatto, 1995.

O Capítulo 4 desse livro é dedicado à seleção e organização dos conteúdos nos planos de ensino.

FILATRO, Andrea Cristina; BILESKI, Sabrina M. Cairo. *Produção de conteúdos educacionais.* São Paulo: Saraiva, 2015.

Esse livro trata da produção de conteúdos didáticos para as novas modalidades de ensino, especialmente a educação a distância.

6

FACILITAÇÃO DA APRENDIZAGEM

Durante muito tempo, os estudos relacionados ao aprendizado apareceram desvinculados dos estudos sobre ensino. Os manuais de didática apresentavam aos professores um conjunto de métodos e técnicas de valor universal, "capazes de ensinar tudo a todos". Como consequência, poucos professores sentiam necessidade de considerar as características pessoais dos estudantes, seus interesses e motivações para planejar suas atividades. Mas as novas perspectivas e modelos educacionais, apoiados em pesquisas científicas, vêm contribuindo significativamente para mudar essa visão dos educadores.

Sabe-se hoje que, ao contrário das concepções tradicionais, o ato de ensinar não implica necessariamente o aprendizado de quem o recebe. O aprendizado, embora fortemente influenciado pela ação do professor, depende muito das características e das disposições dos estudantes. Assim, cabe ao professor empenhado em proporcionar um aprendizado significativo que se mostre competente para proceder ao diagnóstico das necessidades e das expectativas dos estudantes com vistas a prescrever as medidas educativas mais adequadas.

Este capítulo visa esclarecer acerca dos fatores capazes de influenciar o aprendizado dos estudantes e do que pode o professor fazer com vistas a torná-lo mais eficaz. **Após estudá-lo cuidadosamente, você será capaz de:**

- conceituar aprendizagem;
- identificar fatores que interferem no processo de aprendizagem;
- reconhecer o papel da motivação na aprendizagem;
- usar estratégias para manter a concentração dos alunos;
- usar estratégias para favorecer a memorização dos conteúdos pelos alunos.

6.1 Conceito de aprendizagem

O conceito de aprendizagem é um dos mais utilizados nas obras que tratam de Educação. O que se justifica, pois as pessoas vão à escola principalmente para aprender. Mas esse conceito é frequentemente utilizado num sentido muito limitado, pois costuma ser confundido com o de aquisição de conhecimentos. O conceito de aprendizagem é muito mais amplo, já que se refere a um processo permanente que começa com o início da vida e só termina com a morte. Dessa forma, bebês, crianças, adolescentes, adultos e pessoas idosas estão constantemente aprendendo.

Uma das definições de aprendizagem mais utilizadas nos textos que tratam de Educação é a de Gagné (1980, p. 6): "A aprendizagem é inferida quando ocorre uma mudança ou modificação no comportamento, mudança esta que permanece por períodos relativamente longos durante a vida do indivíduo". Assim, pode-se dizer que ocorre aprendizagem quando uma pessoa manifesta aumento da capacidade para determinados desempenhos em decorrência de experiências por que passou.

No dia a dia da escola, o conceito de aprendizagem tende a ser entendido de modo mais restrito. Mas envolve muito mais do que a aquisição de conhecimentos, pois se refere também a mudanças de interesses, atitudes e valores. Assim, no contexto da Metodologia do Ensino Superior, pode-se definir aprendizagem como o processo de aquisição de conhecimentos, desenvolvimento de habilidades e mudança de atitudes em decorrência de experiências educativas, tais como: aulas, leituras, discussões, pesquisas etc.

6.2 Fatores que influenciam o processo de aprendizagem

Há inúmeros fatores, dentro dos indivíduos e fora deles, que influenciam sua habilidade para aprender. Os mais conhecidos são os fatores cognitivos, como a inteligência e a criatividade. Há, no entanto, muitos outros a serem considerados, como a motivação, o ambiente social e os hábitos de estudo. São, pois, considerados a seguir os principais fatores que influenciam o processo de aprendizagem.

6.2.1 Competências intelectuais

Este é o mais reconhecido dentre todos os fatores capazes de influenciar a aprendizagem dos estudantes. Não há como deixar de reconhecer sua importância. Mas os conhecimentos proporcionados pela pesquisa psicológica requerem nova visão acerca do papel desempenhado pela inteligência nesse processo. Durante muito tempo predominou a concepção de inteligência única, genericamente definida como a capacidade do indivíduo para resolver problemas. Como consequência da valorização dessa concepção, popularizaram-se os chamados testes de inteligência. Com base em seus resultados, os indivíduos mais inteligentes eram reconhecidos como mais aptos para aprender e, portanto, mais predispostos ao sucesso nos estudos. Mas, em

Facilitação da aprendizagem

decorrência de descobertas científicas e do desenvolvimento de novas teorias psicológicas e educacionais, nas últimas décadas do século XX, essas concepções foram profundamente alteradas.

Uma das teorias que mais vem contribuindo para a redefinição do papel da inteligência da aprendizagem é a das **inteligências múltiplas**, proposta por Howard Gardner em 1983. De acordo com essa teoria, a inteligência não se refere apenas às capacidades verbais e lógico-matemáticas, que têm sido privilegiadas nos tradicionais testes de inteligência, cujos resultados são expressos pelo QI (quociente de inteligência). Segundo Gardner (1994), existem pelo menos sete tipos de inteligência, que são:

Inteligência linguística
Capacidade de comunicar por meio de símbolos, pela palavra oral e escrita.

Inteligência lógico-matemática
Capacidade que possibilita resolver problemas através do pensamento lógico e do cálculo numérico.

Inteligência espacial
Capacidade de formar um modelo mental, um mundo espacial, e ser capaz de operar segundo este modelo.

Inteligência musical
Capacidade de compreensão dos sons e de suas combinações.

Inteligência corporal-cinestésica
Capacidade de resolver problemas ou de elaborar produtos utilizando o corpo inteiro ou partes dele.

Inteligência interpessoal
Capacidade de compreender outras pessoas e de lidar com elas.

Inteligência intrapessoal
Capacidade de reconhecer e lidar com os próprios sentimentos enquanto eles estão ocorrendo.

Após a formulação inicial, Gardner (1995) definiu outra modalidade de inteligência, a **naturalística**, que se refere à sensibilidade para compreender e organizar os objetos, fenômenos e padrões da natureza. Também aventou a possibilidade da inteligência existencial, que abrangeria a capacidade de refletir sobre as questões fundamentais da existência (GARDNER, 1999).

A teoria das inteligências múltiplas estabelece que estas não se distribuem igualmente entre as pessoas. Assim, prevê-se que o desempenho dos estudantes varie conforme a disciplina. Por exemplo, elevados níveis de desempenho em Física estão associados à inteligência lógico-matemática; em Línguas, à inteligência linguística; em Psicologia, à inteligência interpessoal. O que significa que o professor, em sua prática profissional, precisa estar atento a essas diferenças.

57

6.2.2 Fatores emocionais

Dentre os diversos fatores emocionais, a ansiedade é provavelmente o mais importante no que se refere à influência sobre a aprendizagem. Uma leve ansiedade pode ser entendida como auxílio, mas em excesso exerce um efeito inibidor sobre a aprendizagem. Tanto os estudantes com alto e baixo desempenho podem ser prejudicados pela ansiedade. Os mais bem-sucedidos podem se tornar ansiosos em virtude das expectativas nem sempre realistas dos pais, dos professores ou de si mesmos. Os que apresentam baixo desempenho, por sua vez, podem se tornar ansiosos quando percebem que seu desempenho é deficiente ou se repetem situações que podem levá-los ao fracasso.

A ansiedade tem muitas causas, mas os professores podem contribuir para sua redução mediante certos procedimentos, como: prover os estudantes com instruções sobre formas adequadas de estudo; possibilitar oportunidades para que os mais ansiosos possam falar em pequenos grupos ou responder a perguntas com respostas curtas; usar atividades que envolvam aprendizagem cooperativa; esclarecer o objetivo das provas; evitar pressões de tempo nas situações de exames; determinar um espaço de tempo que assegure que todos os estudantes consigam completar a prova; e variar os tipos de avaliação (COSTA; BORUCHOVITCH, 2004).

Intimamente relacionada à ansiedade está a autoestima, que é a consideração que temos por nós mesmos, ou a capacidade de se gostar, de se sentir confiante e bem-sucedido. Estudantes com autoestima elevada tendem a apresentar melhor desempenho nos estudos. Como estabelecem objetivos mais ambiciosos, mostram menos necessidade de aprovação por parte dos professores e dos colegas, desanimam-se menos com situações de fracasso e possuem uma visão mais realista de suas competências.

A autoestima decorre em boa medida do ambiente familiar e social em que vivem os estudantes. Mas o professor também pode ajudá-los a ampliar a confiança em suas próprias habilidades, dando-lhes oportunidade de sucesso, encorajando-os, em vez de censurá-los quando enfrentam um fracasso e demonstrando fé pessoal em sua competência (FONTANA, 1998). Convém, portanto, que o professor conheça melhor os estudantes com vistas a descobrir e a estimular suas potencialidades. Que dê importância às suas manifestações em sala de aula. Que encare suas dúvidas como ingredientes das estratégias didáticas. Que não discrimine nem rotule os estudantes. Que valorize os acertos dos alunos nas avaliações, mesmo que parciais. Que promova atividades que valorizem os estudantes e os estimulem a aprender mais.

6.2.3 Fatores sociais

A origem social pode influenciar a capacidade de aprendizagem. Estudantes que foram criados em ambientes carentes, com sérias dificuldades nutricionais, tendem a apresentar maiores dificuldades para aprender do que aqueles que foram criados em ambientes mais favoráveis. Por outro lado, as experiências sociais por que passam os estudantes oriundos de lares mais pobres podem interferir na aprendizagem.

Facilitação da aprendizagem

Nesses lares, o incentivo à aprendizagem é bem menor, pois os pais, de modo geral, apresentam baixos níveis de escolaridade, não há bibliotecas nem computadores e os interesses familiares pouco se relacionam com as atividades educacionais.

Enquanto o gênero e a idade podem ser considerados pouco relevantes quanto à sua influência na aprendizagem dos estudantes universitários, o mesmo não pode ser dito em relação aos fatores sociais, pois a origem social tende a deixar profundas marcas nos adultos.

6.2.4 Motivação

Um dos fatores mais importantes para o aprendizado de qualquer coisa ou para a realização de qualquer tarefa é a motivação. Um estudante pode ser muito inteligente, mas ninguém será capaz de fazê-lo aprender se ele não quiser. Se submetido a uma situação de aprendizagem, como, por exemplo, uma aula, ele provavelmente irá dedicar sua energia e atenção para fins menos desejáveis. Por outro lado, um estudante altamente motivado para aprender determinado assunto provavelmente fará melhor do que outro estudante com a mesma capacidade intelectual, mas que não esteja tão motivado.

A importância e, consequentemente, a popularidade do conceito têm contribuído para o seu uso inadequado. Muitas pessoas veem a motivação como decorrente de fatores externos, como as condições do ambiente e o professor. Mas a motivação (conceito que vem do latim *movere*, que significa mover) constitui a força que nos move para alcançarmos determinado objetivo. É a "mola propulsora da ação". Assim, o estudante que está motivado para aprender é o que tem um motivo para isso.

Motivos são as forças que estimulam a satisfação das necessidades humanas, que vão desde as mais essenciais, como as de comida, bebida e repouso, até as mais sofisticadas, como as de estima ou de autorrealização. Quando alguém está, por exemplo, procurando uma maneira de saciar sua fome, está motivado para conseguir alguma coisa para comer. Da mesma forma, quando um estudante está procurando saciar sua curiosidade em relação a determinado assunto, está motivado para aprender.

O ponto de partida da motivação para aprender está, pois, no reconhecimento por parte do estudante de que tem necessidade de aprender alguma coisa. Essa necessidade é que desperta o seu organismo, dirige-o para um alvo particular – o conhecimento – e o mantém em ação. Durante muito tempo admitiu-se que a motivação seria uma precondição essencial para a ocorrência da aprendizagem. Mas, posteriormente, passou-se a entender que a relação entre motivação e aprendizagem é recíproca. A pessoa pode aprender com um nível relativamente baixo de motivação, mas à medida que progride, que experimenta êxito e competência crescente, ou que de algum modo é beneficiada pelo fato de aprender, seu nível de motivação pode elevar-se (PFROMM NETTO, 1987).

Assim considerado o processo de motivação, não se pode rigorosamente afirmar que é o professor que motiva os estudantes a aprender. Mas há uma série de recomendações que podem ser feitas para favorecer nos estudantes o estímulo para aprender:

- Procure traduzir a motivação em termos de recompensas capazes de levar o estudante a trabalhar para obtê-las.

- Use os motivos existentes para desenvolver novos motivos nos estudantes.

- Satisfaça a motivação dos estudantes quando o seu comportamento for apropriado.

- Procure determinar o que cada estudante encara como recompensa, pois nem sempre o que funciona como recompensa para um estudante funciona para outro.

- Não abandone o estudante que parece não ter motivação para aprender; ajude-o.

- Aplique o princípio do reforço positivo. Se um comportamento é consistentemente seguido de reforço, esse comportamento é fortalecido. Por outro lado, o reforço negativo pode ser utilizado para diminuir a frequência de comportamentos indesejáveis.

- Evite formas de punição que possam causar problemas mais sérios do que aqueles que se pretende resolver.

- Seja entusiasta, simpático, procure acreditar nos estudantes e gostar deles. A maneira de ser do professor frente aos estudantes é fator altamente significativo na motivação.

- Procure variar o formato de suas aulas para torná-las mais interessantes.

- Proponha tarefas de dificuldade moderada. Tarefas com certo nível de dificuldade podem ser motivadoras, mas as que são percebidas como muito difíceis contribuem para desestimular os estudantes.

6.2.5 Concentração

Há estudantes que ficam horas e horas em sala de aula ou diante de um livro, mas com pouco proveito. Estes apresentam, provavelmente, um problema de concentração, ou dificuldade em direcionar a mente para a captação da informação. Essa dificuldade decorre tanto de causas internas quanto externas. Entre as causas internas estão: indisposição orgânica, problemas pessoais, falta de autocontrole, instabilidade, desânimo, ansiedade, dificuldade para enfrentar obstáculos, dificuldade para se organizar ou para discernir o essencial do acessório. Entre as causas externas estão: condições da sala de aula ou de estudo, horário, falta de intervalos de descanso, objetivos mal definidos, monotonia da aula, sequência de apresentação da matéria, maneirismos do professor e qualidade dos textos de apoio.

A concentração do estudante depende muito de sua motivação, mas a atuação do professor também é importante no que se refere a esse fator. Os estudantes podem estar muito interessados em aprender e esforçam-se para ouvir o que o professor diz, mas sua apresentação pode estar sendo feita de maneira tão desordenada e desinteressante que a concentração pode ficar prejudicada. Por isso, convém que o professor conheça bem a estrutura interna do assunto a ser ensinado, assim como a melhor forma para sua apresentação, a fim de organizar espacial e temporalmente os estímulos a serem apresentados.

O professor conseguirá melhores resultados em relação à concentração dos alunos se considerar alguns pontos, como:

Facilitação da aprendizagem

Humor

Professores bem-humorados conseguem mais facilmente manter os estudantes atentos. Frases espirituosas e exemplos pitorescos constituem recursos bastante eficazes, desde que não contribuam para a banalização das aulas.

Entusiasmo

O entusiasmo do professor geralmente transmite-se para os estudantes. Quando, pois, o professor não está suficientemente convencido da veracidade dos fatos que apresenta ou de seu valor, a concentração dos estudantes fica mais difícil.

Aplicação prática

Poucas coisas em sala de aula são tão dispersivas quanto um longo discurso que não indique alguma aplicação prática. Por essa razão é que exercícios e trabalhos práticos propostos pelo professor em sala de aula são muito úteis para garantir a concentração dos estudantes.

Variação de estratégias de ensino

Variar as estratégias de ensino contribui para que os estudantes se tornem mais atentos. Há várias formas de apresentar um tema. Convém que o professor valha-se dessa diversidade para estimular a curiosidade dos alunos. Ele pode iniciar a aula com a indicação dos objetivos que pretende alcançar. Ou, então, com a apresentação de um caso pitoresco, com uma observação acerca do ambiente que nos rodeia ou com um diálogo sobre um problema emergente. Também pode ir apresentando dados que estimulem o estudante a identificar o tema que vai abordar. Ou adotar estratégias que favoreçam o aprendizado ativo, como as que são indicadas no Capítulo 10.

Tecnologia de ensino

Recursos tecnológicos, desde os já tradicionais, como a projeção de transparências e vídeos, até os mais modernos, como realidade aumentada e gamificação, são muito eficazes para manter os estudantes atentos. A eficácia obtida com esses recursos torna-se maior ainda quando sua utilização é diversificada.

Participação

A atenção de um grupo aumenta à medida que sua participação é solicitada. Cabe, no entanto, considerar que só convém fazer perguntas que possam ser respondidas sem maiores dificuldades, já que perguntas mais complexas podem contribuir para inibir os participantes.

6.2.6 Reação

Para aprender determinada matéria, é necessário estar envolvido com ela. Convém, pois, que a cada estímulo ou conjunto de estímulos o estudante responda, falando, escrevendo, anotando, elaborando ou indicando alguma coisa. É necessário que os estudantes se exercitem no sentido de reagir ao que é apresentado. E também que as situações de ensino preparadas pelo professor sejam suficientemente estimulantes para provocar reações nos estudantes.

O professor pode estimular a participação dos estudantes de diferentes maneiras, como, por exemplo:

- favorecendo a tomada de anotações;
- estimulando os estudantes a falar, dar depoimentos pessoais, a fazer sugestões e a ampliar as ideias apresentadas;
- fazendo perguntas;
- propondo exercícios.

6.2.7 Realimentação (*feedback*)

A realimentação exerce importante papel na aprendizagem. A confirmação pelo próprio estudante do quanto está aprendendo auxilia-o na fixação das respostas, fornece pistas e orientação e contribui para motivá-lo na continuação do processo de aprendizagem.

A avaliação da aprendizagem por meio de provas é provavelmente a forma mais utilizada pelos professores para proporcionar realimentação. Mas, como de modo geral envolve uma nota, que pode ser muito importante para o estudante, sua utilização vem se prestando mais a propósitos seletivos do que propriamente para favorecer a aprendizagem. Convém, pois, que o professor programe o fornecimento de realimentação, independentemente das avaliações oficiais propostas pela escola.

Entretanto, para obter a maioria dos benefícios que a realimentação pode trazer, é necessário cercá-la de vários cuidados. Cabe, primeiramente, ao professor lembrar que a realimentação dever referir-se ao desempenho do estudante, não tendo, portanto, o propósito de avaliá-lo enquanto pessoa. É preciso programá-la para que tenha lugar logo após a ocorrência da resposta do estudante. Também é necessário que a realimentação seja mais específica possível e que não seja redundante, isto é, que forneça ao estudante a informação que ele não pode obter por si mesmo ou por outros meios.

6.2.8 Memória

Poucos dentre os fatores que influenciam a aprendizagem são tão reconhecidos como importantes quanto a memória, a ponto de muitas vezes ser vista como o produto final da aprendizagem. Situação que lamentavelmente tem sido reforçada por muitos professores, que em suas avaliações cobram dos estudantes mais a memorização do que a compreensão dos conteúdos.

A memória pode ser considerada a base de todo o saber adquirido desde o nascimento, pois graças a ela é que atribuímos significado ao cotidiano e que acumulamos experiências que nos são úteis para toda a vida. Obviamente, a memória e a aprendizagem são interdependentes. Por isso, os professores não podem descuidar de seu papel no processo de aprendizagem.

O que se entende por memória é algo muito complexo. Relaciona-se inclusive com fatores já considerados, como capacidades intelectuais, motivação e atenção. Existem

Facilitação da aprendizagem

diferentes tipos de memória (auditiva, visual, musical etc.), que se distribuem desigualmente entre as pessoas. Assim, é normal uma pessoa apresentar notável memória para nomes e ter dificuldade para se lembrar das feições das pessoas. Também, que é inegável o papel da motivação e da concentração no processo de memorização. Imagine-se, por exemplo, um professor de Inglês que vá a uma conferência sobre o ensino dessa língua. Sua motivação em relação ao assunto favorece sua atenção. E sua experiência própria no ensino de Inglês indica que ele memorizará mais facilmente o que for transmitido na conferência que um professor de Matemática.

Mas há outro elemento de fundamental importância a ser considerado na memorização. Trata-se da compreensão. As pessoas lembrarão melhor mais coisas se a memória for auxiliada pela compreensão. Quanto mais tempo for gasto na compreensão, mais rápida será a tarefa de memorização.

Pode-se fazer uma experiência que demonstra bem a importância da compreensão na memorização. Seja a seguinte lista de sílabas:

tra

lir

tar

gor

bur

fir

Leia a lista e tente lembrar-se das sílabas. Pegue uma folha de papel e procure escrevê-las de memória. Compare, então, sua lista com a original. Caso tenha cometido erros, escreva novamente as sílabas sem olhar para a lista. Repita isso até que sua lista esteja correta.

Agora, repita o procedimento com esta lista de palavras monossilábicas:

fé

réu

chá

pé

voz

boi

mai

Você certamente terá memorizado mais rapidamente esta última lista. Isso porque ela consiste em palavras cujo sentido é compreensível.

Seja, finalmente, esta lista:

Deus

vê

que

meus

ais

não

são

mais

que

dor

por

ti

ó

flor

Nesse caso, a memorização provavelmente ocorrerá ainda mais rapidamente, pois, além de serem dotadas de sentido, as palavras formam uma frase perfeitamente compreensível.

Os professores podem valer-se de uma série de estratégias tanto para ajudar a consolidação quanto para aumentar a eficiência da memória dos estudantes, tais como:

Fazer pausas, repetições e questionamentos

Estas estratégias incitam os estudantes a se deterem suficientemente em determinado material para que ocorra a transferência da memória de curto para a de longo prazo.

Apresentar temas relevantes, práticos e interessantes

Os estudantes retêm com mais facilidade as coisas que apelam diretamente para sua própria experiência e sentimentos. Torna-se mais fácil, por exemplo, para um estudante lembrar-se da classificação das rochas se associar esse conteúdo de Geologia às pedras que viu ou tocou em seus passeios.

Favorecer a compreensão do conteúdo

A matéria que é compreendida é mais facilmente memorizada do que a que não é compreendida. O tempo gasto na compreensão é compensado, pois o processo de memorização torna-se mais rápido.

Estimular associações

A matéria incomum será mais facilmente lembrada se for associada a algo familiar. Assim, uma estratégia bastante eficaz consiste em associar as novas informações a algo que os estudantes já conhecem bem. A associação visual também é muito útil. Por isso, é interessante utilizar apoios visuais. Esses apoios não precisam estar necessariamente muito ligados à matéria em termos de significado, mas devem ser apresentados ao mesmo tempo em que a matéria o é.

Criar elaborações mentais

Estas elaborações podem envolver recursos como sons, imagens, fantasias, significados e situações pitorescas, que permitem que várias áreas do cérebro trabalhem simultaneamente no resgate de informações e estimulem a memória.

Facilitação da aprendizagem

Utilizar recursos gráficos

Estes recursos são úteis para classificar as informações, fazendo com que o cérebro tenha mais facilidade para armazená-las e resgatá-las.

Reservar os últimos minutos da aula para conversar sobre o conteúdo estudado

Este procedimento possibilita que o novo conhecimento percorra mais uma vez o caminho no cérebro dos estudantes. Assim procedendo, os professores contribuem para que os estudantes façam uma releitura do que aprenderam.

Usar jogos, dramatizações e brincadeiras

Estas estratégias contribuem para trazer emoção à classe, favorecendo a aprendizagem. Mas é importante ressaltar que só funcionam se houver íntima relação entre o conteúdo e a situação lúdica.

6.2.9 Hábitos de estudo

Espera-se que os estudantes universitários sejam mais responsáveis por sua própria aprendizagem do que os do nível básico. Por isso, seus hábitos de estudo assumem papel muito importante na aprendizagem. Os professores, por sua vez, podem auxiliá-los, incentivando-os a adotar algumas condutas, como:

Planejamento dos estudos

Os estudantes aprendem com mais facilidade quando planejam suas atividades de estudo, compatibilizando-as com as atividades de trabalho e com a sua vida pessoal. Um bom planejamento faz com que o tempo de estudo seja distribuído de acordo com as dificuldades em cada disciplina e com as prioridades do calendário escolar.

Objetivos realistas

Quando os estudantes definem objetivos realistas de estudo, estes se tornam muito mais efetivos que os compromissos vagos e, muitas vezes, ambiciosos. Recomenda-se que esses objetivos sejam formulados por escrito e expressos publicamente, para que os estudantes procurem mantê-los com vistas a preservar o seu prestígio.

Pontualidade

As atividades de estudo devem ser iniciadas prontamente na hora marcada. Isso evita a ocorrência de artifícios desenvolvidos pelos estudantes – muitas vezes de forma inconsciente – para adiar o momento de iniciar os trabalhos.

> **Organização da matéria**
> Nem sempre os livros adotados ou mesmo as aulas ministradas apresentam a matéria de forma adequada à experiência e à compreensão dos estudantes. Daí a importância das anotações em aula, do cotejo com outros materiais e da consequente reorganização da matéria de forma mais coerente com os objetivos das disciplinas.

> **Revisão**
> Proceder a revisões sistemáticas ao longo do período letivo tem muito mais valia do que a tentativa de estudar toda a matéria às vésperas das provas. Essas revisões contribuem para que a matéria seja revisada antes de ter sido esquecida. Compor fichas de revisão, por sua vez, constitui um dos melhores investimentos possíveis em tempo e energia, pois as fichas favorecem a fixação da atenção, a estruturação do pensamento e a memorização.

6.3 Estratégias para facilitar a aprendizagem

Para facilitar a aprendizagem dos alunos, o professor se vale de estratégias, ou seja, de procedimentos planejados e implantados com a finalidade de atingir seus objetivos de ensino. Essas estratégias envolvem os métodos, técnicas e práticas adotados como meios para acessar, produzir e expressar o conhecimento. Assim, o termo *estratégia* pode ser utilizado para designar múltiplos procedimentos, como: métodos de ensino, métodos didáticos, técnicas pedagógicas, técnicas de ensino, atividades de ensino etc.

A esses termos e expressões os diversos autores têm atribuído significados diferentes. Alguns apresentam argumentos de natureza etimológica para indicar as diferenças entre método e técnica, estratégia e atividade etc. O que se observa, no entanto, é que na maioria das vezes esses termos e expressões são utilizados sem maiores preocupações em determinar exatamente o que significam. E com frequência, o significado desses termos é estipulado pelos autores dos modelos de planos de ensino ou documentos assemelhados, com vistas a garantir uniformidade na consideração dos procedimentos.

Para os fins deste livro, considera-se a expressão *estratégias de ensino-aprendizagem* em sentido amplo, que inclui os termos *métodos, técnicas, meios* e *procedimentos* de ensino.

As estratégias de ensino são em grande número. Entretanto, muitos são os professores universitários que dominam uma única estratégia, que é a da exposição. Também há professores que, embora conhecendo outras estratégias, não as aplicam por não se sentirem seguros. E ainda há os que diversificam suas estratégias unicamente pelo desejo de diversificar, sem saber se são ou não adequadas aos seus propósitos.

Ao se decidir pela aplicação de determinada estratégia, deverá o professor certificar-se de que ela é adequada à sua clientela e também aos objetivos que pretende alcançar. Nesse sentido, são apresentadas nos capítulos seguintes as estratégias mais recomendadas para o Ensino Superior, com a indicação de sua aplicabilidade, vantagens e limitações.

Facilitação da aprendizagem

LEITURAS SUPLEMENTARES

FONTANA, David. *Psicologia para professores.* São Paulo: Loyola, 1998.

Embora dirigido a professores que lidam com crianças, esse livro é útil também para professores universitários, porque trata de temas da Psicologia significativos para as questões referentes ao ensino e à aprendizagem.

DANIS, Claudia; SOLAR, Claudie. *Aprendizagem e desenvolvimento dos adultos.* Lisboa: Instituto Piaget, 2001.

Esse livro tem como objetivo esclarecer acerca de aspectos da aprendizagem característicos de aprendizes adultos.

7

AULAS
EXPOSITIVAS

A preleção verbal utilizada pelos professores com o objetivo de transmitir informações aos estudantes constitui, provavelmente, o mais antigo e ainda um dos mais utilizados métodos de ensino, não apenas na universidade, mas também no Ensino Médio e nas séries mais avançadas do ensino fundamental. Mas, ao mesmo tempo em que é um dos mais utilizados, é também um dos mais controversos. O que significa que a decisão pela sua adoção por professores do Ensino Superior deve ser precedida de detida análise crítica.

O presente capítulo é dedicado ao método expositivo. **Após estudá-lo cuidadosamente, você será capaz de:**

- contrastar os modelos clássico e moderno de exposição;
- reconhecer as vantagens e as limitações do método da exposição;
- caracterizar diferentes modalidades de exposição;
- decidir acerca do material a ser apresentado em sala de aula;
- selecionar pontos para apresentação;
- elaborar notas de aula;
- organizar as aulas expositivas;
- estimular a atenção dos estudantes em sala de aula;
- desenvolver posturas ativas dos alunos em sala de aula;
- decidir acerca da utilização de recursos audiovisuais nas aulas expositivas.

7.1   Modelos clássico e moderno de exposição

A exposição, no sentido clássico, fundamenta-se na crença de que a melhor forma de ensinar os outros consiste na exposição oral. Convencidos disso, muitos professores concentram seus esforços no sentido de condensar conhecimentos e de expô-los de forma lógica e clara. Daí resulta que toda iniciativa na exposição cabe ao professor, que decide acerca da ordem, do ritmo e da profundidade a ser dada ao ensino. Quanto ao aluno, cabe-lhe ser dócil, atento e submisso à autoridade do professor. Dessa forma, a exposição pode ser considerada a estratégia de ensino que melhor caracteriza a "educação bancária" de que fala Paulo Freire (2002).

Ao adotar esse modelo, o professor preocupa-se em expor a matéria, negligenciando, porém, a importância do interesse e da atenção do aluno. Seu discurso, como é preparado sem a participação dos alunos, envolve com frequência termos e expressões que lhes são estranhos. Tantas são as ideias apresentadas que boa parte delas acaba não sendo retida pelos ouvintes. Há professores que falam muito rápido, dificultando o entendimento da mensagem. Há, por outro lado, professores que falam muito devagar ou de forma tão monótona que fica difícil manter a atenção dos alunos. Muitos professores ficam tão entusiasmados com a sua exposição a ponto de dispensar qualquer recurso tecnológico. Muitas aulas expositivas caracterizam-se pelo monólogo, podendo se tornar torturantes para quem lhes assiste.

Evidentemente, nem todas as deficiências das aulas expositivas devem-se ao professor. Nem sempre ele dispõe dos recursos tecnológicos necessários para torná-las mais interessantes. Algumas classes são tão numerosas que dificultam a aplicação de estratégias mais ativas. Em muitas escolas, a pressão para o "cumprimento do programa" faz com que o professor se esforce para "passar o máximo de matéria" durante as aulas. E, como os estudantes estão tão acostumados a aulas expositivas no sentido clássico, tendem a rejeitar inovações propostas pelo professor. Mesmo reconhecendo-se que as aulas expositivas não são o que há de melhor, elas correspondem ao que é mais cômodo, o que contribui para atitudes de passividade e desligamento.

As aulas expositivas podem se tornar mais eficazes desde que consideradas estratégias comunicativas coerentes com os princípios da Ciência da Comunicação. Esta disciplina, que adquiriu foros de ciência, graças à contribuição de diferentes ramos do saber, como Psicologia, Semiologia e Linguística, pode proporcionar modelos que tornam mais eficaz a comunicação entre as pessoas, nos mais diversos ambientes, inclusive no da sala de aula.

A atividade docente pode ser entendida como um processo de comunicação, segundo Berlo (2003):

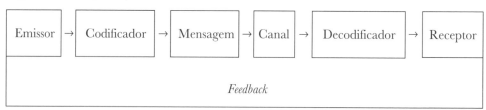

O professor é o **emissor**, que tem um objetivo: fazer com que os estudantes entendam a matéria. Para tanto, precisa criar uma **mensagem**. Então, seu sistema nervoso central ordena o mecanismo vocal para exprimir o objetivo. Seu mecanismo vocal, que atua como **codificador**, produz a mensagem, que, por sua vez, é transmitida por ondas sonoras pelo ar, para que os alunos a recebam. Estas ondas sonoras

Aulas expositivas

constituem o **canal**. Os alunos são os **receptores**. Seus mecanismos auditivos são os **decodificadores**, que decodificam a mensagem em impulsos nervosos e remetem-na ao sistema nervoso central, produzindo o entendimento da mensagem. A eficácia da mensagem, por fim, pode ser verificada por meio de *feedback*, que consiste numa mensagem fornecida pelo receptor ao emissor, indicando o entendimento da mensagem.

Caso o professor coloque a mensagem num cartaz ou no quadro de giz, seu mecanismo de escrita, representado por suas mãos, passa a ser o codificador. As ondas luminosas, que veiculam a mensagem expressa no cartaz ou no quadro, passam a constituir o canal. E a vista dos estudantes, o decodificador.

Esse esquema é muito simples, porém nem sempre os professores atentam para todos os seus ingredientes. Há professores que, cientes de que necessitam melhorar sua comunicação com os estudantes, procuram aperfeiçoar sua capacidade de transmissão. Há professores que chegam mesmo a participar de cursos de comunicação verbal e de expressão corporal. Cursos como esses podem ser muito úteis. Todavia, é necessário considerar que expressar não é comunicar. O professor pode constituir-se em excelente fonte de informação, mas isso não garante que sua comunicação seja eficaz.

A comunicação é um processo de inter-relação entre as pessoas e sua eficácia tem a ver não apenas com as habilidades de transmissão, mas também com as características da mensagem, com o canal em que esta é veiculada, com a disposição de receptor e com o oferecimento de *feedback*. Assim, o professor, para conferir maior eficácia à sua exposição, pode valer-se da aplicação de princípios oferecidos pela ciência da Comunicação. Para tanto, precisa estar atento à importância de todos os ingredientes do processo de comunicação. Primeiramente, como fonte do processo, precisa garantir que suas ideias estejam suficientemente claras e os objetivos adequadamente definidos. Não é possível elaborar claramente uma mensagem se antes as ideias não estiverem claras.

As mensagens correspondem ao conteúdo a ser apresentado; precisam ser elaboradas de forma clara e precisa, e também ajustadas às características e necessidades dos alunos. Isso requer o domínio dos conteúdos e também das técnicas de construção do discurso. É necessário que as mensagens estejam organizadas em tópicos para serem apresentadas numa sequência não apenas lógica, mas também psicológica, isto é, numa sequência que considere as necessidades e os interesses dos estudantes. Também é necessário que as mensagens não sejam apresentadas como indiscutíveis, mas favoreçam a sua problematização.

O canal predominante nas aulas expositivas é o ar, já que as mensagens são transmitidas pela via oral. Mas, para tornar a comunicação mais eficaz, o professor vale-se também dos outros canais. Muitas vezes, interessa que a mensagem seja não apenas ouvida, mas também vista, tocada etc. Convém, portanto, que o professor se valha dos mais diversos meios de comunicação, para que cada um complemente e reforce o outro. E o professor não pode se esquecer de que, embora se comunique predominantemente pela via oral, todo o seu corpo fala. Assim, precisa esforçar-se para que essas mensagens sejam harmônicas; que não diga uma coisa com a boca e outra com as mãos, ou mesmo com os pés.

7.2 Vantagens e limitações da exposição

Como qualquer outra estratégia, a exposição apresenta vantagens e limitações. Requer-se, portanto, do professor que esteja consciente delas para que possa decidir acerca de sua utilização.

O intenso uso da exposição como estratégia de ensino deve-se principalmente a fatores que podem ser considerados de natureza administrativa, por tratar-se de uma estratégia econômica, flexível, rápida e que pode ser aplicada mesmo por quem não detenha muitos conhecimentos pedagógicos. Mas a exposição apresenta outras vantagens, tais como:

- pode ser adaptada aos mais diversos públicos;
- é útil para a introdução de qualquer assunto;
- possibilita apresentar o assunto de forma organizada;
- permite a comunicação de experiências e observações pessoais que não são possíveis por outros meios;
- é útil para a apresentação de conteúdos que ainda não estão disponíveis nos livros;
- favorece o controle do professor em relação a conteúdo, sequência e duração da apresentação;
- não é ameaçadora para o aluno, já que não exige sua manifestação.

Há que se considerar, no entanto, que a exposição apresenta muitas limitações:

- não favorece a recepção de *feedback*;
- estimula a passividade dos alunos;
- seu sucesso depende das habilidades do expositor;
- não possibilita levar em consideração as diferenças individuais;
- é pouco eficaz no ensino de habilidades motoras.

7.3 Como podem ser aprimoradas as habilidades de comunicação para a exposição

Para prender a atenção dos alunos, o professor vale-se fundamentalmente de suas habilidades comunicativas, que se expressam principalmente pela voz. Mas também por seus gestos e movimentos, pois estes podem reforçar ou desviar a atenção dos estudantes em relação àquilo que o professor está procurando transmitir.

7.3.1 A voz

Conhecer a própria voz é muito importante para o professor. Os alunos facilmente percebem como as vozes de alguns professores são mais fáceis e mais agradáveis de ouvir do que as de outros. Alguns conseguem com as primeiras frases captar a atenção dos alunos. Outros, porém, contribuem logo no início da apresentação

Aulas expositivas

para a criação de um clima de temor pelo que virá a seguir. Convém, pois, que nos perguntemos: "Como é a minha voz? Como os estudantes a percebem? É fria ou acolhedora? É monótona ou solene? Contribui para aproximar ou para afastar os estudantes? Por quanto tempo suportam ouvi-la?".

É preciso tomar cuidados com a voz. O primeiro deles refere-se à **respiração**. É comum entre professores a falta de sincronismo fonorrespiratório: falam enquanto ainda estão inspirando ou continuam a falar quando o ar praticamente já expirou. Dessa forma, as partes superiores do aparelho fonador ficam sobrecarregadas, comprometendo a qualidade da voz. Recomenda-se que os professores inspirem pela boca e adotem a respiração diafragmática. Esse tipo de respiração é a que empurra o ar para os lóbulos inferiores do pulmão, dando a impressão de que a barriga fica cheia de ar. Ela é benéfica para quem fala porque promove o relaxamento dos músculos acessórios da respiração, melhorando a ventilação, a troca gasosa e reduzindo o trabalho muscular.

É preciso atentar para a **intensidade** da voz. Nas salas de aula, mesmo nas pequenas, convém sempre falar num tom mais acima do tom normal de conversa. Também é conveniente desenvolver uma voz forte, que é importante para ser facilmente ouvida pelos estudantes das fileiras situadas no fundo da classe.

Também é necessário atentar para a **dicção**. Muitos dos problemas de dicção decorrem da negligência, como, por exemplo: omitir os "erres" e os "esses" finais, trocar "u" pelo "l" e omitir sílabas. Convém, pois, que o professor esteja atento aos problemas de dicção, pois muitas vezes são interpretados como falta de cultura.

Outro problema comum relativo à voz é o da **velocidade** correta a ser empregada. Cada professor tem naturalmente a sua velocidade própria. Mas é preciso levar em consideração a disposição do auditório e a natureza do assunto. Tanto a rapidez quanto a lentidão podem provocar reações desfavoráveis nos estudantes.

Outro problema importante é o relativo ao **ritmo**, ou seja, ao efeito causado no discurso pela repetição ordenada de elementos de ordem prosódica, principalmente por entoação, pausas, quantidade de sílabas e acento tônico. É bom lembrar que um ritmo harmonioso é capaz de proporcionar ao auditório uma sensação de verdadeiro encantamento.

7.3.2 A expressão corporal

A comunicação em sala de aula não decorre apenas da voz. Todo o nosso corpo fala (WEIL; TOMPAKOW, 2004). Os movimentos da cabeça e do tronco, a posição das pernas e dos pés, o movimento dos braços e das mãos, as contrações do rosto, a expressão do olhar, qualquer gesto, enfim, expressa uma mensagem, que pode apresentar ou não coerência com a mensagem emitida por meio da voz.

Os gestos ocorrem naturalmente e, quando coerentes com a fala, favorecem o entendimento das mensagens emitidas. Por isso, o professor precisa utilizar os gestos de forma a contribuir para a ampliação do poder da palavra. Para tanto, precisa reconhecer que gestos são mais expressivos e pertinentes para promover maior envolvimento com o tema e que gestos devem ser evitados. Mas é preciso lembrar também que o excesso de gestos não supre a falta de conhecimento. Eles podem até mesmo poluir e, consequentemente, comprometer a apresentação.

Uma das grandes dificuldades com que se deparam muitos professores é sobre a posição dos braços e das mãos. Há professores que cruzam os braços, colocam as mãos no bolso, na cintura ou atrás da cabeça, apoiam as mãos sobre a mesa, gesticulam excessivamente, estalam os dedos, coçam-se, esfregam o nariz ou os olhos, arrumam o cabelo, seguram fortemente lápis e canetas ou ficam mexendo na pulseira do relógio. São posturas decorrentes de um certo desconforto que é muito natural quando se fala em público, mas que podem comprometer a imagem do professor.

Não existem regras fixas acerca da posição a ser adotada por braços e mãos em sala de aula. Mas o bom senso determina que sejam expressivos sem que sejam exagerados. Devem ser utilizados para reforçar as mensagens verbais. Não é demais ressaltar que alguns gestos das mãos são tão expressivos que dispensam a palavra oral.

7.3.3   O contato visual

Nossos olhos são o espelho de nossas almas. Eles revelam muito mais acerca do que pensamos ou sentimos do que qualquer outra parte do corpo. Por isso é que o contato visual com a classe deve ser considerado tão importante quanto o uso da própria voz.

Há professores que evitam olhar nos olhos dos alunos, preferindo olhar para o teto, para o chão da sala ou para um ponto distante no fundo da classe. Também há alunos que não se sentem à vontade com o contato visual direto dos professores, desviando o olhar sempre que o professor olha diretamente para eles. Mas o contato direto e frequente com os olhos é fundamental na comunicação docente. Não apenas porque constitui importante elemento para favorecer a adesão dos estudantes, mas também porque ajuda a avaliar o impacto das apresentações, favorecendo ajustes posteriores.

Quando o professor perde contato visual com a classe, os alunos tendem a se dispersar. Isso pode ser facilmente verificado quando os professores se colocam de costas para a classe. Por isso, convém que os professores, ao escreverem no quadro ou projetarem transparências, continuem olhando regularmente para a classe.

7.4   Modalidades de exposição

Não existe uma única modalidade de exposição. Pode-se até mesmo definir um contínuo, em que numa extremidade está a aula expositiva rigorosamente elaborada e na outra a aula em que a participação dos alunos é tão grande a ponto de poder ser tratada como uma variante da discussão. Cabe, pois, definir diferentes formas de exposição.

7.4.1   Aula expositiva

Esta é a modalidade mais comum nos cursos universitários. Pode ser considerada uma quase palestra, pois nela é o professor quem fala mais. Muitas vezes, ele fala o tempo todo e as ocasionais perguntas feitas por alunos mais arrojados são vistas como interrupções inconvenientes.

Aulas expositivas

É possível que aulas desse tipo sejam reconhecidas como satisfatórias ou até mesmo excepcionais, desde que adequadamente preparadas e apresentadas. Mas nem sempre é o que ocorre. Há professores que, por dominarem determinado conteúdo e, principalmente, por gostarem de falar, abusam dessa modalidade de exposição. A fluência do discurso, que é capaz de provocar até mesmo a admiração do expositor, não é garantia de que este seja bem recebido e compreendido pelos alunos.

7.4.2 Aula-recitação

Nesta modalidade de exposição, o professor fala a maior parte do tempo. Mas com certa frequência para e faz perguntas específicas aos alunos ou pede-lhes que leiam a matéria preparada em voz alta. A aula-recitação encoraja a participação dos estudantes, desde que as questões possam ser respondidas sem maiores dificuldades. Quando o professor formula questões mais difíceis, os alunos podem se sentir pouco encorajados a responder.

7.4.3 Exposição-demonstração

Esta modalidade constitui, a rigor, a combinação da exposição com a demonstração. Para ilustrar a matéria que está sendo ministrada, o professor vale-se de recursos, como modelos, máquinas, instrumentos, simuladores etc. Esta modalidade é essencial em cursos que envolvem objetivos psicomotores. Num curso de Eletrônica, por exemplo, o professor pode, ao longo da exposição, demonstrar como se utiliza determinado aparelho.

7.4.4 Exposição provocativa

Na exposição provocativa, o professor propõe questões que favorecem a reflexão. Pode ser utilizada em qualquer disciplina, mas se ajusta melhor às ciências humanas do que às ciências exatas. Sua eficácia é maior nos estágios mais desenvolvidos de uma disciplina, quando um corpo comum de conhecimentos é compartilhado pelos alunos. Para conduzi-la adequadamente, o professor precisa considerar que sua principal finalidade é favorecer nos alunos a adoção de uma postura reflexiva e não promover a discussão, o que é mais adequado na exposição-discussão, apresentada a seguir.

7.4.5 Exposição-discussão

Nesta modalidade de exposição, o professor encoraja os alunos a expressar e discutir seus pontos de vista, em lugar de simplesmente levantar questões. A exposição-discussão pode ser entendida como uma combinação da exposição com a discussão, pois começa com a preleção do professor, que tem a duração de 5 a 15 minutos, à qual se segue a discussão de alguns pontos-chave pelos alunos. Ao longo da discussão, o professor faz alguns comentários e se esforça por promover a integração das falas dos alunos. A grande vantagem desta modalidade de exposição é o envolvimento dos alunos. Mas sua utilização é crítica em classes numerosas, onde poucos podem efetivamente participar da discussão.

7.5 Como planejar a exposição

7.5.1 Seleção dos tópicos

Uma das primeiras decisões a serem tomadas no planejamento de uma exposição refere-se ao número de tópicos a serem apresentados. Embora não existam regras fixas, é razoável admitir que num período correspondente a duas horas-aula não convém apresentar mais do que quatro ou cinco tópicos, sob pena de comprometer o interesse dos estudantes. Por outro lado, tentar abranger coisas demais num mesmo tópico pode contribuir para que os assuntos sejam apresentados superficialmente e num ritmo apressado (LOWMAN, 2004).

7.5.2 Organização dos tópicos

A organização dos tópicos deve derivar de princípios bem definidos, como:

- do mais simples para o mais complexo;
- do mais conhecido para o menos conhecido;
- do concreto para o abstrato;
- do todo para a parte;
- do particular para o geral;
- do vulgar para o científico;
- do mais antigo para o mais recente;
- da causa para o efeito.

A adoção do princípio de organização pode decorrer tanto da natureza das disciplinas quanto do enfoque que o professor quer privilegiar. Os conteúdos de um curso de História, por exemplo, podem ser organizados com base na sequência temporal, observando a cronologia dos fatos. Mas o professor pode preferir apresentar uma série de ocorrências históricas para, em seguida, identificar suas causas. Os conteúdos de um curso de Física podem ser organizados partindo de leis gerais e dirigindo-se a leis para situações específicas. Mas o professor pode preferir apresentar experimentos para que, a partir deles, os alunos identifiquem leis gerais. Os conteúdos de um curso de Geografia podem se iniciar com a apresentação de princípios gerais. Mas, como esta disciplina trata de fatos com os quais as pessoas têm contato constante, o professor pode iniciar as aulas abordando aspectos que lhes sejam familiares.

Na organização dos tópicos, o professor deve levar em consideração também a estrutura cognitiva da mente dos alunos. Nem sempre o mais adequado é adotar uma perspectiva rigorosamente lógica. É necessário que essa sequência leve em consideração os conhecimentos anteriores, as necessidades e as expectativas dos alunos.

Aulas expositivas

7.5.3 Preparação das notas de aula

Após a seleção e a organização dos tópicos, convém preparar notas de aula. Essas notas – também conhecidas como a "cola do professor" – constituem um verdadeiro roteiro da exposição. Não podem ser muito extensas, pois devem servir apenas como lembrete e não para recitação em classe. É possível elaborar uma relação com os principais pontos a serem desenvolvidos durante a aula ou um diagrama do tipo mapa mental, que favorece a identificação de relações entre os tópicos. Há professores que colocam essas notas em transparências, mas esse procedimento não é muito *adequado*, pois a atenção dos alunos pode se voltar principalmente para a tela.

7.6 Como conduzir as exposições

As aulas expositivas, à semelhança dos trabalhos escritos, podem ser subdividas em três partes: introdução, desenvolvimento e conclusão.

7.6.1 Introdução

O que se espera com a introdução é que os alunos possam identificar os objetivos das aulas e tenham uma visão global do que será apresentado. Svinicki e McKeachie (2013) indicam duas formas para promover a introdução da aula expositiva. A primeira consiste em iniciá-la com perguntas que ajudem os alunos a discriminar entre o que é mais ou menos importante nas aulas. Numa aula de Metodologia de Pesquisa, por exemplo, o professor poderá perguntar: "Que procedimentos são adequados para coletar dados referentes às crenças e aos valores das pessoas?" Uma pergunta desse tipo auxilia na criação de expectativas que habilitam o estudante a utilizar mais adequadamente suas capacidades cognitivas.

Outra forma consiste em iniciar a aula com uma demonstração, um exemplo ou um caso que possa contribuir para captar a atenção dos alunos. Em algumas disciplinas, é possível começar a aula com a apresentação de um problema ou caso extraído de um jornal, revista ou programa de televisão e, em seguida, solicitar aos alunos que o interpretem com base nos conhecimentos proporcionados pela disciplina.

7.6.2 Desenvolvimento

A exposição pode ser estruturada de diferentes maneiras. A forma clássica consiste numa apresentação geral do tópico, seguida por seu detalhamento e por uma síntese. É a forma preferida pelos professores que adotam a perspectiva clássica de educação. Sua grande vantagem é a de possibilitar o desenvolvimento do conteúdo programático no tempo previsto. Mas tem como desvantagem o baixo nível de participação dos alunos.

Há professores que preferem a estrutura dialética. Nesse caso, o professor inicia a aula com a apresentação de determinados argumentos (tese), seguidos de argumentos contrários (antítese), que, por sua vez, conduzem a uma síntese, mediante a participação dos estudantes. As aulas assim estruturadas favorecem a participação dos alunos, bem como o desenvolvimento de posturas críticas. Cabe considerar, no entanto, que essa forma de estruturação das aulas torna-se muito mais difícil nas disciplinas correspondentes às ciências exatas do que às ciências humanas.

Professores animados pelas ideias construtivistas e pelo pensamento de Paulo Freire preferem estruturar as aulas partindo de temas geradores, extraídos da problematização e da prática de vida dos alunos. Os professores que aderem a essa postura admitem que cada aluno, ainda que de forma rudimentar, dispõe dos conteúdos necessários. Dessa forma, o mais importante deixa de ser a transmissão de conteúdos específicos, mas o despertar para novas formas de relação com a experiência vivida. Isso significa que as aulas adotadas segundo esse modelo apresentam níveis mínimos de estruturação.

7.6.3 Conclusão

O professor precisa deter o controle do tempo para que em todas as aulas haja efetivamente uma conclusão. Não se quer dizer que a conclusão deva ser minuciosamente prevista. Até mesmo porque uma das finalidades da conclusão é a de promover reparos no desenvolvimento da aula expositiva. Por isso, a conclusão pode assumir diferentes formas. O professor pode sugerir que os alunos façam perguntas para proporcionar maiores esclarecimentos acerca da matéria ministrada. Pode ele mesmo fazer algumas perguntas para verificar o aprendizado dos alunos. Pode proceder a um resumo do que foi visto ou à revisão de alguns pontos considerados mais importantes. Pode propor leituras adicionais ou antecipar temas a serem abordados nas próximas aulas. Ou, então, formular questões não respondidas que, portanto, requeiram a realização de algum tipo de pesquisa.

7.7 Como melhorar a qualidade das aulas

Não existem fórmulas mágicas nem receitas infalíveis para garantir a eficácia das aulas expositivas. Há, no entanto, algumas recomendações que, se seguidas, podem contribuir para que os estudantes se interessem mais pelas aulas.

7.7.1 Manifestando espontaneidade

Pode parecer razoável que aulas planejadas não sejam espontâneas e até mesmo que a espontaneidade seja vista como característica de improvisação e, consequentemente, de inadequação. Mas parecer espontâneo é muito importante. Especialistas em oratória lembram que os oradores clássicos, embora gastassem muito tempo na preparação de seus discursos, buscavam parecer que falavam de improviso para obter o efeito desejado sobre o público (POLITO, 2006). Mas o professor precisa cuidar para que essa pretensa espontaneidade não comprometa sua autenticidade. Rogers (1986) lembra que, quando o professor se apresenta sem uma máscara ou fachada, ele tem muito mais probabilidade de ser eficiente.

7.7.2 Estimulando a atenção dos estudantes

O sucesso de uma aula expositiva tem muito a ver com a atenção dispensada pelos alunos à apresentação do professor. A capacidade de atenção varia de aluno para aluno. Mas também varia de acordo com a motivação, como foi visto no Capítulo 6. O professor

Aulas expositivas

pode favorecer a concentração, mantendo o humor e o entusiasmo, promovendo a aplicação prática do que é ensinado, variando as estratégias de ensino, utilizando recursos instrucionais e estimulando a participação.

Esses cuidados são particularmente importantes nas aulas expositivas. Considere-se primeiramente que a habilidade para promover mudanças com vistas a obter a atenção constitui importante vantagem. Variações na tonalidade, intensidade e velocidade da apresentação, expressões faciais, movimentos com o corpo, uso do quadro de giz e de outros recursos audiovisuais contribuem de maneira significativa para a atenção dos estudantes em sala de aula.

7.7.3 Introduzindo variedade

Os alunos tendem a se cansar com qualquer coisa que seja estendida por muito tempo sem qualquer mudança. Para Duffy e Jones (1995), os alunos, ao iniciarem um semestre letivo, encontram-se numa fase de lua de mel, em que se mostram muito otimistas e receptivos. Mas, à medida que o semestre avança, suas energias e esperanças tendem a desvanecer em decorrência do acúmulo de tarefas e da proximidade dos prazos fatais. É preciso, portanto, que o professor varie a forma de apresentação para que os alunos continuem dispostos a prestar atenção às aulas.

7.7.4 Obtendo *feedback* durante a aula

Para identificar o nível de interesse dos alunos, os professores podem valer-se do *feedback* proporcionado por sua expressão corporal. Seus rostos, principalmente, são capazes de indicar quando estão prestando atenção à aula, quando não estão e, também, quando estão se esforçando para prestar atenção. Bocejos, suspiros, olhar fixo no teto, movimentos constantes de ajeitar-se na carteira e conversas com os colegas são sinais que revelam desinteresse. Convém, pois, aproveitar essas informações proporcionadas graciosamente para promover pequenos ajustes no ritmo da aula.

O professor pode também solicitar *feedback* oral dos alunos, fazendo perguntas acerca da qualidade de sua apresentação. Mas será sempre necessário considerar que alguns alunos, temendo represálias, ocultem o que verdadeiramente sentem ou pensam.

7.7.5 Utilizando tecnologia

A preparação das aulas expositivas confunde se muitas vezes com a preparação do discurso do professor. Mas uma aula expositiva difere de uma palestra ou conferência. Não é possível pensar numa aula ministrada num curso universitário sem pelo menos um quadro de giz ou um quadro-branco. Não podemos nos esquecer de que muitas vezes "uma figura vale mais do que mil palavras". Por isso, o professor precisa tomar cuidados especiais com a utilização de recursos audiovisuais.

Esses recursos – dada a sua variedade – constituem importantes auxílios nas aulas expositivas. Mas é necessário que o professor os veja como recursos, não

79

como direcionadores do processo de ensino-aprendizagem. Assim, o Capítulo 10 é inteiramente dedicado à preparação e utilização de recursos tecnológicos no Ensino Superior.

7.7.6 Encorajando a tomada de notas

Há professores que desencorajam a tomada de notas pelos alunos, temendo que percam muito tempo e não aproveitem ao máximo sua exposição. Alguns chegam até mesmo a preparar apostilas ou fornecer com antecedência coleções de transparências com o propósito explícito de evitar que os alunos tomem notas durante as aulas. Mas a tomada de notas é uma das atividades que mais favorecem a atenção, além de constituírem importante auxílio para a memória. Como os alunos não são capazes de anotar tudo o que o professor diz, precisam tomar rapidamente uma decisão acerca do que é mais importante e do que, por consequência, deve ser anotado. Sem contar que anotações bem elaboradas constituem rico material para futuras revisões.

A atuação do professor é importante no favorecimento da tomada de notas. Sua exposição deve ser organizada, com pausas frequentes, para que os alunos percebam a mudança de assunto. O professor também precisa fornecer as indicações lógicas da estrutura de sua exposição. O que inclui, por exemplo, a apresentação de fórmulas introdutórias, como "comecemos por", "para iniciar", "em primeiro lugar". Ou de fórmulas de conclusão, como "portanto", "para concluir" e "em resumo".

7.7.7 Promovendo revisões

Recomenda-se que os últimos minutos de cada aula sejam dedicados a algum tipo de revisão. Mas o professor também pode iniciar suas aulas com a revisão do que foi visto na última. Esse é um procedimento interessante, pois é natural que os alunos tenham pensado em muitas coisas desde o último encontro. A oportunidade de rever o que foi visto e relacioná-lo com os tópicos da próxima aula contribui significativamente para o aprendizado. Também recomenda-se que o professor faça revisões ao longo da própria aula, entre a conclusão de um tópico e o início do outro.

LEITURAS SUPLEMENTARES

LOWMAN, Joseph. *Dominando as técnicas de ensino*. São Paulo: Atlas, 2004.

O quinto capítulo dessa obra é dedicado às aulas expositivas. Trata de suas diferentes modalidades, de suas vantagens e limitações dessa estratégia de ensino e de procedimentos que podem ser adotados para torná-la mais eficaz.

MASETTO, Marcos Tarciso. *Aulas vivas*. 2. ed. São Paulo: MG Editora, 1996.

Essa obra é produto de uma pesquisa em que o autor identificou e analisou condições facilitadoras de aprendizagem aplicáveis em aulas do Ensino Superior, que não exijam necessariamente recursos especiais e que possam envolver o estudante no processo de aprendizagem e tornar gratificante a atividade do professor.

8

DISCUSSÃO EM CLASSE

A discussão é reconhecida como estratégia de ensino das mais eficazes no Ensino Superior, pois possibilita o alcance de elevados níveis de aprendizagem da matéria e de satisfação dos alunos. Mas a qualidade da discussão depende muito da maneira como ela é preparada e também da competência do professor. Conduzir uma boa discussão exige não apenas habilidades comunicativas, mas também o exercício da liderança, já que a qualidade da relação professor-estudante é fundamental para o seu sucesso.

O presente capítulo é, pois, inteiramente dedicado ao método da discussão. **Após estudá-lo cuidadosamente, você será capaz de:**

- identificar benefícios proporcionados pela discussão em sala de aula;
- reconhecer o valor pedagógico da discussão;
- reconhecer desvantagens do uso da exposição;
- identificar diferentes modalidades de discussão;
- utilizar técnicas para conduzir discussões.

8.1 O valor pedagógico da discussão

São inegáveis os benefícios proporcionados pela exposição. Pode-se até mesmo afirmar que as razões para sua não utilização têm mais a ver com a visão de educação do professor ou com a pouca experiência na adoção dessa estratégia do que com qualquer limitação inerente à discussão. Mas isso não significa que a discussão possa ser utilizada indiscriminadamente. Ela não pode ser entendida como um "método para ensinar tudo a todos". Uma discussão malconduzida costuma ser dolorosa e frustrante tanto para os professores quanto para os alunos. Longos silêncios, alunos que se recusam ou temem participar, agressões entre colegas, domínio por parte de um pequeno número de alunos são tão comuns nas discussões que muitos professores, após uma ou duas tentativas fracassadas, desistem definitivamente da utilização da técnica.

Quando se considera que a discussão – assim como a exposição – constitui uma estratégia para facilitar a aprendizagem, ela deve ser adequada para o alcance dos objetivos pretendidos. Não pode ser utilizada indiscriminadamente. Há situações em que não é absolutamente recomendada. Nem todas as salas de aula são adequadas. O tempo destinado às discussões nem sempre é suficiente. Alguns assuntos são tão polêmicos, delicados ou mesmo inoportunos que são capazes de comprometer o bom desenvolvimento da discussão. Muitas vezes, o que fica para os alunos é a sensação de ter participado de um jogo antipático em que alguns colegas se esforçaram apenas para superar os outros colegas.

Enquanto estratégia, a discussão é adequada para o alcance de alguns objetivos e inadequada para o alcance de outros. Considere-se, a propósito, a classificação de Bloom *et al.* (1972), que estabelece três domínios: cognitivo, afetivo e psicomotor. Em cada um deles, podem ser identificados diferentes níveis. No domínio cognitivo, são: memorização, compreensão, aplicação, análise, avaliação e criação (ANDERSON; KRATHWOHL, 2001). A exposição, como foi considerado no capítulo anterior, mostra-se útil para o alcance dos objetivos cognitivos, sobretudo nos níveis mais elementares, como o da memorização. Já a discussão é bem menos eficaz nessas situações. Ela não favorece a obtenção de aprendizagens específicas. É muito mais útil para o alcance de objetivos afetivos e também cognitivos, mas nos níveis mais elevados. Assim, pode ser utilizada para o professor que almeja alcançar, dentre outros, os seguintes objetivos:

- favorecer a reflexão acerca do que foi aprendido;
- dar oportunidade para que os alunos formulem princípios com suas próprias palavras;
- ajudar os estudantes a se tornarem conscientes de problemas apresentados em leituras e preleções;
- facilitar a aceitação de informações ou de teorias contrárias às crenças tradicionais ou ideias prévias;
- desenvolver o pensamento crítico;
- promover o envolvimento dos alunos;
- favorecer o relacionamento professor-aluno.

8.2 Discussão com a classe toda

A discussão nos cursos universitários pode assumir diferentes formatos. O mais tradicional é o da discussão com a classe toda. Mas a discussão pode se dar também em pequenos grupos, mediante utilização das técnicas de dinâmica de grupo. Também é comum a discussão conduzida sob a forma de seminários.

A discussão com a classe toda é vista como a principal alternativa à aula expositiva. Seus benefícios são evidentes. Ela incentiva os alunos a falar em público, expressando suas ideias, reflexões, experiências e vivências. Estimula-os a ouvir os colegas, a

Discussão em classe

dialogar, a argumentar e a respeitar opiniões diferentes da sua. Leva-os, por fim, a reconhecer que as experiências coletivas podem ser mais ricas do que as individuais. Mas nem sempre essas discussões são bem-sucedidas. É necessário que o professor domine o assunto a ser debatido. Também é necessário que os alunos tenham se preparado previamente, mediante leituras e pesquisas. Por fim, é necessário que o professor tenha habilidade para coordenar a discussão, tanto no sentido de evitar que apenas alguns alunos participem quanto no de policiar-se para não interferir demasiadamente na exposição.

8.2.1 Modalidades de discussão com a classe toda

As discussões caracterizam-se principalmente pela participação dos alunos. Mas essa participação dá-se de maneiras diversas, determinando diferentes modalidades de discussão, tais como: a clássica, a desenvolvente e a socrática. A **discussão clássica** segue o formato: (a) o professor define os objetivos da discussão e prepara os alunos para participar; (b) o professor inicia a discussão, definindo suas regras, esclarecendo os objetivos e apresentando uma questão inicial; (c) o professor acompanha a discussão, ouvindo os alunos, registrando sua participação e respondendo às suas solicitações; (d) o professor encerra a discussão, expressando o significado que teve para si ou ajudando na formulação das conclusões; e (e) o professor pede aos alunos que avaliem a discussão.

A **discussão desenvolvente**, que tem como propósito solucionar problemas, começa com o professor promovendo a quebra de um problema em partes e propondo que todos os alunos trabalhem com uma parte ao mesmo tempo. Esse método mostra-se adequado para corrigir algumas falhas que costumam surgir em muitas discussões conduzidas sob o enfoque tradicional, as quais se tornam desorganizadas e ineficazes porque os diferentes membros do grupo trabalham com diferentes aspectos do problema. Todavia, para que a discussão desenvolvente se torne eficaz, o professor precisa garantir que ela ocorra segundo uma sucessão de estágios, que podem ser: (a) formulação do problema; (b) sugestão de hipóteses; (c) obtenção de dados relevantes; e (d) avaliação de soluções alternativas. Mantendo essa sequência em mente, o professor pode conduzir a discussão com bastante flexibilidade na classe, sem o temor de que possa degenerar em desorganização.

A **discussão socrática** tem sua origem nos ensinamentos do filósofo grego Sócrates, cujo método, segundo ele mesmo, tinha a ver com a profissão de sua mãe, que era parteira. No parto, a mãe é que é ativa. Ela faz todo o trabalho. Daí a expressão "trabalho de parto". A parteira apoia, ajuda, facilita. Assim, nessa discussão, quem desempenha um papel ativo são os estudantes. O "professor-parteiro" apoia, auxilia, facilita. Os estudantes, conduzidos por um professor experiente, leem e interpretam textos. A discussão começa quando o professor escolhe aleatoriamente um aluno e lhe formula uma questão relacionada ao tema. Após sua resposta, o professor formula outras questões com vistas a obter maiores esclarecimentos. Quando o aluno manifesta alguma dificuldade para prosseguir com os esclarecimentos, outro aluno é solicitado a auxiliar. E dessa forma prossegue a discussão.

8.2.2 Como iniciar a discussão

Um dos maiores problemas na discussão com a classe é o de seu início. Tanto é que muitos professores ficam frustrados logo após as primeiras experiências em sala de aula e deixam de utilizar esta técnica por se sentirem incapazes de conduzir discussões com confiança. Mas começar uma discussão torna-se coisa relativamente simples se forem tomados alguns cuidados para garantir que a classe esteja preparada tanto do ponto de vista intelectual quanto emocional.

Existem diversas maneiras de iniciar uma discussão. Uma das mais comuns consiste em proporcionar aos alunos uma **experiência comum**, o que pode ser feito por meio de preleção, leitura de um texto, apresentação de um filme, demonstração ou dramatização. Também é possível começar uma discussão depois da visita a um laboratório, museu, escritório, fábrica ou qualquer outro local que tenha a ver com o assunto. Essa forma de iniciar uma discussão apresenta muitas vantagens. Como todos os alunos passaram pela mesma experiência, cada um deles sabe provavelmente alguma coisa relativa ao tópico e se sente mais à vontade para participar da discussão. O professor, por sua vez, encontra mais facilidade para manter o foco da discussão.

Outra maneira de começar a discussão é por meio da **controvérsia**. A apresentação de uma situação controvertida ou de argumentos contrários a alguma coisa reconhecida como boa, justa ou correta pode ser muito estimulante para os alunos. Certo grau de surpresa contribui para despertar sua curiosidade e assim motivá-los para a discussão do tema. Mas, para que uma discussão iniciada dessa forma seja proveitosa, é necessário que o professor atue sem dogmatismos, de forma construtivista. Caso contrário, poderá passar aos alunos a impressão de que está utilizando sua argúcia para jogar com eles.

Também é possível iniciar uma discussão com **perguntas**. Nesse caso, há o risco do silêncio. Há professores que ficam angustiados quando formulam uma pergunta e não recebem respostas imediatamente. Mas uma pausa inicial, ainda que prolongada, contribui para promover melhores discussões. O professor precisa convencer-se de que o comentário do primeiro aluno é o mais difícil de se obter. Depois que o primeiro se manifesta, os demais ficam ávidos para participar. Mas é necessário que a pergunta seja bem formulada. Para começar, perguntas que possam ser respondidas com um *sim* ou um *não* devem ser evitadas. Depois, é necessário que as perguntas sejam entendidas prontamente. Quando os alunos sentem dificuldades para entendê-las, é pouco provável que estejam dispostos a respondê-las.

É possível utilizar com sucesso a técnica de **formulação de problemas** para iniciar a discussão. Após apresentar o problema, o professor vai colocando no quadro possíveis respostas ao problema. Essa técnica apresenta semelhanças com o *brainstorming* ("tempestade de ideias"), técnica utilizada em grupos para a solução de problemas. Mas, ao adotar esse procedimento, o professor precisa deixar claro que, num primeiro momento, todas as contribuições serão aceitas, mesmo aquelas que de imediato parecerem inadequadas. A rejeição de alguma contribuição poderá desestimular a participação.

Discussão em classe

8.2.3 Como formular perguntas

As perguntas podem ser utilizadas não apenas para iniciar a discussão, mas também para mantê-la. Convém considerar, no entanto, que alguns tipos de perguntas são melhores do que outros para manter uma discussão. Há mesmo perguntas que contribuem para dificultar seu desenvolvimento. Um erro muito comum consiste na formulação de perguntas num nível de abstração impróprio para o grupo. Os alunos tendem a participar mais quando sentem que têm certa experiência que de alguma forma poderá contribuir para a discussão. Assim, convém que as perguntas sejam formuladas como questões que tenham algum significado para os estudantes (SVINICKI; McKEACHIE, 2013).

As perguntas mais comuns são as **factuais**, que, embora importantes para verificar o nível de conhecimento dos alunos, são pouco úteis para uma discussão. Como essas perguntas conduzem a respostas que podem ser verdadeiras ou falsas, muitos alunos ficam pouco à vontade para respondê-las, temendo errar. O próprio professor pode ficar constrangido quando tem que informar ao aluno que ele errou.

Perguntas referentes à **aplicação e interpretação** são mais adequadas numa discussão. Uma pergunta do tipo "Como a ideia .... se aplica a ....?" é muito mais útil para estimular uma discussão do que a pergunta "Qual a definição de ....?". Ela leva a uma quantidade maior de respostas, favorecendo a discussão.

As perguntas também podem assumir a forma de **problemas**, cujas respostas podem ser conhecidas ou não pelo professor. Nesse caso, o que interessa não é oferecer aos alunos uma solução particular, mas ouvi-los e ensiná-los a solucionar problemas por si mesmos. Essas são as perguntas mais adequadas para o início da discussão desenvolvente, apresentada na seção 8.2.1.

Outra modalidade de pergunta adequada à discussão é a que envolve **relações causa-efeito** ou que estabelece algum tipo de relação entre fatos e fenômenos. Por exemplo: "Quais os possíveis fatores que determinaram a ocorrência desse fenômeno?". Também são úteis as perguntas **comparativas**, que, como o próprio nome sugere, solicitam comparações entre fatos, teorias, doutrinas, autores, obras literárias etc. Em discussões que alcançam altos níveis de profundidade, podem ser utilizadas perguntas **avaliativas**, que avançam além da comparação, pois solicitam um julgamento acerca do valor dos elementos que estão sendo comparados. Por exemplo: "Qual dessas teorias mais contribui para a explicação desse fenômeno?".

8.2.4 Como estimular a participação

Embora a qualidade das perguntas seja muito importante na condução de uma discussão, nada é tão significativo quanto a atitude do professor. É necessário que ele crie um clima em que nenhuma contribuição importante seja desperdiçada e que os alunos com ideias relevantes se sintam livres para expressar suas opiniões. Assim, recomenda-se que o professor tome uma série de cuidados, tais como:

Atenção ao espaço físico

A discussão torna-se mais fácil quando todos os alunos podem ver o professor e os seus colegas. É possível dispô-los em círculo ou em semicírculo para favorecer o contato visual. Para isso, é necessário que as carteiras sejam móveis. A situação se complica quando as classes são muito numerosas. Dependendo das dimensões da sala e do número de estudantes presentes, é possível distribuir os alunos em dois círculos, mas mesmo assim o contato visual fica prejudicado.

Cuidados em relação ao tempo

Há discussões que podem ser consideradas tanto pelos professores quanto pelos alunos como experiências tão agradáveis a ponto de se considerar que o tempo a elas destinado é muito curto. Mas isso não ocorre com todas. Elas podem ser desagradáveis e contribuir para que os participantes fiquem contando os minutos que faltam para o seu final. Embora não seja possível definir a frequência e a duração ideal das discussões, cabe ao professor cuidar para que o tempo dedicado à discussão não leve os alunos ao desânimo.

Uso de mensagens não verbais

As mensagens não verbais podem servir tanto para estimular quanto para inibir a participação. Gestos como arregalar os olhos, franzir as sobrancelhas, abrir a boca, olhar para os lados, suspirar, bocejar são inconscientes, mas expressam sentimentos e são facilmente reconhecidos pelos interlocutores. É preciso, portanto, que o professor se policie para que gestos como esses não inibam os alunos. Convém, pois, que os professores estabeleçam sempre contato visual com eles e mantenham gestos estimulantes como sorrisos e movimentos de concordância com a cabeça.

Apreço e respeito pelos alunos

É fundamental que o professor demonstre apreço pelos alunos e respeito por suas opiniões pessoais. Infelizmente, há professores que reagem de forma pouco apropriada aos comentários dos alunos, muitas vezes ridicularizando suas falas, contribuindo para bloquear a participação.

Saber ouvir

É preciso ouvir com atenção o que os alunos têm a dizer para poder se lembrar de seus comentários. Uma falha comum é a de professores que ouvem atentamente o início da mensagem e acreditam estar em condições de avaliá-la globalmente. Assim, tendem a prestar menos atenção ao seu desenvolvimento. Pode ocorrer, no entanto, que, ao longo de seu desenvolvimento, o sentido da mensagem se altere.

Solicitação de participação

É desejável a participação do maior número possível de alunos. Alguns professores solicitam a participação de todos os estudantes presentes. Mas nem todos querem falar. Não apenas porque temem sair-se mal, mas também porque preferem escolher o momento para participar. Convém, pois, que os professores levem em consideração a disposição dos alunos para participar da discussão e que solicitem a participação nas áreas em que sejam reconhecidamente competentes.

Discussão em classe

Chamar os estudantes pelo nome

Para Carnegie (2000), o som mais doce e agradável que existe é o nome da própria pessoa. Chamar o aluno pelo próprio nome ajuda a manter um clima favorável à participação. Já ser chamado de "garoto da direita", "menina do lado", "o penúltimo", "o de óculos", "a de cabelo curto", "o de brinco", "o de camiseta", "a de vermelho" ou "o que chegou atrasado" pode provocar a impressão de que o professor confere pouca atenção aos alunos. Mas lembrar-se do nome de todos, principalmente numa classe numerosa, também não constitui tarefa fácil.

Minimização da relação hierárquica

Diferentemente do que ocorre nas aulas expositivas, em que o professor adota naturalmente uma posição superior à dos alunos, nas discussões a relação hierárquica não deve ser salientada. Comportamentos que expressam estratégia, superioridade e certeza produzem comportamentos defensivos (GIBB, 1961). Recomenda-se, portanto, que os professores nas discussões adotem preferencialmente comportamentos de apoio, como espontaneidade, igualdade e abertura.

Reforço

A participação dos alunos tende a aumentar com o reforço. Convêm, portanto, que os alunos sejam incentivados a fazer comentários, mediante agradecimentos, sorrisos ou sinais de aquiescência, mesmo que o comentário não tenha sido dos mais felizes. Lowman (2004) sugere que o professor enfatize as partes perceptivas ou criativas daquilo que os alunos falam, para incentivá-los por terem feito o comentário, enquanto indicam que este não foi tão bom quanto se esperava. Quando responder aos alunos, o professor pode premiá-los por tentar, dizendo, por exemplo: "Obrigado pela tentativa".

8.2.5 Como vencer a resistência dos alunos

Nem sempre a participação dos alunos nas discussões se mostra satisfatória. Por isso, os professores precisam ter habilidades suficientes para avaliar o progresso do grupo, identificar resistências que impedem o bom desenvolvimento das discussões e atuar com o objetivo de minimizar sua influência. Os fatores que mais dificultam a participação dos estudantes nas discussões são:

Desconfiança acerca do valor da discussão

Os alunos são capazes de se lembrar de boas aulas expositivas que tiveram e do quanto aprenderam com elas. Mas lembrar-se de conhecimentos obtidos por meio de discussões em classe é mais difícil. Muitos alunos, ao participarem de discussões, têm a impressão de que não estão aprendendo ou até mesmo de que o professor está "matando aula". Para evitar que os alunos tenham essa percepção acerca das discussões, recomenda-se que o professor, logo no seu início, demonstre como a discussão representa a melhor alternativa para o alcance dos objetivos da unidade que está sendo desenvolvida.

Informação insuficiente

Quando os alunos não dispõem de conhecimentos suficientes para participar, os resultados da discussão podem ser desastrosos. Alguns, por acreditarem que a participação é o objetivo da discussão, fazem o possível para participar, mas, como não dispõem de base para discutir o tópico, apresentam opiniões e experiências pessoais que pouco têm a ver com a proposta do professor. Por isso, convém enfatizar a necessidade de preparação prévia da classe, por meio de leituras, exposições e outras experiências comuns.

Medo da crítica

É natural que muitos alunos evitem participar das discussões por medo da crítica, não apenas dos professores, mas também de seus colegas. Considerando que as salas de aula são arenas dramáticas, é compreensível que os participantes tragam não apenas vontade de aprender, mas também de mostrar o quanto são superiores em relação a algum tipo de conhecimento. Nesse exercício de superação, os colegas são adversários e há participantes que não hesitam em atacar seus argumentos de maneira pouco acadêmica, o que faz com que alguns participantes se retraiam. Cabe, portanto, ao professor definir regras para participação, que incluem a proibição de qualquer comentário ofensivo em relação às opiniões expressas na discussão. E estabelecer regras para si mesmo, já que também não tem o direito de ironizar comentários dos alunos.

Conclusões prematuras do professor

É comum o professor fornecer uma conclusão prematura para a discussão sem que os alunos tenham tido oportunidade de explorar o problema com a profundidade requerida. Claro que o professor pode elaborar resumos ou promover a amarração de ideias com vistas a favorecer uma generalização que se evidencia. Mas não pode fornecer a resposta definitiva, mesmo que o tempo destinado à discussão esteja se esgotando. Nesse caso, é melhor adiar a conclusão para uma próxima seção.

Consenso prematuro dos alunos

Tanto o professor quanto os alunos tendem a ficar satisfeitos quando se chega a um consenso. Mas o consenso não constitui o objetivo da maioria das discussões. A discussão, de modo geral, não visa reforçar consensos, mas promover avanços. Sugere-se, então, que o professor assuma na discussão o papel de opositor, sem, no entanto, sufocar os alunos com a força do seu criticismo, pois seu propósito não é o de inibir, mas o de alavancar a discussão.

8.2.6 Como encerrar a discussão

Há professores que só encerram a reunião quando toca a campainha ou percebem que já não há mais tempo para discutir. Mas a adoção de critérios como esse para o encerramento não contribui para o desenvolvimento de reuniões futuras. Finalizar bem uma reunião é importante para reiniciar bem a seguinte. O professor precisa ser habilidoso para conduzir uma reunião e terminá-la antes de os alunos terem esgotado a vontade de discutir.

Discussão em classe

Ao encerramento de uma discussão pode seguir-se o final da aula, a discussão de um novo assunto ou a volta à exposição. Porém, em qualquer situação, os alunos precisam ser informados acerca do seu encerramento. Para tanto, convém fornecer alguns sinais indicando que a discussão está para terminar. Como, por exemplo, perguntar aos alunos se têm algum comentário para fazer antes do fechamento da discussão. O modo como o professor a termina, para iniciar outra atividade ou para concluir a aula, afeta a disposição dos estudantes para a próxima discussão.

Fechar com uma "amarração das ideias" contribui para que os alunos saiam da discussão com a sensação de que a unidade foi concluída, o que é muito importante para evitar a sensação que alguns alunos experimentam de que a discussão não serviu para nada. E também para indicar que o professor está no controle. Mas, para que esse encerramento seja bem-feito, é preciso que o professor tenha estado atento durante todo o período de discussão e que tenha feito os apontamentos necessários.

8.3 Discussões em pequenos grupos

O maior problema com que se deparam os professores que pretendem fazer uso da discussão é o tamanho das classes. Diferentemente dos Ensinos Fundamental e Médio, em que raramente as classes têm mais de 40 alunos, os professores do Ensino Superior têm que se adaptar a ministrar aulas em classes muitas vezes com mais de 100 alunos. Claro que não há teorias ou práticas que recomendem um número tão grande de alunos por sala. Mas a alegada necessidade de redução de custos permanentemente presente no discurso dos empresários da educação vem contribuindo para a manutenção dessa situação.

Uma alternativa para promover a discussão em salas numerosas é a utilização de técnicas de discussão em grupo. Mas, além de constituir apenas o que é possível em muitas classes, a discussão em pequenos grupos é recomendável, pois possibilita o alcance de muitos objetivos, tais como:

Exercitar múltiplas habilidades intelectuais

Os trabalhos em grupo constituem eventos privilegiados para o desenvolvimento de certas habilidades, pois requerem dos alunos que tragam para o grupo a sua colaboração, fiquem atentos à contribuição dos colegas, discutam os vários aspectos do tema, relacionem-nos com seus conhecimentos e experiências, bem como reformulem seus conhecimentos e atitudes.

Valorizar o trabalho em equipe

A discussão em grupo contribui para que o aluno tome contato com o que constitui nos dias presentes uma das principais exigências para a vida profissional: o trabalho em equipe.

Desenvolver a capacidade de discussão

A maioria das técnicas de trabalho em grupo requer muito mais do que a simples apresentação de ideias. Requer um nível de discussão suficientemente profundo para que se possa chegar a um ponto que signifique a superação das contribuições individuais. **Favorecer o reconhecimento de múltiplas interpretações sobre um mesmo assunto**. Os temas apresentados são refletidos por diferentes "espelhos". Dessa forma, a discussão em pequenos grupos contribui para que os alunos reconheçam que sua percepção acerca de um tema constitui apenas uma das visões possíveis e que não é necessariamente a melhor.

Desenvolver a capacidade de observação do comportamento

As técnicas de discussão em pequenos grupos enfatizam não apenas os conteúdos, mas também processos grupais como cooperação, competição e conflito.

Aprimorar a capacidade de dar e receber *feedback*

As técnicas de trabalho em grupo constituem um dos mais eficientes procedimentos para informar sobre os comportamentos dos outros e receber informações acerca do próprio comportamento.

São muitas as técnicas de trabalho em grupo e, naturalmente, cada uma delas se aplica com maior pertinência a uma situação do que a outra. Convém que o professor domine certo número de técnicas para que possa decidir acerca de sua utilização, levando em consideração os objetivos da disciplina. Assim, são apresentadas a seguir algumas das técnicas de trabalho em grupo aplicáveis no Ensino Superior.

8.3.1 Grupo de "cochicho"

É a mais simples das estratégias para discussão em grupo. É utilizada geralmente no contexto de uma exposição. O professor interrompe o trabalho e pede aos alunos que dialoguem com o seu colega mais próximo, no mesmo lugar em que se encontram, sem se levantar. O grupo de "cochicho" não deve durar mais de dois ou três minutos e pode ser utilizado para verificar se os alunos entenderam o que foi exposto, para levantar sua opinião sobre o assunto ou mesmo para proporcionar certo alívio após a apresentação de um assunto complexo.

8.3.2 Fracionamento

Esta estratégia consiste em fracionar um grupo grande em grupos pequenos para facilitar a discussão. Os grupos podem ter de quatro a dez membros, e o tempo destinado à discussão fica em torno de dez minutos.

Essa técnica é útil para obter informação rápida sobre expectativas, problemas e propostas dos alunos. Também ajuda a despertar o interesse da audiência e a criar atitudes favoráveis ao aprendizado. Apresenta, ainda, a vantagem de possibilitar a participação de todos os estudantes, conduzindo a uma atmosfera informal, participativa e democrática.

Discussão em classe

Para que a estratégia do fracionamento seja adotada com bons resultados, é necessário que os alunos identifiquem claramente os objetivos da discussão e estejam preparados para serem concisos em suas intervenções. Convém, também, que o grupo escolha, logo no início da discussão, um representante para proceder ao relato das conclusões. O professor pode auxiliar os grupos, movimentando-se entre eles para fornecer orientações e avaliar o seu progresso. E deverá informar o grupo acerca do encerramento da discussão um minuto antes. Fecha-se a atividade com a apresentação das conclusões obtidas pelos grupos, podendo, ainda, o professor fazer comentários que completem, ampliem ou corrijam as respostas.

8.3.3 Painel integrado

A técnica do painel integrado, que pode ser entendida como desenvolvimento do fracionamento, realiza-se em três momentos. No primeiro, a classe é dividida em grupos de quatro a seis elementos. O professor propõe para cada grupo uma tarefa a ser desenvolvida em determinado período de tempo. Após a conclusão da tarefa, cujos resultados deverão ser anotados por todos, o professor distribui números aos membros de cada grupo. No segundo momento, formam-se novos grupos, constituídos pelos participantes de número 1 de todos os grupos anteriores, pelos de número 2, 3 e assim sucessivamente. Esses novos grupos desenvolverão duas outras atividades: relatar o que ocorreu no grupo anterior e fazer nova discussão. Essa discussão ocorrerá com base em nova questão apresentada pelo professor ou no debate anterior. O professor geralmente sugere um tópico mais amplo, capaz de abranger as diversas discussões e conduzir a discussão para um âmbito mais geral.

8.3.4 Grupo de verbalização e grupo de observação (GV/GO)

Nesta modalidade de discussão, metade dos alunos de uma classe forma um círculo central (grupo de verbalização) e passa a discutir um tema apresentado pelo professor, enquanto a outra metade forma um círculo exterior a este e analisa o comportamento do primeiro grupo. Essa análise pode referir-se tanto ao conteúdo do que está sendo discutido quanto ao desempenho dos participantes.

No primeiro caso, os observadores serão instruídos para observar, por exemplo, se o tema está sendo discutido com a precisão, a objetividade e a profundidade requeridas. Já no segundo caso, são solicitados a verificar, por exemplo, se todos os participantes estão tendo oportunidade para falar, se o grupo estabelece normas de funcionamento para si mesmo, se emerge uma liderança etc.

8.3.5 Grupos para formulação de questões

Esta estratégia consiste em dividir a classe em pequenos grupos com a tarefa de formular questões para serem respondidas por professor, especialistas ou estudantes que procederam a algum tipo de apresentação. Trata-se de estratégia eficaz para estimular os alunos a falar, pois, à medida que se reúnem com dois ou mais colegas, sentem-se mais à vontade para dizer o que pensam. Além disso, o grupo serve para promover uma espécie de triagem das questões levantadas, eliminando o que for irrelevante ou impertinente. Para serem obtidos melhores resultados com essa estratégia, convém que os grupos não tenham mais do que quatro ou cinco elementos e que escolham antecipadamente um representante para formular as questões.

8.4 Seminários

O seminário é um tipo especial de discussão que auxilia os alunos no desenvolvimento de múltiplas habilidades, tais como: trabalho em equipe, coleta de informações, produção de conhecimento, organização das ideias, comunicação, argumentação e elaboração de relatórios de pesquisa. Por todas essas vantagens, o seminário pode ser visto como uma estratégia muito rica para facilitar a aprendizagem no Ensino Superior, sobretudo nos cursos de pós-graduação.

A estratégia do seminário é bem conhecida pelos estudantes universitários. Mas isso não significa que reconheçam a importância da técnica; nem mesmo que a vejam com bons olhos. Provavelmente porque nenhuma estratégia de ensino tenha sido tão mal utilizada pelos professores do Ensino Superior. Costuma-se chamar de seminário qualquer apresentação feita por alunos em classe, até mesmo de resumos de capítulos de livros. Nessas apresentações, os alunos, geralmente organizados em grupos, de forma semelhante a um jogral, fazem sua apresentação aos colegas e ao professor, que a tudo assiste sem interferir. Isso, a rigor, não pode ser considerado um seminário. Trata-se apenas de uma aula expositiva que é dada não pelo professor – pago para ministrá-la –, mas pelos alunos que pagaram para assisti-la.

O seminário, por sua própria etimologia (do Latim *semen* = semente), relaciona-se a fertilização, vida nova, ideias novas. Num sentido bastante amplo, pode ser entendido como o trabalho elaborado por um grupo de pessoas que se reúne para pesquisar e discutir um tema específico. Também são denominados seminários muitos congressos científicos e culturais com exposições seguidas de debates. Nos cursos superiores, o seminário se desenvolve geralmente no âmbito de uma classe, com aulas dadas por um grupo que pesquisou previamente o tema, às quais se segue o debate acerca da matéria apresentada.

O seminário deve ser utilizado como estratégia para favorecer o aprendizado nos níveis mais elevados do domínio cognitivo. Não é adequado, portanto, para o alcance de objetivos relativos à memorização e compreensão. Entretanto, há professores que, logo no primeiro dia de aula, estabelecem um cronograma de apresentação de seminários cujo número coincide exatamente com o de aulas programadas para o semestre ou ano letivo.

Existem várias maneiras de conduzir um seminário. Uma delas consiste em propor aos diferentes grupos que compõem a classe temas para serem pesquisados. Esses temas apresentam certa relação de complementaridade. Após o trabalho de pesquisa desenvolvido pelos grupos, o professor estabelece um tema para o seminário, que não foi diretamente pesquisado por nenhum grupo, mas que pode ser debatido com base no que foi pesquisado por cada um dos grupos, e marca o dia para o seminário.

Discussão em classe

No dia da realização do seminário, o professor escolhe aleatoriamente um representante de cada grupo, formando com eles uma mesa-redonda e atuando como mediador. Os demais assistem ao debate. Aberta a discussão, cada participante expõe os dados que sua pesquisa oferece para o desenvolvimento do tema. Ao longo das apresentações, o professor formula questões a serem debatidas e incentiva a participação de todos. Também é possível, dentro das limitações impostas pelo tempo e pelo tamanho das classes, possibilitar a participação do auditório. O que se espera é que, ao final do seminário, tenham sido produzidos novos conhecimentos com base nos assuntos pesquisados e discutidos.

8.5 Avaliação das discussões

São muitos os fatores que contribuem para o sucesso ou o insucesso de uma discussão. Alguns se relacionam ao ambiente físico em que ela ocorre. Outros ao assunto que é discutido, que pode ser complexo, delicado ou mesmo constrangedor. Outros, por fim, referem-se ao professor que a conduz. Mas, a rigor, todos têm algo a ver com as habilidades do professor. Isso significa que o professor sempre pode fazer alguma coisa para melhorar a qualidade das discussões que conduz. Por isso, recomenda-se que ao final de cada discussão o professor faça um balanço com a finalidade de identificar falhas que possam ser corrigidas em futuras discussões. A elaboração desse balanço pode ser facilitada com a definição de uma série de questões que o professor pode formular ao final de cada discussão. Bookfield e Preskill (1999) propõem dez questões para que o professor possa avaliar sua participação nas sessões de discussão:

1. Minha participação impede a participação de alunos que desejam apresentar alguma contribuição? Interrompo-os no meio de suas apresentações?

2. Tenho feito mais comentários do que todos os alunos juntos? Respondo a cada aluno que fala? Os alunos fazem uma pausa antes de responder aos outros, porque esperam que eu comente a fala de cada um?

3. Fico preso à minha agenda de discussão a despeito de sugestões alternativas e mesmo de resistência dos alunos?

4. Minhas práticas na discussão são coerentes com os meus objetivos em relação à classe?

5. Tenho desencorajado a participação de alunos por admitir que não detêm suficiente conhecimento ou experiência?

6. As discussões têm falhado em virtude de minha própria falta de participação?

7. As discussões perderam o foco por terem contribuído pouco?

8. Tenho interrompido algum comentário que ajudaria os alunos a perceber como suas ideias foram apresentadas?

9. De modo geral, o que faço para construir continuidade e um senso de engajamento colaborativo?

10. O que estou fazendo para acompanhar e avaliar em que medida minha opinião está em equilíbrio na discussão?

LEITURAS SUPLEMENTARES

COHEN, Elisabeth G.; LOTAN, Rachel A. *Planejando o trabalho em grupo*. Porto Alegre: Penso, 2017.

Esse livro apresenta resultados de recentes pesquisas sobre trabalho em grupo, demonstra como o trabalho em equipe contribui para o crescimento e o desenvolvimento dos estudantes, e como os professores podem organizar suas salas de aula para que todos participem ativamente.

SEVERINO, Antonio Joaquim. *Metodologia do trabalho científico*. 24. ed. São Paulo: Cortez, 2016.

O Capítulo 4 desse livro trata da condução de seminários no Ensino Superior. O autor indica os usos do seminário, esclarece acerca da elaboração do texto-roteiro e apresenta um esquema geral de desenvolvimento do seminário.

9

MÉTODOS ATIVOS

Constata-se, desde o final do século passado, a valorização dos denominados métodos ativos no Ensino Superior. São métodos que propõem mudança significativa na maneira como os alunos se relacionam com o ensino, implicando, de certa forma, uma inversão do modelo pedagógico tradicional. Tanto é que uma de suas modalidades mais difundidas é a da "sala de aula invertida".

Os métodos ativos chegam mesmo a ser apresentados como os mais adequados para fazer frente à "modernidade líquida" (BAUMAN, 2001), que caracteriza nossa época. Isso porque, no mundo volátil em que vivemos, caracterizado por mudanças instantâneas e erráticas, teriam se tornado obsoletas as estruturas cognitivas sólidas e os valores estáveis que caracterizam a educação tradicional.

Embora sua eficácia seja amplamente reconhecida, nem sempre os métodos ativos são utilizados de maneira adequada, pois requerem do professor não apenas o domínio de conhecimentos técnicos, mas também a adoção de uma postura que vê os estudantes como protagonistas do processo de ensino-aprendizagem. Assim, foi elaborado o presente capítulo dedicado aos métodos ativos adotados para facilitar a aprendizagem. **Após estudá-lo cuidadosamente, você será capaz de:**

- conceituar métodos ativos;
- reconhecer os fundamentos teóricos da metodologia ativa;
- identificar as vantagens e as limitações dos métodos ativos;
- decidir acerca da conveniência de utilização das diferentes modalidades de métodos ativos no Ensino Superior.

9.1 Que são métodos ativos?

Métodos ativos é um termo utilizado para designar um amplo espectro de estratégias para facilitar a aprendizagem, que se caracterizam principalmente por serem centradas no aluno. Abrange, dentre outras, a aprendizagem baseada em projetos, a aprendizagem baseada em problemas, o método de caso, o aprendizado baseado em jogos e a sala de aula invertida. Refere-se, portanto, a métodos em que os alunos passam a ser os protagonistas do processo de aprendizagem, pois assumem a responsabilidade de aprender por si mesmos. Quando esses métodos são utilizados, o professor altera significativamente seu papel, pois deixa de ser o transmissor de conhecimentos para agir como facilitador ou mediador no processo ensino-aprendizagem.

Na aprendizagem ativa, os alunos envolvem-se mais diretamente na aprendizagem do que em outros métodos, pois são solicitados a fazer muito mais do que ouvir passivamente as preleções dos professores e executar as tarefas propostas. Eles leem, pesquisam, analisam, discutem, escrevem e se engajam na solução de problemas. Daí por que os métodos ativos são reconhecidos como privilegiados quanto ao alcance de objetivos nos diversos domínios da aprendizagem. Com efeito, são métodos adequados não apenas para a aquisição de conhecimentos, mas também para o desenvolvimento de habilidades e atitudes.

9.2 Fundamentos dos métodos ativos

Embora a difusão dos métodos ativos seja notada principalmente a partir da última década do século passado, suas origens podem ser encontradas em trabalhos de autores bem mais antigos. Autores como Jean-Jacques Rousseau (1712-1778), que criticava a educação elitista de seu tempo, que se escorava basicamente na repetição de conceitos e fórmulas, propondo sua substituição pela experiência direta dos estudantes, a quem caberia conduzir o aprendizado de acordo com o seu interesse. Ou como Johann Friedr, que propunha como base para a atividade didática utilizar a experiência anterior do aluno, associando o novo ao que já é conhecido. Ou, ainda, como John Dewey (1859-1952), que propunha que a aprendizagem se desse pela experiência, visto que os conteúdos ensinados em sala de aula seriam assimilados mais facilmente pelos alunos quando associados a situações de seu cotidiano.

A fundamentação dos métodos ativos, no entanto, associa-se mais intimamente aos trabalhos dos educadores associados às abordagens conhecidas como cognitivismo, construtivismo e conectivismo. A abordagem cognitivista volta-se à compreensão do processo cognitivo dos aprendizes e de sua interação com o contexto em que vivem. Desse contexto externo eles recebem constante *feedback*, que os auxilia na avaliação da adequação de seus pensamentos e ações. Trata-se, portanto, de uma abordagem que trata os alunos como agentes ativos do processo de aprendizagem, que tentam continuamente processar, categorizar e atribuir significado às informações oriundas do meio externo. Nessa visão, os alunos são constantemente desafiados a experimentar, descobrir e participar de atividades apropriadas a seus conhecimentos prévios, o que os leva a aprender de forma significativa.

A abordagem construtivista, que é ancorada em autores como Lev Vygotsky (1896-1934), Jean Piaget (1896-1980) e Paulo Freire (1921-1997), admite que o conhecimento é socialmente construído, e o papel do educador passa a ser o de estimular

Métodos ativos

essa construção, ou seja, ensinar a aprender. De acordo com essa perspectiva, os estudantes não são apenas aprendizes, mas pessoas com conhecimentos que precisam ser levados em consideração no ambiente escolar. Assim, o ensino passa a ser visto como um processo dinâmico, em que o estudante interage continuamente e não atua de forma estática, como geralmente ocorre no ensino tradicional.

A abordagem conectivista parte do princípio de que aprendemos ao entrar em contato com informações advindas das mais variadas fontes; nesse processo, aprendemos de forma contínua (SIEMENS, 2005). Trata-se, portanto, de uma abordagem que se baseia na premissa de que o conhecimento existe no mundo e não simplesmente na cabeça dos indivíduos. A aprendizagem é vista como um processo de conectar nós especializados ou fontes de informação. Assim, a habilidade para enxergar conexões entre áreas, ideias e conceitos torna-se uma habilidade fundamental a ser cultivada pelos estudantes. O conectivismo tem sido designado como uma teoria de aprendizagem para a Era Digital, por enfatizar o efeito que a tecnologia teve sobre a forma como as pessoas vivem, se comunicam e aprendem.

Com base na contribuição de autores vinculados a essas abordagens, pode-se definir alguns princípios que fundamentam a utilização de métodos ativos:

- Os alunos aprendem mais facilmente quando os conteúdos propostos se relacionam com a realidade em que vivem, sua experiência pessoal ou conhecimentos prévios.

- Os alunos aprendem mais quando são desafiados a refletir, questionar, problematizar e resolver problemas.

- Os alunos aprendem mais quando percebem que seus saberes, experiências e opiniões são valorizadas na construção do conhecimento.

- Os alunos aprendem mais quando são capazes de exercer algum controle sobre o conteúdo e a forma da aprendizagem.

- Os alunos apreciam a utilização de diferentes formas e meios de aprender.

- Os alunos se beneficiam com o *feedback* imediato proporcionado por professores e colegas.

- Os alunos, ao se envolverem ativamente com o aprendizado, alcançam mais facilmente objetivos de ordem superior, como análise, avaliação e criação.

A adoção desses princípios implica considerar o aluno como o protagonista no processo de aprendizagem. Assim, a relação entre professor e aluno, que tradicionalmente tem sido a de mestre e aprendiz, altera-se profundamente. Como a responsabilidade de aprender e colocada nas mãos do aluno, o principal papel do professor passa a ser o de facilitador da aprendizagem.

Os autores citados, ao preconizarem a adoção de métodos ativos, voltaram-se principalmente para o Ensino Básico, cuja população é constituída por crianças e adolescentes. Mas recomenda-se sua utilização também no âmbito do Ensino Superior. Mesmo porque, para os estudantes desse nível, aplicam-se os princípios da Andragogia, que é a arte ou ciência de educar adultos. De acordo com Knowles, Holton III e Swanson (2011):

Métodos ativos

- os adultos precisam saber o motivo pelo qual têm que aprender alguma coisa;
- a experiência (incluindo erros) fornece a base para atividades de aprendizagem;
- os adultos precisam ser responsáveis por suas decisões sobre educação;
- os adultos estão mais interessados em aprender assuntos que tenham relevância imediata para o seu trabalho e/ou vida pessoal;
- a aprendizagem de adultos centra-se mais no problema do que no conteúdo;
- os adultos são mais motivados por pressões internas, como desejo de maior satisfação no trabalho e qualidade de vida.

Com base, pois, nos princípios dos métodos ativos e da Andragogia e com apoio em autores que tratam de Metodologia do Ensino Superior, notadamente Svinicki e McKeachie (2014), Baepler *et al.* (2016), Weimer (2017) e Eng (2017), são apresentadas as características dos professores que se dispõem a adotar métodos ativos no Ensino Superior:

- Incentivam os alunos a pensar de forma ativa e criativa.
- Enfatizam mais a aquisição de competências do que a transmissão de informações.
- Incentivam a curiosidade dos alunos e a disposição para perguntar.
- Incentivam os alunos a expressarem ideias e sentimentos não apenas oralmente ou por escrito, mas também na forma de imagens, produtos tridimensionais, jogos e movimentos corporais.
- Incentivam os alunos a não temerem cometer erros.
- Criam uma atmosfera lúdica em sala de aula.
- Incentivam os alunos a trabalharem em grupo.
- Selecionam atividades atraentes.
- Incentivam os alunos a pesquisarem.
- Estimulam a utilização de múltiplos sentidos nas atividades de aprendizagem.
- Diversificam as estratégias para facilitar a aprendizagem.
- Solicitam *feedback* acerca de seu próprio desempenho.
- Reconhecem que nem todas as conclusões são previsíveis no desempenho de uma tarefa.
- Incentivam a autoavaliação dos alunos.
- Negociam metas e estratégias com os alunos.

9.3 Métodos de ensino ativo

A aprendizagem ativa, como já foi considerado, ocorre graças ao concurso de múltiplas estratégias, cuja característica essencial é a de que estão centradas nos alunos. Algumas dessas estratégias são bastante amplas e sua eficácia depende, frequentemente, de posturas adotadas pela instituição em que ocorre o ensino. Outras

Métodos ativos

estratégias são mais simples e aplicadas pontualmente pelos professores, podendo ocorrer em combinação com estratégias mais tradicionais. Assim, as primeiras são designadas como métodos, e as últimas, como técnicas.

Entre os principais métodos destinados a promover a aprendizagem ativa estão a aprendizagem baseada em projetos, o método de caso, a aprendizagem baseada em problemas, a aprendizagem baseada em jogos e a sala de aula invertida.

9.3.1 Aprendizagem baseada em projetos

Aprendizagem baseada em projetos é uma estratégia desenvolvida mediante atividades originadas da apresentação de tarefas propostas aos alunos para que as resolvam. Essas atividades correspondem a desempenhos que ocorrem no mundo real. É uma estratégia que conduz não apenas à aquisição de conhecimentos, mas também a habilidades importantes requeridas das pessoas na vida social e profissional, tais como: habilidades de comunicação, organização do tempo, participação em grupo, tomada de decisão e liderança. Trata-se, portanto, de um método ativo, pois o professor não explica aos alunos como desempenhar uma atividade, mas os convida a participar de ações concretas que conduzem ao desenvolvimento de competências para fazê-lo.

Embora frequentemente apresentada como método moderno, a aprendizagem baseada em projetos já é bastante antiga, pois foi proposta por autores como Kilpatrick (1918) e Dewey (1933), constituindo uma das principais bases das denominadas pedagogias ativas, que se desenvolveram em oposição à pedagogia tradicional baseada na instrução. De fato, a aprendizagem baseada em projetos constitui um dos mais efetivos instrumentos voltados à aprendizagem ativa, apresentando muitas vantagens em relação a outras estratégias:

- Por ser uma abordagem bastante prática, prepara o aluno para o mundo real, o mundo fora da sala de aula.
- Como as atividades vão além do estudo puramente acadêmico, o aluno passa a reconhecer o valor de seus esforços.
- Como os alunos trabalham juntos para resolver os problemas, contribui para o desenvolvimento de habilidades interpessoais.
- Oferece oportunidade para os alunos aplicarem os conhecimentos necessários à resolução de problemas.
- Favorece a interdisciplinaridade, visto requerer frequentemente a utilização de conteúdos de disciplinas diferentes.
- Estimula os alunos a fazer perguntas, pois elas são necessárias para a solução dos problemas.
- Dá aos alunos a oportunidade de trabalhar com especialistas e profissionais de diferentes áreas.

- Dado o seu caráter prático, coloca os alunos em posição de usar o conhecimento obtido.
- Por não identificar previamente a melhor solução, contribui para desenvolver o pensamento crítico.
- É uma estratégia eficiente para ajudar os alunos a compreenderem, aplicarem e avaliarem a qualidade das informações.
- Alunos que trabalham em projetos mostram maior motivação e engajamento em seus estudos.

A aprendizagem baseada em projetos pode ser desenvolvida com bastante flexibilidade. O essencial é que se apresente aos alunos um problema, que eles identifiquem possíveis soluções e, após definirem táticas apropriadas, passem à execução do projeto. Mas é possível detalhar sua execução considerando diferentes etapas sequenciais:

Formulação do problema

O problema deve ser constituído por uma questão que não possa ser respondida facilmente, mediante, por exemplo, consulta a livros ou a material disponibilizado pela internet.

Apresentação do desafio

O desafio pode ser constituído pela realização de uma pesquisa, elaboração de um produto específico ou de uma apresentação. Nessa etapa, é preciso garantir que a resolução do desafio envolva os conhecimentos e as habilidades que se deseja desenvolver.

Coleta das informações

Com o auxílio do professor, os alunos determinam as informações necessárias para enfrentar o desafio. Em seguida, identificam as fontes, coletam e discutem as informações necessárias para a elaboração do projeto.

Consecução do projeto

Esta é a etapa em que os alunos colocam em prática o que aprenderam com o projeto. Considere-se que o produto de projeto pode ser um relatório de pesquisa, um vídeo, um protótipo etc.

Apresentação do projeto

A apresentação do projeto é feita preferencialmente em sala de aula. Convém que haja definição prévia dos itens a serem abordados nessa apresentação.

Reflexão sobre o projeto

Este é o momento em que tanto os elaboradores do projeto quanto o professor e os demais alunos da turma atuam de forma cooperativa. Ao professor, especialmente, compete provocar a turma com questionamentos e fornecer *feedback* acerca do trabalho executado.

9.3.2 Método de caso

O método de caso foi introduzido por Christopher Langdell no curso de Direito da Universidade Harvard, em 1880, e foi motivado pela percepção de que os alunos poderiam aprender melhor estudando as decisões dos tribunais do que lendo textos jurídicos. Progressivamente, esse método foi sendo adotado em outros cursos, como o de Medicina, e tornou-se a estratégia fundamental de ensino da Harvard Business School por volta de 1910 (MCNAIR, 1954). Hoje, o método de caso vem sendo utilizado em muitos cursos universitários, principalmente nos campos de Administração, Educação, Medicina e em outros cursos da área de Saúde.

O método de caso distingue-se de outras estratégias de ensino porque envolve a descrição de situações reais vivenciadas por profissionais, e não construções elaboradas pelos professores. O que se espera com o uso dos casos é que o aluno se coloque no lugar da pessoa a quem cabe tomar a decisão ou resolver o problema. Apesar de terem sido retirados de situações reais para as quais muitas vezes houve uma decisão conhecida, esta não é apresentada, restando aos estudantes a tarefa de determinar qual a solução mais adequada. Os casos são utilizados apenas como catalisadores da discussão. Dessa forma, o aluno tem uma oportunidade para desenvolver habilidades requeridas na vida real em ambiente de sala de aula ou de laboratório.

Os casos devem corresponder a situações reais. Não podem ser constituídos por descrições fictícias. Sua elaboração começa com a definição do problema para o qual se espera que os estudantes encontrem respostas. Esse problema deve ser traduzido em objetivos operacionais, devendo, portanto, ser expresso com verbos que deixem claras as alterações pretendidas em termos de aprendizagem, por exemplo: identificar problemas, desenvolver conceitos, adquirir habilidades no uso de técnicas, desenvolver novas técnicas, adquirir habilidades na solução de problemas etc. A formulação desses objetivos é que irá determinar a direção a ser tomada na estruturação e apresentação do caso.

Tendo sido definidos os objetivos, a etapa seguinte consiste na localização de um ou mais casos cuja análise, discussão e solução correspondam a esses objetivos. Para localizá-los, o professor poderá valer-se de entrevistas com profissionais que lidam com o problema, consulta a colegas que lecionem a mesma disciplina ou disciplinas afins ou a pesquisadores.

Poderá também consultar anais de fóruns e congressos, relatórios de empresas, trabalhos de conclusão de curso e artigos publicados em revistas especializadas.

Depois de identificar o caso, o professor, após cuidadosa leitura, procura primeiramente identificar as variáveis relevantes que estão envolvidas. A seguir, passa a identificar os pontos mais importantes do caso e definir possíveis sequências lógicas de análise. Por fim, verifica a necessidade de material adicional para o seu entendimento pelos alunos e elabora um plano para orientar sua atuação.

Os alunos, por sua vez, precisam entrar em contato com o caso antes do início da aula. De posse dele, preparam-se individualmente para a aula. Após essa preparação, reúnem-se em pequenos grupos para discutir coletivamente os resultados a que chegaram.

Estando o professor e os estudantes devidamente preparados, passa-se, então, às atividades em sala de aula. Essa é a etapa que requer maior competência do professor, pois ele precisa desempenhar múltiplos papéis, que envolvem habilidade para expor, ouvir, clarificar, facilitar, organizar, analisar, sintetizar, avaliar e generalizar. Cada professor tende a adotar um estilo pessoal para conduzir a discussão do caso, mas de modo geral essa etapa se desenvolve observando o seguinte roteiro:

1. Introdução à aula, feita pelo professor, apresentando o tema.
2. Revisão da teoria associada ao caso.
3. Contextualização do caso.
4. Análise e discussão do caso, envolvendo diagnóstico, alternativas e decisão.
5. Conclusões.

O ponto central das atividades em sala de aula é a análise e discussão do caso. O professor pode iniciá-la formulando perguntas referentes ao problema. Havendo consenso acerca do problema, passa-se à identificação das alternativas. Uma vez identificadas, procede-se à análise dos prós e dos contras de cada uma delas. Para que essa tarefa seja adequadamente desenvolvida, convém que o professor se abstenha de críticas e comentários que ele considera irrelevantes ou inadequados. Também convém que o professor utilize o quadro para registrar e organizar as ideias que vão surgindo. É provável que haja mais de uma alternativa possível e que todas sejam razoáveis do ponto de vista técnico. Quando isso ocorrer, convém retomar os dados para verificar se há alguma pista que leve a decidir acerca da melhor. Outra possibilidade é basear-se numa teoria para apoiar o processo de decisão.

Passa-se, então, à discussão sobre a implementação da(s) alternativa(s) proposta(s). Mas convém, ainda, que o professor retome os objetivos da aula para verificar em que medida o caso atendeu a esses objetivos. O professor pode também fazer uma avaliação do processo de discussão, sendo conveniente elogiar a participação dos alunos e os resultados a que chegaram.

9.3.3 Aprendizagem baseada em problemas (ABP)

A aprendizagem baseada em problemas é uma estratégia em que os alunos trabalham com o objetivo de solucionar um problema. Trata-se, portanto, de estratégia de ensino centrada no aluno, que deixa o papel de receptor passivo e assume o de agente e principal responsável pelo seu aprendizado. Na ABP, os professores não atuam da maneira tradicional, mas como facilitadores do trabalho dos estudantes, auxiliando-os, por exemplo, com a indicação de recursos didáticos úteis para cada situação. Aos estudantes é que cabe identificar suas necessidades de aprendizagem, liderar discussões em classe e avaliar seu próprio trabalho e o de seus pares (DAHMS *et al.*, 2017).

A ABP apresenta semelhança com a metodologia da problematização, difundida por educadores progressistas na América Latina (FREIRE, 2002). Mas há diferenças significativas entre as duas abordagens. Na metodologia da problematização,

Métodos ativos

os alunos são orientados a analisar a realidade que envolve o tema em estudo, com vistas a identificar contradições que serão problematizadas e atuar intencionalmente para transformar a realidade. Na ABP, o que se pretende é que o aluno utilize problemas como ponto de partida com vistas a adquirir e integrar conhecimentos. Trata-se, portanto, de metodologia que utiliza uma lógica semelhante à da pesquisa científica, já que, a partir de um problema, constroem-se hipóteses e coletam-se dados, que são analisados e discutidos até se chegar a uma conclusão.

A ABP, em sua forma mais efetiva, envolve todo o currículo de um curso, como ocorre em algumas faculdades, sobretudo no campo da Saúde. Para tanto, é necessário que o curso esteja estruturado e organizado para que sejam aplicados os métodos e as técnicas pertinentes: os professores são preparados para atuar como tutores, os alunos organizam-se em pequenos grupos etc. Mas a ABP também pode ser utilizada no âmbito de uma disciplina, embora com algumas limitações.

A principal inspiração da ABP está provavelmente na Pedagogia Ativa ou Pedagogia da Ação, de Dewey (1933), a qual propõe que a aprendizagem deve partir de problemas ou de situações que conduzem a dúvidas ou descontentamento. A maior contribuição teórica, no entanto, vem do construtivismo, que se fundamenta no princípio de que os aprendizes não copiam nem absorvem ideias do mundo externo, mas constroem seus conceitos por meio da observação e experimentação ativa e pessoal. Para Bruner (1976), o aprendiz é um participante ativo do processo, pois seleciona e transforma o conhecimento recebido, constrói hipóteses e faz descobertas pessoais que podem ser generalizadas para as mais variadas situações. Mas o conhecimento pode ser expandido por meio da cooperação entre os agentes promotores do conhecimento. Nesse contexto, a principal responsabilidade do professor não se refere à transmissão de conhecimentos, mas ao oferecimento do "pano de fundo" e dos recursos que os estudantes necessitam para a solução do problema.

A ABP desenvolve-se ao longo de etapas. Como em sua forma mais efetiva envolve todo o currículo de um curso, as faculdades tendem a elaborar manuais para auxiliar os professores quanto aos procedimentos a serem adotados em cada etapa. Como o que foi elaborado por Walsh (2005) para a Faculdade de Ciências da Saúde da Universidade McMaster:

Identificação do problema
Para evitar que sejam tentados a diagnosticar o problema imediatamente, os alunos precisam ser encorajados a refletir profundamente sobre seu significado e suas causas.

Exploração do conhecimento preexistente
É provável que muitos alunos disponham de conhecimentos pévios e experiências relacionadas ao problema, mas os professores precisam garantir que todos participem desta etapa e auxiliem o grupo a considerar criticamente a informação que é trazida.

Geração de hipóteses

Com base nas discussões, os alunos geram hipóteses sobre a natureza do problema. Nesta etapa, o professor deve auxiliá-los para não caírem na armadilha de saltar para o diagnóstico e avaliação superficial do problema. O professor também precisa assegurar que todos os alunos estejam envolvidos nessa etapa e que as hipóteses geradas estejam relacionadas aos objetivos de aprendizagem.

Identificação de problemas de aprendizagem

Problemas de aprendizagem podem ser definidos como questões que não podem ser respondidas com o conhecimento atualmente disponível dentro do grupo. Eles podem, no entanto, ser administrados mediante inquérito cuidadoso. Deverá ficar claro para os alunos que os problemas de aprendizagem podem ser tanto individuais quanto grupais.

Autoestudo

Ao se chegar a esta etapa, deve ficar claro se os alunos irão se concentrar em todos os problemas de aprendizagem, ou se será mais apropriado que selecionem áreas para desenvolver o autoestudo. Espera-se, no entanto, que estejam conscientes de que irão trabalhar com o material trazido por outros membros do grupo. Isso porque, com frequência, os alunos estão tentados a se concentrar em áreas em que se sentem confortáveis.

Reavaliação e aplicação de novos conhecimentos ao problema

Esta é uma etapa crucial do processo. Aqui, o professor é desafiado a garantir que os alunos estejam ativamente envolvidos e trabalhando com seus novos conhecimentos. Deverão, portanto, ser encorajados a fazer perguntas e a explicar conceitos complexos uns aos outros, e a identificar e compreender os conceitos-chave aplicáveis ao problema.

Avaliação e reflexão sobre a aprendizagem

Antes que o problema possa ser considerado completo, é importante que cada aluno e o grupo tenham a oportunidade de refletir sobre o processo de aprendizagem que ocorreu. Isso inclui não apenas a revisão do aprendizado alcançado, mas também o fornecimento recíproco de *feedback* pelos membros do grupo.

9.3.4 Aprendizagem baseada em jogos

Aprendizagem baseada em jogos é uma metodologia focada na utilização de jogos na educação. Apoia-se, naturalmente, na concepção de "jogos sérios", ou seja, de jogos que não têm como propósito o entretenimento, mas são elaborados com o propósito explícito de facilitar a aprendizagem. São constituídos, portanto, por atividades que se desenvolvem em um contexto estruturado, em que os jogadores, mediante respeito às regras estabelecidas, buscam continuamente ultrapassar metas, tendo como objetivo final a vitória.

Métodos ativos

Em virtude da ampliação do uso de jogos em contextos outros que não o lazer, definiu-se também o conceito de gamificação, que corresponde à utilização de estratégias próprias dos jogos para tornar o processo de aprendizagem mais atraente. Assim, com vistas a distinguir entre os dois conceitos, estabelece-se que a gamificação aplica elementos ou estruturas de jogos a atividades de aprendizagem existentes, enquanto o aprendizado baseado em jogos consiste em atividades que são intrinsecamente semelhantes a jogos.

Em qualquer dos dois contextos, os jogos constituem-se como atividades privilegiadas para o alcance de objetivos de aprendizagem. Com efeito, os jogos apresentam uma série de benefícios, tais como:

Criação de uma atmosfera envolvente e motivadora

Os jogos proporcionam aos participantes um sentimento de satisfação, ampliando sua energia e a disposição para permanecer na atividade por longos períodos de tempo.

Criação de um ambiente competitivo

A situação de jogo leva os participantes a se esforçar ao máximo, encorajando-os a utilizar o trabalho em equipe com vistas à obtenção de resultados melhores do que os que conseguiriam obter individualmente.

Manutenção do foco

Como os assuntos são apresentados, analisados e discutidos em tempo real, os jogos favorecem a manutenção da atenção dos participantes nos tópicos abordados.

Fornecimento de *feedback* instantâneo

Os jogos informam continuamente os participantes acerca do acerto ou do erro na execução das tarefas. Garantem, portanto, a oportunidade de aprender com os próprios erros.

Desenvolvimento de habilidades de resolução de problemas

Os jogos trazem situações do mundo real para a sala de aula, possibilitando até mesmo a incorporação de objetivos físicos. Assim, possibilitam tratar a solução de problemas como objetivos a serem alcançados.

Estímulo à retenção de conhecimentos

Os jogos podem constituir uma experiência altamente envolvente e, consequentemente, memorável para os estudantes. Assim, contribuem para a compreensão e a retenção dos conhecimentos a que se relacionam.

São muitas as modalidades de jogos utilizáveis no Ensino Superior. Classificá-los não constitui atividade das mais fáceis. Mas é possível classificá-los em três grandes categorias: jogos tradicionais, jogos digitais e jogos de interpretação de papéis. Os

jogos tradicionais – como os de cartas e de tabuleiro – ainda se mostram válidos para o alcance de múltiplos objetivos, desde que os resultados obtidos dependam da estratégia adotada, e não do azar. Existem jogos úteis para o aprendizado de disciplinas como Matemática e Física. Também existem jogos de negócios – de tabuleiro e de cartas – que contribuem para o desenvolvimento de habilidades como planejamento, liderança, negociação e tomada de decisão.

Os **jogos digitais**, que vêm se tornando os de uso mais frequente na Educação, são criados para serem jogados com o auxílio de computadores ou de outros dispositivos eletrônicos, como *tablets* e *smartphones*. Esses jogos são regidos por *softwares* que fornecem a ambientação adequada para o jogo, apresentam as regras que definem o que os jogadores podem e não podem fazer, e também as consequências das decisões tomadas pelos jogadores. Seu uso ainda é mais difundido nos Ensinos Fundamental e Médio, sobretudo porque são considerados uma estratégia para "aprender brincando" e, consequentemente, mais aplicados a crianças e adolescentes. Mas seu uso vem se ampliando no Ensino Superior. Existem jogos disponíveis para as mais diversas matérias, e muitos professores desenvolvem os próprios jogos. Nos cursos de Administração, os jogos constituem estratégias privilegiadas em algumas disciplinas, em virtude, principalmente, do sucesso que encontraram no treinamento empresarial.

9.3.5   Sala de aula invertida

Sala de aula invertida (*flipped classroom*) é um método didático desenvolvido por Jonathan Bergmann, que recebeu esse nome por, de fato, inverter a lógica do aprendizado em sala de aula (BERGMANN; SAMS, 2016). De fato, como o material didático é disponibilizado para o estudante com antecedência, as "lições de casa" são feitas em aula e o aprendizado conceitual é desenvolvido em casa. Consequentemente, o estudante torna-se protagonista de sua própria educação e o professor assume o papel de tutor. Pretende-se com este método que os estudantes, depois de terem estudado antecipadamente os conceitos, usem a sala de aula para aprofundamento do conteúdo e realização de exercícios, principalmente em grupo. São muitos os benefícios proporcionados pela adoção desse método. Como os estudantes podem acessar conteúdos para estudar a qualquer momento e em qualquer lugar, o tempo de aula presencial pode ser reduzido e aproveitado para coletar informações relevantes para o curso. Por outro lado, como são eles mesmos que buscam as informações, passam a assumir um papel muito mais ativo. O professor, por sua vez, deixa de atuar como detentor e fornecedor do conhecimento, passando a atuar mais como um mediador, orientando os estudantes no processo de ensino.

9.4   Técnicas para facilitar a aprendizagem ativa

A aplicabilidade das estratégias anteriormente consideradas, como foi indicado, dependem, em boa medida, do apoio conferido pela instituição de ensino, já que envolvem a participação de todo o corpo docente e da disponibilidade de recursos técnicos que as apoiem. Mas há estratégias – aqui designadas como técnicas – que

Métodos ativos

podem ser aplicadas pontualmente pelos professores em combinação com as estratégias clássicas. As mais difundidas são descritas a seguir.

9.4.1 Pausas de esclarecimento

O propósito desta técnica é promover a "escuta ativa". Ao longo das aulas, principalmente logo após a apresentação de um ponto importante ou a definição de um conceito-chave, o professor faz uma pequena pausa e pede aos alunos para que elaborem um resumo do que acabaram de aprender. Os alunos também podem trocar informações com os colegas para comparar os resumos ou para captar informações que possam ter sido perdidas. O professor, por sua vez, pode caminhar pela classe para examinar as anotações e responder a questões.

9.4.2 Artigo de um minuto

Esta estratégia – que dura poucos minutos – geralmente é realizada ao final da aula, com o professor solicitando dos alunos que anotem o que de mais importante aprenderam durante a aula. As respostas são anônimas e entregues ao professor em uma folha de papel. O professor lê as respostas e passa a ter uma ideia do que os alunos aprenderam, das lacunas em seu conhecimento e da maneira como estão reagindo às suas aulas.

9.4.3 Compartilhamento de notas

Após a conclusão de um tópico importante, o professor pede aos alunos para que comparem suas anotações com a dos colegas que se sentam próximos e anotem elementos que porventura tenham passado despercebidos. É uma técnica muito útil para desenvolver a habilidade de anotar.

9.4.4 Pensamento compartilhado

Nesta estratégia, os alunos trabalham coletivamente para resolver um problema ou para responder a uma pergunta sobre determinada leitura. Ela requer que os alunos reflitam individualmente sobre um tópico e respondam a uma pergunta e, em seguida, compartilhem suas ideias com os colegas. É, pois, uma estratégia que, por requerer o compartilhamento, contribui para que os alunos se envolvam na compreensão do material apresentado.

9.4.5 Resumo da resposta de outro aluno

O professor solicita a um aluno para que responda a uma pergunta. Em seguida, pede a outro para que a resuma. É, pois, uma estratégia que estimula a atenção dos alunos para o que os seus colegas dizem, pois cada um deles pode ser convidado a resumir a pergunta elaborada pelos outros.

9.4.6 Quebra-cabeças

É uma técnica que faz com que os alunos dependam uns dos outros para terem sucesso. O professor divide as classes em grupos de aproximadamente cinco participantes. Cada um deles se incumbe de um tópico corrrespondente ao tema da aula. Após estudar o asunto, apresenta-o ao grupo. Em seguida, os alunos que estudaram o mesmo tópico se reúnem em grupos. Nesses novos grupos, os estudantes conciliam os pontos de vista, fazem um sumário do tópico e elaboram um relatório final. Por fim, os alunos se reúnem nos grupos originais e ouvem as apresentações de cada um dos seus membros.

9.4.7 Construção de questionários

O professor solicita aos alunos para que elaborem perguntas que poderiam ser utilizadas nas provas. Após coletar as questões, o professor pode utilizá-las tanto para compor a prova para avaliar o aprendizado da matéria quanto para subsidiar seções de revisão. O professor também pode solicitar aos alunos que discutam algumas das perguntas recebidas. Trata-se, portanto, de técnica que contribui para que os alunos se engagem ativamente na construção dos intrumentos de avaliação.

9.4.8 Mapas conceituais

Mapas conceituais são estruturas gráficas que ilustram as conexões existentes entre os conceitos abordados nas aulas. Após garantir que os alunos tenham compreendido o significado desses instrumentos, o professor lhes apresenta uma questão importante ou uma lista abrangendo os principais conceitos abordados durante a aula. Divide, então, os alunos em pequenos grupos para elaborar os mapas. Enquanto estes executam a tarefa, o professor circula pela sala, orientando-os. Depois que todos tiverem concluído a atividade, pede aos alunos que expliquem o que fizeram. Esse procedimento é facilitado quando se dispõe de equipamento que possibilite projetar os diagramas.

9.4.9 Solução de problemas

O professor pede aos alunos que em grupo apresentem soluções para determinado problema. Os grupos são, então, solicitados a apresentar suas respostas, cabendo ao professor esclarecer acerca de possíveis equívocos. Trata-se, portanto, de técnica bastante útil para que o professor identifique erros que estão sendo cometidos pelos alunos e que estes constatem se estão tendo as mesmas dificuldades que os outros.

9.4.10 Listas visuais

Os alunos, trabalhando em grupos, elaboram uma lista de pontos ou argumentos opostos relativos a uma questão específica. Após terem gerado a lista, o professor pede aos alunos para que a analisem mediante a formulação de perguntas apropriadas ao exercício. Grupos aleatórios são, então, selecionados para apresentar a lista para toda a classe.

9.4.11 Seções de revisão ativa

Diferentemente das seções tradicionais de revisão, em que os alunos perguntam e o professor responde, nas seções de revisão ativa o professor formula as perguntas e os alunos reunidos em grupo procuram respondê-las. Após algum tempo, são

Métodos ativos

convidados a apresentar suas soluções para a classe toda e discutir as diferenças entre as respostas fornecidas pelos diferentes grupos. São, pois, seções que não têm como objetivo preparar os alunos para os exames, mas auxiliá-los a reconhecer aspectos críticos das disciplinas e desenvolver habilidades intelectuais.

9.4.12 *Role-playing*

Role-playing (jogo de papéis) é a técnica em que os participantes se colocam no papel de determinado personagem, assumindo suas crenças e atuando de maneira coerente com elas. Seus fundamentos estão na teoria dos papéis, desenvolvida por Jacob Levy Moreno (1983), que combina elementos do teatro, da sociologia e da psicologia. Tata-se, portanto, de uma técnica que contribui para o desenvolvimento de habilidades mediante o desempenho de atividades em situações que se aproximam daquelas desempenhadas na vida real. Assim, é possível, por exemplo, utilizar o *role-playing* em situações como: uma entrevista de seleção, uma acareação policial, a venda de um produto, uma exposição, uma orientação acerca da utilização de métodos contraceptivos etc.

O desenvolvimento do *role-playing* pode assumir formas bastante variadas. Pode apresentar, por exemplo, as seguintes etapas:

Definição de objetivos

Os objetivos referem-se às habilidades que se pretende desenvolver. Podem se referir, por exemplo, à habilidade para administrar conflitos entre alunos na escola, para entrevistar candidatos a uma vaga ou para negociar o uso do preservativo em relações sexuais.

Elaboração do roteiro

Em termos gerais, o roteiro corresponde ao detalhamento das ações praticadas pelos atores no contexto da situação que está sendo estudada. Por exemplo, em uma situação de conflito no trabalho, pode-se elaborar um roteiro que envolva o incidente entre colegas, a reclamação por parte de um deles e a atuação dos superiores hierárquicos com vistas à sua administração.

Definição de papéis

Os papéis correspondem ao comportamento esperado das pessoas nas situações pessoais ou profissionais por ela vivenciadas. Por exemplo, na situação de conflito anteriormente mencionada é possível definir papéis como o de: assediador, vítima do assédio, superior imediato dos funcionários e árbitro da situação.

Seleção dos participantes

Os participantes são escolhidos entre os estudantes da classe. É preferível que o professor indique os participantes, mas não pode constrangê-los, visto que a participação de pessoas não motivadas prejudica o desenvolvimento do *role-playing*.

Preparação dos participantes e da audiência

Os participantes precisam estar bem informados acerca dos papéis e das situações em que estarão envolvidos. A audiência – que é constituída pelos demais integrantes da classe – precisa certificar-se de que não está ali para se entreter, mas para analisar o desempenho dos participantes.

Representação

É a etapa central da dramatização. Pode ser feita de diferentes maneiras, conforme os objetivos pretendidos.

Análise da representação

O professor desempenha um papel muito importante nesta etapa. Mas ele não pode atuar sozinho. Cabe-lhe incentivar os alunos a discutir o desempenho dos participantes. E não deve estar preocupado com a unanimidade dos pontos de vista; o que mais interessa neste momento é a análise crítica dos desempenhos.

LEITURAS SUPLEMENTARES

BERGMANN, Jonathan; SAMS, Aaron. *Sala de aula invertida*: uma metodologia ativa de aprendizagem. Rio de Janeiro: LTC, 2016.

Nesse livro, os criadores do conceito explicam como usar adequadamente a metodologia e as tecnologias associadas, obtendo mais autonomia, mais motivação e melhor desempenho.

LEAL, Edvalda Araújo; MIRANDA, Gilberto José: CASA NOVA, Silvia Pereira de Castro. *Revolucionando a sala de aula*. São Paulo: Atlas, 2017.

Nesse livro, são abordadas 15 técnicas de metodologias ativas de aprendizagem, desde as mais tradicionais, como a aula expositiva e o seminário, até as técnicas mais contemporâneas na área de negócios, como o *Problem-based learning* (PBL) e o *Role-playing*.

FILATRO, Andrea; CAVALCANTI, Carolina. *Metodologias inov-ativas*: na educação presencial, a distância e corporativa. São Paulo: Saraiva, 2018.

Esse livro esclarece acerca dos principais aspectos das inovações em educação por meio de quatro grupos de metodologias de ensino-aprendizagem: metodologias ativas, focadas no protagonismo do aluno; metodologias ágeis, com foco na gestão do tempo; metodologias imersivas, centradas na simulação da realidade; e metodologias analíticas, direcionadas à análise de dados produzidos na interação dos alunos com pessoas, conteúdos e ferramentas.

10

COMO PREPARAR ATIVIDADES PARA EDUCAÇÃO A DISTÂNCIA

Educação a distância é a modalidade de educação em que os alunos aprendem remotamente sem interação direta com os professores e outros alunos. Embora reconhecida por muito tempo como um "primo pobre" no contexto dos métodos educativos, vem sendo utilizada com frequência cada vez maior no âmbito do Ensino Superior, sobretudo após a ocorrência da pandemia de Covid-19.

Este capítulo é inteiramente dedicado a essa modalidade educativa. **Após estudá-lo cuidadosamente, você será capaz de:**

- definir educação a distância;
- reconhecer vantagens e desvantagens da educação a distância;
- identificar os fundamentos teóricos da educação a distância;
- reconhecer o papel do *design* instrucional na educação a distância;
- selecionar e organizar conteúdos para educação a distância;
- elaborar textos para educação a distância;
- preparar *podcasts* e videoaulas;
- criar *WebQuests* e fóruns de discussão;
- elaborar atividades avaliativas.

10.1 Significado de educação a distância

Durante muito tempo, adotou-se a expressão "ensino a distância" para designar a modalidade educativa em que alunos e professores estão em locais diferentes. Educação a distância é, no entanto, uma expressão mais adequada, pois indica não apenas o que o professor faz (ensino), mas o que se espera que o aluno alcance com o processo (aprendizagem). Assim, Moore e Kearsley (2014, p. 2) propõem a seguinte definição para educação a distância: "aprendizado planejado que ocorre normalmente em um lugar diferente do ensino, o que requer comunicação por meio de tecnologias e uma organização institucional especial".

Educação a distância existe há muito tempo. Iniciou-se ainda no século XIX, com os cursos por correspondência. Passou pelas transmissões por rádio e televisão, e, atualmente, caracteriza-se pela ampla utilização dos recursos proporcionados pela internet. Seu traço mais característico é a utilização das plataformas, que podem ser consideradas sistemas de gestão da aprendizagem desenvolvidas com o propósito de oferecer toda a estrutura necessária para a criação e a manutenção de cursos *on-line*.

10.2 Vantagens e desvantagens da educação a distância

Quando comparada às formas de educação tradicional, que são baseadas em atividades presenciais, a educação a distância apresenta uma série de vantagens, tais como:

- Conciliação das atividades educativas com as profissionais.
- Economia de tempo e dinheiro.
- Ajustamento do processo de aprendizagem ao ritmo do aluno.
- Possibilidade de estudar em qualquer lugar e a qualquer hora.
- Possibilidade de comunicação com os professores ou tutores.
- Disponibilização do material em plataformas de ensino.

Mas apesar das reconhecidas vantagens, a educação a distância também apresenta desvantagens:

- Dependência da tecnologia.
- Dificuldade de ajustamento do corpo docente.
- Ausência de contato direto com os professores e com os colegas.
- Motivação e disciplina dos alunos.

10.3 Fundamentos teóricos da educação a distância

A educação a distância desenvolveu-se de forma bastante empírica, beneficiando-se principalmente da análise das experiências que foram se sucedendo. Diferentes teorias, no entanto, passaram a ser adotadas com vistas a fundamentar a educação a distância. Algumas dessas teorias são as que classicamente foram constituídas para explicar o processo de aprendizagem, como o cognitivismo, o construtivismo e a andragogia, e que têm sido adotadas para justificar a utilização dos denominados métodos ativos. Outras, porém, foram formuladas com o propósito explícito de conferir fundamentação teórica à educação a distância, como a teoria do estudo independente, a teoria da distância transacional, a teoria da industrialização do ensino e a teoria da interação e comunicação.

Como preparar atividades para educação a distância

A **teoria do estudo independente**, criada por Charles Wedemeyer (1981), valoriza a educação a distância por definir a independência do aluno como a essência da aprendizagem. Essa teoria define seis características dos sistemas de estudo independente:
1. O aluno e o professor são separados.
2. Os processos normais de ensino e aprendizagem são realizados por escrito ou por meio de algum outro meio.
3. O ensino é individualizado.
4. A aprendizagem ocorre por meio da atividade do aluno.
5. O aprendizado é conveniente para o aluno em seu próprio ambiente.
6. O aluno assume a responsabilidade pelo ritmo de seu próprio progresso, com liberdade para começar e parar a qualquer momento.

A **teoria da distância transacional**, formulada por Michael Moore (1997), estabelece que a educação a distância não se caracteriza simplesmente pela separação geográfica entre professores e alunos, mas por um universo de relações que se dão quando alunos e professores estão separados no espaço e/ou no tempo. Essa separação conduz a padrões especiais de relações entre professores e alunos. Com a separação, surge um espaço psicológico e comunicacional, que Moore denomina distância transacional. Essa distância, por sua vez, precisa ser ultrapassada pelos professores, alunos e instituições educativas para que ocorra um processo de aprendizagem eficaz, deliberado e planejado.

A **teoria da industrialização do ensino**, formulada por Otto Peters, concebe a educação a distância como uma forma industrializada de ensino e aprendizagem (KEEGAN, 1994). Para seu criador, a educação convencional, sob muitos pontos de vista, seria uma forma pré-industrial de educação. Propôs, então, que a educação a distância seja analisada em comparação com a produção industrial, enfatizando aspectos como: racionalização, divisão do trabalho, mecanização, linha de montagem, organização, métodos de controle científico e padronização.

A **teoria da interação e comunicação**, elaborada por Börg Holmberg (1985; 2003), coloca o aluno e sua comunicação no centro do processo de ensino e aprendizagem na educação a distância. São centrais para o ensino e a aprendizagem as relações pessoais entre as partes envolvidas, o prazer de estudar e a empatia entre os alunos e aqueles que representam a organização de apoio. A teoria considera, ainda, que os sentimentos de empatia e pertencimento, que promovem a motivação dos alunos para aprender e influenciam favoravelmente a aprendizagem, podem ser desenvolvidos independentemente de qualquer contato pessoal com os professores ou tutores.

10.4   O *design* instrucional na educação a distância

Assim como no ensino presencial, as atividades desempenhadas pelos professores no ensino a distância são definidas mediante planejamento, que é um processo que envolve: formulação de objetivos, seleção de conteúdos, determinação das estratégias e recursos para facilitar a aprendizagem e elaboração de instrumentos de avaliação. Ocorre, porém, que, na educação a distância, as atividades didáticas tendem a envolver múltiplos atores, tais como: coordenador da disciplina, professor conteudista, tutor presencial, mediador a distância etc. As tecnologias e os meios de comunicação empregados também são bastante diversificados, podendo envolver textos escritos, utilização de áudio e vídeo, aplicativos de mídia etc. Assim, constata-se uma tendência para planejar o processo de educação a distância sob a perspectiva do que vem sendo designado como engenharia pedagógica ou *design* instrucional, que pode ser definido como "o processo de identificar um problema ou necessidade educacional e desenhar, implementar e avaliar uma solução para esse problema" (FILATRO, 2018).

O *design* instrucional refere-se, portanto, às ações intencionais que envolvem o planejamento, o desenvolvimento e a utilização de métodos, técnicas, atividades, materiais e produtos educacionais com vistas a facilitar a aprendizagem. Constitui, pois, um processo aplicável aos mais variados contextos educacionais, desde o ensino clássico, mas que se manifesta de modo bastante especial na educação a distância, que é caracterizada pela diversidade de atores, atividades, materiais didáticos, meios de comunicação e formas de mediação da aprendizagem.

Os elementos básicos do *design* instrucional podem ser organizados em uma matriz que abrange: objetivos de aprendizagem, papéis, atividades, duração, conteúdos, ferramentas e avaliação. Os objetivos referem-se ao que se espera dos alunos ao final de cada unidade de ensino. Os papéis e as atividades correspondem a quem faz o quê, com vistas a alcançar os objetivos. A duração é tempo estimado para a realização das atividades. Os conteúdos são definidos pelos tópicos e subtópicos referentes ao que o aluno deve aprender. As ferramentas correspondem às tecnologias usadas para a realização das atividades. E a avaliação, por fim, efetiva-se mediante instrumentos elaborados para verificar se os objetivos foram alcançados (FILATRO, 2018).

Fica evidente que, na elaboração do *design* instrucional, consideram-se os elementos constituintes do processo de planejamento de ensino, abordados no Capítulo 4 deste livro. Evidencia-se, porém, a importância dos conteúdos e dos meios adequados para que estes sejam assimilados pelos alunos. Considere-se, a propósito, que, na educação a distância, o professor, ao elaborar roteiros, apostilas, artigos, *e-books*, *podcasts*, videoaulas, é denominado conteudista.

O primeiro elemento a ser considerado na elaboração do *design* instrucional é a **formulação dos objetivos**, que devem indicar o que o aluno será capaz de fazer ao final de um curso ou unidade de ensino. Esses objetivos, de acordo com a taxonomia de Bloom, podem corresponder aos domínios cognitivo, afetivo ou psicomotor (ver Capítulo 4).

O segundo elemento corresponde à determinação dos **atores** e das **atividades** que comporão o programa educativo. Os principais atores são os alunos, já que

Como preparar atividades para educação a distância

desempenham o papel de aprendizes, em torno do qual gravitam todos os papéis de apoio, desempenhados por professores, conteudistas, especialistas, tutores, mediadores, preparadores de recursos audiovisuais etc. Pode ocorrer – como é muito frequente no Ensino Superior – que o professor responsável pela disciplina desempenhe a maioria ou mesmo a totalidade desses papéis. As atividades, por sua vez, correspondem às ações desenvolvidas para promover a aprendizagem, tais como leitura, exposição, discussão, pesquisa e avaliação.

O terceiro elemento – o mais central no *design* instrucional – refere-se aos **conteúdos**, que correspondem a tudo aquilo que o aluno deve aprender, envolvendo não apenas conhecimentos, mas também habilidades e atitudes (ver Capítulo 5).

Os conteúdos podem ser apresentados em diferentes linguagens. A linguagem oral, que tem sido a mais utilizada nas aulas presenciais, também é utilizada na educação a distância, na modalidade gravada, como ocorre nas videoaulas e nos *podcasts*. A linguagem escrita é utilizada na maioria das comunicações que ocorrem ao longo do curso, tais como: guias de estudo, apostilas, textos complementares, orientações para atividades e avaliações. A linguagem visual, por fim, vem se tornando cada vez mais frequente nas comunicações realizadas na educação a distância, sob a forma de ilustrações que complementam textos escritos, *slides* compartilhados em videoconferências ou vídeos.

O quarto elemento corresponde às **tecnologias**, constituídas pelos veículos utilizados para comunicar os conteúdos. Essas tecnologias podem ser classificadas em: distributivas, interativas e colaborativas (LOTUS INSTITUTE, 1996), cuja escolha depende do modelo instrucional adotado. As tecnologias distributivas (de um para muitos) centram-se na figura do professor. São adequadas para um modelo mais diretivo, voltado principalmente para a aquisição de conhecimentos. Os principais recursos para viabilizar essa tecnologia são o material impresso, a televisão, os *slides*, as videoaulas gravadas e os *podcasts*. As tecnologias interativas (de um para um) partem de um pressuposto pedagógico centrado no aluno, enfatizando a descoberta e o ajustamento ao nível de aprendizagem. Os principais recursos são: multimídia interativa, hipermídia e *softwares* individuais. As tecnologias colaborativas (de muitos para muitos) são baseadas na *web*, possibilitando a discussão entre os participantes. Os principais recursos são: *e-mails*, *chats*, fóruns e editores colaborativos de texto.

O quinto elemento – **avaliação** – refere-se aos mecanismos adotados para a verificação da aprendizagem. A avaliação pode ser: diagnóstica, quando utilizada para aferir os conhecimentos e as habilidades dos alunos antes do início das atividades; formativa (desenvolvida ao longo do processo), quando é utilizada para que o aluno tome conhecimento de seu progresso, mediante *feedback* do professor e dos outros alunos; ou, ainda, somativa, quando é aplicada ao final do curso ou unidade de ensino, implicando a atribuição de notas ou conceitos para indicar em que medida os objetivos de aprendizagem foram alcançados (ver Capítulo 13).

115

10.5 Elaboração de conteúdos

A educação a distância centra-se nos conteúdos reconhecidos como necessários para que os alunos alcancem os objetivos de aprendizagem. Esses conteúdos são veiculados em diferentes formatos, como textos escritos, *podcasts* e videoaulas. Sua elaboração requer, porém, a adoção de uma sequência de estratégias: seleção e organização dos conteúdos, ordenação sequencial dos conteúdos, seleção de fontes confiáveis e estabelecimento do diálogo didático.

10.5.1 Seleção e organização dos conteúdos

As primeiras decisões a serem tomadas no processo de elaboração dos conteúdos referem-se à sua seleção e organização. Ou seja, à definição dos conteúdos a serem abordados nos cursos e sua organização em um todo coerente. **É necessário, portanto, reconhecer conteúdos que correspondam**, de forma representativa e atualizada, aos objetivos pretendidos. Isso implica procurar livros, artigos de revistas, vídeos e outros materiais relacionados aos tópicos dos conteúdos dos cursos.

O mais fundamental nesta etapa é selecionar fontes confiáveis. As fontes consideradas mais confiáveis são as primárias, que correspondem ao material elaborado diretamente pelos autores. Mas é importante considerar que nem sempre as fontes primárias são expressas em linguagem acessível aos alunos, sendo conveniente, nesse caso, selecionar fontes secundárias, que se tornam mais adequadas ao perfil dos alunos.

Porém, não basta selecionar conteúdos adequados; é preciso que estes sejam organizados. Essa tarefa é facilitada com a construção de mapas mentais, que são diagramas elaborados a partir de uma ideia central que se articula com outras ideias, tornando-se semelhante a uma árvore com raízes e galhos (BUZAN; GRIFFITHS, 2013). Cada uma das ramificações são desdobramentos de um conceito que, nesse caso, corresponde ao título do curso ou da unidade. Nos mapas mentais, os conceitos são inseridos em retângulos ou balões. A relação entre eles, por sua vez, é indicada por linhas que os interligam. Esses conceitos são apresentados hierarquicamente, com os mais gerais no topo e os mais específicos abaixo.

Os mapas mentais podem ser construídos com o auxílio de *softwares*, como CMap Tools, X Mind, Mindmeister, FreePlane e FreeMind, sendo esses dois últimos gratuitos. Eles também podem ser elaborados com a utilização de recursos mais simples, como lápis e papel. A Figura 10.1 apresenta um mapa mental elaborado para representar o relacionamento entre os principais conceitos constantes de uma unidade de determinado curso.

Como preparar atividades para educação a distância

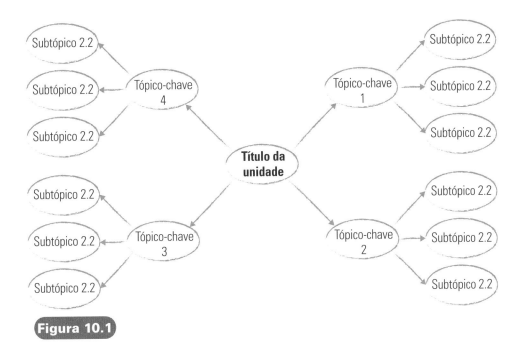

Figura 10.1

10.5.2 Ordenação sequencial dos conteúdos

Com o auxílio dos mapas mentais, torna-se possível estabelecer a ordenação lógica entre os tópicos da unidade de ensino. Mas também é preciso ordená-los em uma sequência que leve em consideração os interesses e as dificuldades dos alunos. Diferentes abordagens referentes à organização dos conteúdos são apresentadas no Capítulo 5, podendo ser consideradas em relação ao seu sequenciamento. Com efeito, a forma de organização e apresentação da informação é tão importante quanto o próprio conteúdo (WURMAN, 2005). Torna-se necessário, portanto, definir um critério para a ordenação, por exemplo: partir dos conteúdos mais simples para os mais complexos, partir dos conteúdos considerados mais fundamentais, ir do todo para as partes, considerar a sequência cronológica etc.

10.5.3 Seleção das fontes

Os conteúdos são definidos pelo professor com base no que reconhece ser importante para o aprendizado dos alunos. Eles devem ser ajustados à realidade social e à linguagem dos alunos. Devem, também, ser expressos em um tom que revele tanto o apreço pelo conhecimento quanto pelo aluno.

Os conteúdos devem ser originais. O que não significa, porém, que o professor seja o produtor do conhecimento. O que ele rigorosamente faz é selecionar material capaz de representar da forma mais fidedigna possível o conhecimento disponível acerca dos tópicos selecionados. Essa é, pois, uma tarefa que, no âmbito da educação a distância, pode ser definida como de curadoria, que envolve pesquisar, descobrir,

Como preparar atividades para educação a distância

filtrar, contextualizar e disponibilizar conteúdos em diferentes formatos visando às necessidades dos alunos (FILATRO, 2018).

Os conteúdos a serem disponibilizados originam-se de múltiplas fontes. As mais clássicas são: livros, artigos publicados em periódicos científicos, teses, dissertações e comunicações apresentadas em eventos científicos. Mas outras fontes vêm sendo consideradas com frequência cada vez maior na educação a distância: meios de comunicação de massa, vídeos, *podcasts*, redes sociais, *blogs* etc.

Na seleção das fontes, é preciso considerar sua confiabilidade. Material produzido por instituições acadêmicas, institutos de pesquisa, organizações internacionais e nacionais reconhecidas estão entre as mais confiáveis, em virtude, principalmente, de sua estabilidade e lastro institucional. Já materiais produzidos com finalidade comercial, religiosa ou político-partidária são menos confiáveis. O material didático disponibilizado pela internet precisa ser analisado criteriosamente, pois esses nem sempre passam pelo crivo de um conselho editorial ou pela avaliação da comunidade científica.

É preciso cuidar para que a linguagem utilizada nessas fontes seja acessível aos alunos. São frequentes os casos de publicações científicas que, por envolverem linguagem sofisticada, repleta de jargões técnicos, são inacessíveis a muitos alunos. Torna-se conveniente, portanto, selecionar as fontes cuja linguagem seja mais adequada. Ou, então, promover a sua adaptação, mediante o enxugamento do texto e sua reescrita.

10.5.4 Estabelecimento do diálogo didático

O domínio dos conteúdos pelos alunos, qualquer que seja a modalidade educativa, requer o estabelecimento de uma efetiva comunicação didática entre quem ensina e quem aprende. Na educação a distância, como acentua Garcia Aretio (2001), essa comunicação baseia-se em um diálogo mediado entre o professor e o estudante, que, por estar localizado em espaço diferente, aprende de forma independente.

De acordo com esse autor, o diálogo entre professor e aluno da educação a distância dá-se em função de três aspectos presentes nas interações: intermediação, tempo e canal. Em função da intermediação, o diálogo pode ser presencial ou não presencial. Em função do tempo, pode ser síncrono (quando ocorre em tempo real) ou assíncrono (quando não ocorre em tempo real). E em função do canal, pode ser real, quando é mediado por alguma tecnologia de comunicação, ou simulado, quando ocorre por meio de suportes de mídia, como textos impressos e vídeos. Nesse último caso, o aluno interage com o material produzido, conduzindo a um diálogo imaginário entre o autor do material e o usuário.

Cabe, portanto, ao professor envolvido na elaboração de conteúdos exercitar o diálogo didático simulado, que implica se colocar no lugar dos alunos a ponto de se sentir interagindo com eles. O que se procura nesse diálogo é estabelecer, ainda que de forma imaginária, uma relação que favoreça a adoção de uma linguagem pessoal e interativa. É, possível, por exemplo, apresentar o conteúdo mediante a

Como preparar atividades para educação a distância

utilização de algumas perguntas que eles provavelmente fariam. Ou, então, valer-se de expressões como: "Você pode achar que ...", "Talvez você queira perguntar por que ...", "Creio que você esteja imaginando que...".

Entre os cuidados que devem ser tomados na construção do diálogo didático simulado, estão: (1) apresentação dos conteúdos em linguagem clara e coloquial; (2) indicação do que os alunos devem fazer ou evitar e do que deve merecer mais atenção; (3) estímulo à troca de ideias e reflexão; e (4) adoção de estilo pessoal pelo uso de pronomes pessoais e possessivos (FILATRO, 2018).

10.6 Elaboração de textos

A forma mais tradicional – e, provavelmente, ainda a mais utilizada – de veiculação de conteúdos na educação a distância é a do texto didático. Foi a base dos cursos ministrados por correspondência e, atualmente, é utilizado sob a forma impressa ou digital. Sua elaboração constitui tarefa relativamente complexa, pois requer de seu autor muito mais do que experiência com aulas presenciais, já que os textos didáticos, para que sejam úteis no processo de mediação pedagógica, precisam levar em consideração não apenas a adequação dos conteúdos, mas também outros aspectos, como a linguagem adotada e os recursos de apoio.

10.6.1 Características dos textos didáticos

Os textos didáticos são geralmente elaborados por professores especialistas em determinada área do conhecimento, o que é muito importante para garantir que seu conteúdo seja digno de crédito. Mas nem sempre esses professores – mesmo que acostumados a elaborar artigos e fazer apresentações em eventos científicos – dispõem de experiência na elaboração de textos didáticos. Com efeito, os artigos e as comunicações científicas são destinadas a um público especializado, que não apenas domina os assuntos abordados, mas também dispõe de motivação para pesquisar nesse campo. Não é esse o público mais característico dos cursos a distância, o que indica a necessidade de ajustamento do texto aos traços desse público.

O texto deve ser expresso em linguagem clara, simples, direta, objetiva, de preferência coloquial, com moderada densidade de informação e acessível ao universo cultural do aluno. Deve conversar com o aluno, aproximando-o. Deve ser elaborado de forma tal que os alunos possam relacionar seu conteúdo com o que já sabem. Deve estimular o aluno a buscar outras fontes de consulta para o aprofundamento dos conteúdos. Deve, ainda, ser elaborado de tal forma que os alunos possam acompanhar a evolução de seu aprendizado, mediante exercícios que possibilitem que avalie o seu próprio progresso.

10.6.2 Estruturação do texto

O texto didático é composto genericamente de três partes: introdução, desenvolvimento e conclusão. A **introdução** tem por finalidade despertar o interesse do aluno pelo assunto e estimulá-lo a prosseguir na sua leitura. Recomenda-se, portanto, que se inicie com a apresentação de questões provocativas ou de um caso real que problematize o tópico. Também é possível iniciá-la com uma figura ilustrativa que desperte a atenção dos alunos. Ou, ainda, com uma epígrafe, ou seja, com a citação de um autor renomado no campo.

Cabe, ainda, na introdução, apresentar os objetivos de aprendizagem. Esses objetivos devem esclarecer o que se pretende que o aluno seja capaz de fazer após estudar cuidadosamente o texto. Convêm, pois, que sejam apresentados de forma desafiadora e detalhada para proporcionar o entendimento acerca do que deve ser alcançado. Cabe, por fim, proceder à apresentação sintética das unidades que serão desenvolvidas ao longo do texto.

No **desenvolvimento** do texto, passa-se ao detalhamento de cada uma das unidades indicadas na introdução. É, pois, a parte mais extensa do texto didático. Deve ser apresentada de forma expositiva, incluindo todos os elementos necessários para a compreensão do assunto, bem como de exemplos e análise de situações.

É conveniente que o texto seja desenvolvido em unidades independentes. Assim, cada tópico é constituído pela apresentação de conhecimentos novos, mas cada um deles se inicia com um resgate da unidade anterior. É importante, ainda, considerar que a linguagem seja adequada para incentivar reflexões e anotações.

A **conclusão** tem como propósito estimular o aluno a revisar e sintetizar o conteúdo apresentado ao longo do texto. Deve, portanto, retomar os objetivos de aprendizagem, apresentar um resumo dos tópicos abordados, reafirmar a relevância do tema e fazer uma conexão com o curso como um todo.

10.6.3 Elaboração dos tópicos

O texto didático é constituído de vários tópicos, cada um deles correspondendo a um assunto bem definido, mas diretamente relacionado com o tema geral do texto. Cada tópico corresponde a uma seção ou subseção do texto, recebendo, portanto, um título. A base para a estruturação dos tópicos é o parágrafo, que é constituído pelo agrupamento de frases relacionadas a uma ideia central.

Para garantir que as ideias apresentadas no tópico fiquem bem articuladas e distribuídas de maneira clara, precisa e objetiva, recomenda-se que os tópicos apresentem:

- **Parágrafo de abertura.** Antecipa as ideias que serão abordadas ao longo do tópico. Deve estar relacionado aos conhecimentos prévios do aluno ou aos temas já tratados em tópicos que o antecederam. É importante que seja elaborado como um convite à reflexão acerca do assunto abordado.

- **Parágrafos de desenvolvimento.** Correspondem aos subtópicos. São utilizados para explicitar o significado de cada um deles, para fornecer exemplos, bem como para esclarecer a relação com os outros subtópicos. Não existem regras

Como preparar atividades para educação a distância

acerca da extensão desses parágrafos, mas pode-se estabelecer que três frases para cada um deles é um número satisfatório.

- **Parágrafo de conclusão**. É construído para finalizar a apresentação do tópico. Não inclui nenhuma novidade, mas estabelece relação com o próximo tópico a ser apresentado.

10.6.4 Recursos de apoio

Esses recursos, que são elaborados após a redação e a diagramação do texto, são apresentados nas margens laterais e servem para complementar o conteúdo apresentado. São inseridos em caixas de destaque com o título do recurso, seguido de um pequeno texto. Os recursos mais utilizados são: alertas, textos complementares, chamadas para reflexão, glossários e leituras complementares.

Os **alertas** são utilizados para chamar a atenção do estudante para riscos, armadilhas ou erros frequentes na aprendizagem de determinado conteúdo (FILATRO, 2018). São apresentados próximo ao tópico com o qual se relacionam em caixas com títulos como: "Atenção", "Fique atento" e "Importante".

Os **textos complementares** acrescentam informações importantes sobre o assunto que podem ser de interesse do aluno. São geralmente indicados sob títulos que apontam seu caráter complementar, como "Saiba mais".

As **questões para reflexão** são apresentadas para que o aluno reflita sobre pontos críticos presentes no texto. São utilizadas também para estimular o aluno a pesquisar sobre determinado tema. São apresentadas, geralmente, sob a forma interrogativa, mas também podem ser trabalhadas com títulos alternativos, como: "Para refletir", "Momento de reflexão" e "Reflita a respeito".

As **leituras complementares** servem para indicar uma leitura ou vídeo relacionado ao assunto abordado. Envolvem não apenas a citação do material, mas também uma breve descrição de seu conteúdo. Quando o material é disponibilizado na internet, faz-se a indicação do *link*.

Os **verbetes de glossário** são utilizados para explicitar o significado dos termos-chave que aparecem no texto. São destacados sempre na primeira ocorrência do termo.

10.6.5 Ilustrações

Ilustrações são elementos adicionados ao texto para explicá-lo ou complementá-lo visualmente. Há muitos tipos de ilustração: gráficos, tabelas, quadros, gravuras, fotografias, mapas, esquemas, desenhos, cartuns etc. São muito úteis para facilitar a compreensão dos conteúdos. Devem, porém, ser utilizados com parcimônia, pois tendem a ser mais atraentes que o texto, podendo comprometer a atenção do aluno.

Imagens podem ser facilmente obtidas com as câmeras digitais embutidas nos *smartphones*, mas é preferível utilizar fotografias e ilustrações disponíveis em bancos de imagens. Cabe lembrar, no entanto, que muitas imagens são protegidas por direitos autorais, sendo importante a leitura dos termos de uso para conhecer as

121

possibilidades de sua utilização. Cabe, ainda, ressaltar que o Código Civil protege os direitos de imagem das pessoas, incluindo seus traços fisionômicos, corpo, gestos e indumentárias, e prevê penas para sua violação.

Para bem inserir ilustrações no texto, deve-se observar a Norma NBR 6029, da ABNT. Essa norma estabelece que as ilustrações devem ser colocadas o mais próximo possível do texto a que se referem. Estabelece também que devem receber um título colocado na parte inferior, com numeração por ordem de ocorrência, seguida pela fonte.

10.7 Preparação de *podcasts*

Podcasts são arquivos de áudio que ficam disponíveis na internet para serem escutados a qualquer momento. Como o *podcast* é produzido para ser ouvido, pode ser consumido em caminhadas, no trem, no metrô, no ônibus ou enquanto se realiza outra atividade. Pode, portanto, ser utilizado para gravação e disponibilização das aulas de forma rápida e simples. Pode, também, ser utilizado com outros propósitos, tais como: 1) fornecer material complementar; 2) dar instruções para o desempenho de atividades de campo; 3) disponibilizar entrevistas; 4) reproduzir reportagens, conversações em idioma estrangeiro, músicas e sons da natureza.

A preparação de um *podcast* constitui tarefa simples. Ele pode ser produzido artesanalmente com boa qualidade. Sua preparação requer, no entanto, a observância de uma sequência de passos:

1. **Escolha do tema.** O tema do *podcast* deve estar vinculado aos objetivos de aprendizagem.

2. **Planejamento do conteúdo.** Pode consistir apenas na determinação dos tópicos principais e na anotação de dados e nomes difíceis de serem memorizados. Mas as informações podem ser organizadas também em um texto escrito, com a introdução de outros elementos sonoros, se for o caso.

3. **Gravação.** Requer cuidados prévios com os equipamentos e com o local. Cuidados especiais devem ser tomados em relação aos elementos da fala: dicção, ênfase, entonação, ritmo, altura e intensidade.

4. **Edição.** Após a gravação, é preciso editar o *podcast* para o corte de partes desnecessárias, inserção de trilha sonora (se for recomendável) e eliminação de problemas como sons indesejados e desnivelamentos do áudio.

10.8 Preparação de videoaulas

Vídeoaula é uma modalidade de conteúdo digital em formato de vídeo. Em virtude de sua praticidade, efetividade e baixo custo, constitui um dos principais recursos utilizados na educação a distância. Tem sido adotada de forma exclusiva em muitos cursos, mas deve ser utilizada preferencialmente em combinação com

Como preparar atividades para educação a distância

outras modalidades. A videoaula pode ser transmitida ao vivo – de forma síncrona –, quando os alunos assistem ao mesmo tempo em que o professor a apresenta, ou para acesso posterior – de forma assíncrona –, no horário em que os alunos julgarem mais conveniente.

Seu amplo reconhecimento deve-se ao fato de simular o ambiente de aula tradicional. Tanto é que muitas plataformas de ensino a distância – como o Google Sala de Aula – apresentam elementos que remetem aos ambientes em que se realizam as aulas. De fato, as videoaulas possibilitam uma efetiva interação entre o professor e o aluno. O professor assume um papel preponderante na apresentação de conteúdos, ocupando, na maior parte do tempo, o centro da tela.

A produção de videoaulas não depende de grandes investimentos e recursos. Mas para que esse recurso seja efetivo, é necessário que o professor detenha *expertise* nos assuntos abordados. Também é necessário que seja precedido de rigoroso planejamento, pois, como os alunos estão distantes, o professor precisa antecipar suas possíveis reações aos conteúdos apresentados. Assim, em sua preparação, devem ser consideradas as etapas descritas a seguir.

10.8.1 Criação do roteiro

O roteiro é a base para a condução da videoaula. Como qualquer outra atividade didática, requer definição clara dos objetivos de aprendizagem. Com base nesses objetivos é que são selecionados os pontos principais do conteúdo e antecipado o tempo necessário para a explicitação de cada um dos tópicos.

O roteiro das videoaulas pode ser elaborado em tópicos ou de forma detalhada. O roteiro em tópicos é mais adequado para aulas ao vivo, pois possibilita maior nível de improvisação e de identificação emocional com os alunos. Já o roteiro detalhado é mais adequado para as videoaulas gravadas, em que se espera maior controle sobre o resultado final, pois os alunos tenderão a ser mais críticos em relação a possíveis falhas e improvisos.

10.8.2 Preparação do cenário e dos equipamentos

O ideal é que a gravação das videoaulas ocorra em estúdios, que dispõem de equipamentos e de profissionais de apoio. Mas não é o que sempre ocorre. Assim, o professor precisa cuidar para que a gravação ocorra preferencialmente em um local neutro, sem interferências de luz e de som, e sem chances de interrupção. Também é necessário providenciar todos os equipamentos essenciais para a gravação, como câmeras, microfones e *spots* de luz. Cabe, no entanto, considerar que os *smartphones* mais recentes possibilitam capturar vídeo em alta definição com razoável nível de qualidade.

10.8.3 Preparação do professor

Como o professor exerce um papel preponderante na videoaula, é necessário não apenas que domine o tema a ser abordado, mas que seja capaz de falar bem e de forma coerente. Se bem que, quanto mais familiarizado o professor estiver com o assunto, mais naturais, provavelmente, serão sua fala e postura. E os alunos, por

123

estarem fixados na tela do computador ou do *smartphone*, poderão facilmente perceber o quanto o professor está seguro ou não.

Entre os cuidados a serem tomados na preparação para as videoaulas, estão:

- Assistir a algumas videoaulas antes de gravar e obter dicas de quem já domina a técnica.

- Aquecer a voz e alongar-se antes de gravar.

- Usar roupas confortáveis e neutras. Evitar estampas como listras, xadrez ou brilhos, pois podem provocar distorções no vídeo.

- Cuidar para que a apresentação física não contribua para transmitir uma imagem desfavorável. Trata-se, evidentemente, de uma questão crítica, mas cabe considerar a influência que pode ser determinada por cabelos mal cortados ou mal penteados, unhas maltratadas, barba malcuidada, maquilagem exagerada, joias muito vistosas etc.

10.8.4 Apresentação da videoaula

A situação de apresentação da videoaula pode parecer muito artificial para os professores habituados às aulas presenciais. Mas é possível, com a tomada de alguns cuidados, estabelecer um diálogo com os alunos, mesmo a distância:

1. **Manter o corpo ereto, olhando diretamente para a câmera.** É importante que a câmera esteja na mesma altura dos olhos para manter uma "conversa olho no olho".

2. **Controlar a tensão muscular.** É normal empolgar-se com um assunto interessante e sobre o qual se tem domínio. Expressar sentimentos na aula é positivo, mas é preciso evitar excessos.

3. **Falar com clareza.** É importante articular bem as palavras para que os alunos entendam o que está sendo dito. Também é preciso cuidar para que a entonação, a pronúncia e o ritmo da fala não desagradem a audiência.

4. **Respirar entre as frases.** É importante para indicar pausas e transições de tópicos.

5. **Atentar-se à gesticulação.** Os gestos com as mãos e com a cabeça contribuem para reforçar o significado das falas, principalmente quando se quer chamar a atenção para tópicos importantes. É preciso, porém, evitar a gesticulação excessiva, que pode se tornar maçante.

6. **Atentar para as expressões faciais.** Elas comunicam sentimentos e emoções. É preciso, portanto, cuidar para que sejam consonantes com a mensagem que se deseja passar.

10.9 Criação de *WebQuests*

WebQuest é uma estratégia didática orientada para a pesquisa em que praticamente todos os recursos são provenientes da internet. É geralmente realizado com pequenos

Como preparar atividades para educação a distância

grupos com base em um roteiro de visitação a *sites* selecionados pelo professor. Seu propósito é a solução de uma tarefa.

Como a maioria das informações utilizadas em uma *WebQuest* provém da internet, o mais interessante é apresentá-la mediante um *site* especialmente criado para esse fim. Mas é possível desenvolvê-la por meio de um serviço de *blog* ou até mesmo de um editor de texto que possa ser salvo como página da *web*.

Embora o professor disponha de ampla liberdade para desenvolver suas *WebQuests*, seu criador, Bernie Dodge (1995; 1997), sugere que se considerem as seguintes fases:

Introdução. O professor apresenta as informações básicas da pesquisa, orientando os alunos acerca do que irão encontrar na atividade proposta. Trata-se do momento de aproximação do aluno com o objeto de estudo, devendo, portanto, ser elaborada de forma a despertar o interesse sobre o tema, motivando-o a começar.

Tarefa. Consiste no detalhamento do que se espera que os alunos realizem ao final da atividade. A tarefa baseia-se em uma situação-problema a ser resolvida pelo grupo. Para engajar os alunos, é necessário que seja relevante, atraente, importante, urgente e agradável.

Processo. Consiste na descrição passo a passo do que os alunos irão realizar para concluir a tarefa. Pode incluir estratégias para dividir a tarefa em subtarefas, descrições de papéis a serem desempenhados pelos membros do grupo ou perspectivas a serem adotadas por cada aluno. Inclui também a pré-seleção dos recursos necessários para realizar a tarefa, que podem ser materiais não encontrados na web, como videoconferências, livros e interações face a face.

Avaliação. Consiste na definição dos critérios segundo os quais os alunos serão avaliados. É importante que a avaliação se refira à tarefa específica que foi proposta para que as pontuações sejam claras, consistentes e justas.

Conclusão. É a fase em que o professor e os alunos falam sobre o que deu certo e o que deu errado, do que gostaram e do que não gostaram, e oferecem sugestões para tornar a atividade melhor ou mais atraente. É, pois, uma oportunidade de resumir a experiência, encorajar a reflexão sobre o processo, estender e generalizar o que foi aprendido, ou alguma combinação dos dois.

Dodge (1997) recomenda também a elaboração da **Página do professor**, que fornece informações adicionais a qualquer professor que queira usar a mesma *WebQuest* em sua própria sala de aula. Essa página é útil para fornecer dados necessários para planos de aula.

10.10 Criação de fóruns de discussão

Fóruns de discussão são espaços disponibilizados no ambiente virtual de aprendizagem para compartilhar conhecimentos e opiniões, e, principalmente, para debater temas específicos por meio do envio e da distribuição de mensagens. Constitui, pois, um espaço dinâmico que possibilita aos alunos aprofundar-se nos conteúdos abordados nas aulas, sanar dúvidas e debater diferentes assuntos. Constitui, também, um importante canal que promove o estreitamento das relações dos alunos com seus colegas e professores.

Os fóruns podem ser desenvolvidos mediante perguntas simples propostas pelo professor para serem respondidas pelos alunos. Mas podem ter como foco temas específicos, apresentados em formato de artigos, estudos de caso e vídeos. Podem, também, focar-se em uma situação-problema proposta aos alunos para que reflitam e indiquem sua resposta, opinião ou interpretação.

É possível, portanto, identificar diferentes modalidades de fóruns. Uma delas é aquela em que é permitida a inclusão de apenas uma discussão simples, sendo possibilitado aos alunos apenas a postagem de respostas. Outra modalidade é a do fórum aberto, em que todos os participantes podem adicionar novos tópicos ou responder a tópicos adicionados pelos demais participantes. Outra modalidade é aquela em que cada participante pode criar somente um novo tópico para discussão, tornando-se o seu moderador, enquanto os demais ficam livres para responder às mensagens de forma ilimitada.

Os fóruns, por serem abertos, favorecem a livre discussão. Mas é preciso evitar que fujam aos objetivos que determinaram sua criação. Assim, convêm que o professor proporcione aos participantes a orientação adequada para manter o foco da discussão. Nesse sentido, uma recomendação útil é a da elaboração de um roteiro que identifique o título da discussão, os objetivos que se pretende alcançar, as orientações para participar da discussão e os critérios para avaliação da participação dos alunos.

10.11 Elaboração das atividades avaliativas

Como na educação a distância o aluno está distante do professor, é necessário que haja um sistema eficaz de monitoramento e avaliação. Assim, a inserção de materiais de avaliação nas atividades é necessária para que os professores fiquem sabendo se seus alunos estão tendo dificuldades para acompanhar o curso. Dessa forma, torna-se possível determinar que tipo de ajuda os alunos estão necessitando (MOORE; KEARSLEY, 2013).

São múltiplas as possibilidades de inserção de tópicos avaliativos nas atividades didáticas. As mais usuais são as provas objetivas, as provas discursivas e as provas práticas, que são consideradas no Capítulo 13. Mas podem, também, estar inseridas no âmbito dos métodos ativos, como a aprendizagem baseada em projetos, método de caso, aprendizagem baseada em problemas e aprendizagem baseada em jogos, que foram abordados no Capítulo 9.

As atividades de avaliação são inseridas nos textos didáticos, nas videoaulas e em outras formas de veiculação de conteúdos. Devem ser inseridas progressivamente, à medida que as instruções vão evoluindo, para proporcionar ao aluno o *feedback* que lhe possibilita avaliar o seu desempenho, bem como ações reparadoras ao longo do processo. Essas atividades correspondem à avaliação formativa. Mas a avaliação deve ocorrer também ao final da unidade ou do curso, para indicar em que medida a unidade instrucional possibilitou o alcance dos objetivos estabelecidos.

LEITURAS SUPLEMENTARES

MOORE, Michael G.; KEARSLEY, Greg. *Educação a distância*: sistema de aprendizagem on-line. São Paulo: Cengage Learning, 2013.

Constitui uma bem elaborada introdução à educação a distância. Trata, entre outros aspectos, da criação e do desenvolvimento de cursos, dos papéis do instrutor, das características dos alunos e da gestão da educação a distância.

FILATRO, Andrea. *Como preparar conteúdos para EAD*: guia rápido para professores e especialistas em educação a distância, presencial e corporativa. São Paulo: Saraiva Educação, 2018.

Esse livro fornece importantes indicações acerca da elaboração de conteúdos para a educação a distância. Abrange, entre outros tópicos: a elaboração de textos didáticos, a elaboração de gráficos educacionais, a preparação de videoaulas, a preparação de roteiros de cursos e a elaboração de instrumentos de avaliação.

11

COMO UTILIZAR O ENSINO HÍBRIDO (*BLENDED LEARNING*)

Ensino híbrido é a modalidade de ensino que combina harmonicamente elementos do ensino presencial e do ensino a distância. Representa, portanto, uma oportunidade para integrar os avanços tecnológicos proporcionados pelo ensino *on-line* ao ensino presencial, que ainda é a modalidade mais adotada no Ensino Superior. Daí o fascínio que vem exercendo nos professores empenhados na modernização de sua atuação docente.

Adotar o ensino híbrido significa, porém, muito mais do que adotar, ainda que intensamente, recursos tecnológicos às aulas tradicionais. Assim, elaborou-se o presente capítulo, que tem como propósito esclarecer acerca da potencialidade do ensino híbrido e das formas de sua aplicação no Ensino Superior. **Após estudá-lo cuidadosamente, você será capaz de:**

- conceituar ensino híbrido;
- reconhecer as vantagens e as limitações do ensino híbrido;
- distinguir as diferentes modalidades de ensino híbrido;
- identificar as etapas da implementação do ensino híbrido;
- conduzir aulas invertidas.

11.1   O que é ensino híbrido?

Ensino híbrido (*blended learning*) é a modalidade de ensino em que o estudante aprende, em parte, em um local físico que não é sua casa, e, em outra parte, mediante recursos *on-line*, mas com algum controle em relação ao tempo, ao local, à trajetória e ao ritmo de aprendizagem (HORN; STAKER, 2015). Pode ser entendido como a ligação entre a sala de aula tradicional e o ensino a distância. Essa modalidade não pode, porém, ser confundida com a tendência de equipar as salas de aula com programas de computador e outros recursos tecnológicos, pois requer necessariamente algum tipo de controle por parte do estudante. Não pode ser confundido, por exemplo, com a modalidade de ensino em que o professor transmite o conteúdo da disciplina *on-line* para os estudantes utilizando uma lousa eletrônica. Também não pode ser confundido com a modalidade em que os estudantes aprendem conteúdos *on-line* e retornam às classes físicas para repeti-los em aula presencial. O ensino híbrido requer que as atividades de ensino estejam conectadas harmonicamente para fornecer uma experiência de aprendizagem integrada.

Praticamente todo ensino ministrado contemporaneamente envolve componentes *on-line*. Com a disseminação da internet e das plataformas digitais, constata-se a existência de uma ampla diversidade de aplicações no ensino, que incluem: utilização de *notebooks*, *tablets* e *smartphones* em sala de aula, aulas em ambientes remotos, leituras individuais *on-line*, pesquisa em bases eletrônicas de dados e participação em seminários, *workshops* e comunidades *on-line*. Todavia, mesmo com a ampla utilização desses elementos, o que se constata, de modo geral, é que eles vêm sendo empregados como complementos das aulas presenciais. O que é explicado, provavelmente, pelo dogma do valor da aula presencial, que a reconhece como a mais efetiva modalidade de ensino, a despeito das muitas críticas que lhe vem sendo feitas por ser excessivamente transmissiva e unidirecional. Mas já se reconhece que um programa de educação a distância bem estruturado pode ser tão bom quanto um presencial. E que a principal justificativa para a manutenção do ensino presencial está em seus componentes social e afetivo, ausentes no ensino a distância.

11.2   Vantagens do ensino híbrido

Quando comparado com o ensino presencial e com o ensino a distância, o ensino híbrido apresenta muitas vantagens para as instituições de ensino, professores e estudantes:

- **Redução de custos.** O ensino híbrido exige menor quantidade de salas de aula, menor número de professores e menores gastos com deslocamento.

- **Aplicação a grandes grupos.** Graças à combinação, o ensino híbrido pode ser oferecido a grandes grupos, pois, em boa parte do tempo, os estudantes ficam envolvidos com atividades *on-line*.

- **Acesso permanente aos recursos de ensino.** Desde que se tenha uma boa conexão com a internet, os recursos *on-line* estão sempre disponíveis. E como, de modo geral, o ensino híbrido oferece um fórum público, torna-se possível aprender com a experiência dos outros e obter soluções sem a assistência do professor.

Como utilizar o ensino híbrido (*blended learning*)

- **Estudo no próprio ritmo.** No ensino híbrido, os estudantes, embora participem de aulas presenciais, podem estudar no seu próprio ritmo: os que se mostram mais rápidos que os outros não precisam esperar por eles, e os que se mostram mais lentos podem dispor de mais de tempo para aprender.

- **Aprendizado personalizado.** O ensino híbrido oferece a possibilidade de cada estudante obter um aprendizado personalizado, de forma a atender às suas necessidades.

- **Eficiência na comunicação.** Graças às plataformas de aprendizado *on-line*, o ensino híbrido oferece uma grande variedade de ferramentas que possibilitam comunicações oportunas e em tempo real, tais como: mensagens instantâneas, *e-mails*, discussão *on-line*, ferramentas de classificação *on-line* e caixas de depósito.

- **Aprendizado colaborativo.** Como no ensino híbrido os alunos utilizam muitas ferramentas de colaboração, eles podem se ajudar de uma maneira mais adequada dentro ou fora da sala de aula. Nessa modalidade de ensino, também se ampliam as possibilidades de colaboração entre o professor e os estudantes.

- **Acompanhamento do desenvolvimento de habilidades e do desempenho dos alunos.** Adotando ferramentas adequadas, o professor passa a ter acesso fácil aos dados referentes às habilidades e ao desempenho dos estudantes.

11.3 Desvantagens do ensino híbrido

Apesar de muitas vantagens, o ensino híbrido apresenta desvantagens:

Necessidade de infraestrutura e custos de manutenção. Enquanto o ensino presencial, pelo menos em sua forma mais primitiva, requer apenas sala de aula, lousa e giz, o ensino híbrido requer da instituição de ensino uma infraestrutura essencial, que pode ser custosa.

Necessidade de conhecimento da tecnologia. Os estudantes e os professores precisam ter conhecimento suficiente de tecnologia para o desenvolvimento de tarefas *on-line*. Seus usuários tenderão a ficar irritados se não souberem acessar o conteúdo de aprendizado ou usar os dispositivos.

Excesso de trabalho dos professores. Pelo menos nos estágios iniciais de implantação do ensino híbrido, a quantidade do trabalho do professor tende a aumentar significativamente.

Problema de plágio e de credibilidade. Para muitos alunos, é difícil resistir à tentação de pesquisar material na *web* ou obter dicas instantâneas dos colegas, o que compromete a avaliação justa e a qualidade do curso. Daí a necessidade de um sério esforço de conscientização dos alunos acerca dos perigos do plágio e da utilização de recursos *on-line* não confiáveis.

Problemas de motivação. Nem todo modelo de ensino híbrido é adequado a todas as categorias de idade, escola ou organização. Dependendo de como está configurada, essa modalidade de ensino pode diminuir a motivação de seus participantes.

11.4 Modelos de ensino híbrido

Embora o ensino híbrido esteja ainda nos primeiros estágios de seu desenvolvimento, já é possível estabelecer que a maioria dos cursos se enquadra em quatro modelos principais: de rotação, flexível, *à la carte* e enriquecido (HORN; STAKER, 2015).

11.4.1 Modelo de rotação

Este é o modelo em que, dentro de determinada disciplina, os estudantes alternam entre diferentes modalidades de ensino, sendo, pelo menos, uma delas *on-line*. Entre essas modalidades, estão: instrução em classes amplas ou pequenos grupos, projetos grupais, tutoria individual e trabalhos escritos. Esse modelo pode assumir diferentes formatos:

> **Rotação por estações.** Neste formato, em determinado curso ou disciplina, os estudantes alternam, em horário fixo ou a critério do professor, diferentes modalidades de aprendizagem em sala de aula, sendo, pelo menos, uma delas *on-line*. A rotação pode envolver a turma inteira, alternando as atividades conjuntamente, ou ocorrer após a subdivisão da turma em pequenos grupos, com as atividades se alternando entre eles. Trata-se de uma modalidade que requer poucas alterações nas instalações das salas de aula, e como permite que os professores trabalhem com pequenos grupos, mostra-se adequada para turmas grandes.
>
> **Laboratório rotacional.** Dentro de determinado curso ou disciplina, os estudantes alternam, também em horário fixo ou a critério do professor, entre os locais (laboratórios) do *campus*, e pelo menos um deles desenvolve atividades predominantemente *on-line*. Essa modalidade requer o provisionamento de pelo menos um laboratório de informática.
>
> **Sala de aula invertida.** É o modelo de rotação mais difundido. Dentro de determinado curso ou disciplina, os estudantes alternam, em horário fixo, entre as atividades desenvolvidas *on-line* em local remoto, geralmente em casa, e a prática presencial no *campus*, guiada por professor. Nessa modalidade, as atividades *on-line* são dedicadas ao aprendizado conceitual, e as aulas presenciais, às "lições de casa", pois é nesse momento em que é feita a internalização dos conceitos essenciais, mediante sua discussão com a turma e orientação do professor.
>
> **Rotação individual.** Dentro de determinado curso ou disciplina, os alunos alternam, em horário fixo personalizado individualmente, entre as modalidades de aprendizagem, sendo, pelo menos, uma delas *on-line*. São os professores que definem os horários individuais dos alunos. Nesse modelo, diferentemente dos anteriores, os estudantes não necessariamente rodam para cada estação ou modalidade de aprendizagem. Assim, permite-se que cada estudante trabalhe no seu próprio ritmo e utilize a modalidade que melhor funciona para ele no aprendizado de diferentes temas.

11.4.2 Modelo flexível

Neste modelo, o ensino *on-line* constitui a espinha dorsal da aprendizagem, mas o conteúdo e a instrução são fornecidos em ambiente tradicional. O professor encontra-se permanentemente no local, supervisionando e planejando outras atividades, como instruções individuais ou em pequenos grupos e desenvolvimento de projetos.

Como utilizar o ensino híbrido (*blended learning*)

Assim, os estudantes passam a ter opções para uma exploração mais profunda de alguns tópicos. É, pois, um modelo que oferece grandes oportunidades de individualização, tanto em termos de ritmo quanto de conteúdo.

11.4.3 Modelo *à la carte*

Modelo em que os estudantes escolhem entre uma ou mais disciplinas inteiramente *on-line*, enquanto participam de um curso predominantemente presencial. Os estudantes podem cursar as disciplinas *on-line* tanto no *campus* quanto fora do local.

11.4.4 Modelo enriquecido

Neste modelo, os estudantes desenvolvem a maioria das atividades em casa, mas frequentam a escola para participar de atividades presenciais consideradas necessárias. Difere da sala de aula invertida porque não requer obrigatoriamente a frequência diária às aulas, e difere de um curso totalmente *on-line* porque as experiências presenciais são obrigatórias.

11.5 Etapas do ensino híbrido

Embora haja diversos modelos de ensino híbrido, é possível apresentar algumas etapas que precisam ser seguidas para sua efetivação no Ensino Superior. Dada, porém, a flexibilidade que caracteriza essa modalidade de ensino, nem sempre é observada a sequência aqui apresentada.

11.5.1 Diagnóstico de necessidades e expectativas dos alunos

O ensino ministrado deve ser produto de um planejamento rigoroso baseado no conhecimento da realidade em que este se insere. O que implica não apenas reconhecer o *status* da disciplina no contexto do curso, mas também as necessidades e as expectativas dos alunos. Isso pode ser feito mediante a aplicação de testes prévios ou entrevistas ao vivo ou em salas de aula virtuais.

11.5.2 Elaboração do plano do curso ou da disciplina

Tendo em vista o diagnóstico das necessidades e expectativas dos alunos, procede-se à definição dos objetivos, dos conteúdos, das atividades de aprendizagem, dos materiais instrucionais e dos instrumentos de avaliação. É importante, nessa etapa, adaptar os conteúdos, as atividades e os materiais aos diferentes estilos e preferências dos alunos, sem deixar, evidentemente, de considerar as necessidades do curso e/ou da disciplina.

11.5.3 Determinação do nível de interatividade

Esta é uma das etapas centrais, que implica determinar o quanto do ensino será transmitido em sala de aula e o quanto ocorrerá por meio de atividades a distância ou de autoaprendizado. Embora essa atividade se caracterize pela flexibilidade, as

Como utilizar o ensino híbrido (*blended learning*)

aulas presenciais, de modo geral, não excedem a um terço da carga horária total do curso.

11.5.4 Determinação do modelo de ensino

Tendo sido determinado o nível desejável de interatividade, passa-se à determinação do modelo mais adequado de ensino híbrido, que pode ser, de acordo com a classificação proposta por Horn e Staker (2015): rotação por estações, laboratório rotacional, sala de aula invertida, rotação individual, modelo flexível, modelo *à la carte* ou modelo enriquecido.

11.5.5 Escolha das ferramentas

Com base nos objetivos, conteúdos, atividades e nível desejado de interatividade, procede-se à determinação das ferramentas, que podem servir para múltiplos propósitos, como: comunicação, gerenciamento da aprendizagem, produção de conteúdos, compartilhamento de informação e avaliação da aprendizagem.

11.5.6 Planejamento das atividades de cada tópico

É importante definir objetivos específicos para cada um dos tópicos que compõem o curso ou disciplina. Fica mais fácil, dessa forma, definir as atividades de aprendizagem. Considere-se, por exemplo, que, de acordo com os objetivos, selecionam-se as atividades mais adequadas. O que significa que, para cada tópico, a distribuição das atividades presenciais e a distância podem variar significativamente.

11.5.7 Promoção do engajamento

O engajamento dos alunos deve ser procurado constantemente no ensino híbrido. Importante papel nesse sentido é conferido às aulas presenciais. Assim, tornam-se relevantes as seguintes considerações:

1. Iniciar o curso com uma seção de apresentação ao vivo. É importante não apenas para se apresentar aos alunos, mas para possibilitar que eles se apresentem uns aos outros, "quebrando o gelo". Também é importante para proporcionar uma visão geral e a apresentação do cronograma do curso.
2. Agendar uma reunião ao final de cada tópico, a fim de discuti-lo, favorecer a reflexão, proporcionar *feedback* e avaliação.
3. Utilizar exemplos da vida real e estimular os alunos a contribuir com suas próprias experiências.
4. Fornecer *feedback* constante, oportuno e específico.
5. Reservar algum tempo ao final de cada seção para responder às perguntas dos alunos.
6. Incluir tarefas e atribuições que envolvam os alunos e incentivem o aprendizado ativo.

11.5.8 Avaliação

Como qualquer outra modalidade educativa, o ensino híbrido requer a inclusão de um plano de avaliação para verificar o progresso dos alunos. Assim como a

Como utilizar o ensino híbrido (*blended learning*)

determinação dos conteúdos e a seleção de estratégias de aprendizagem, a efetiva avaliação decorre também dos objetivos definidos para o curso ou disciplina. As múltiplas possibilidades de avaliação são discutidas no Capítulo 13.

Cabe ressaltar que avaliação não se restringe apenas às atividades de aprendizagem, mas à eficácia do curso como um todo, o que requer ações específicas de parte dos gestores do curso. Mas o professor também desempenha importante papel nesse processo. Assim, recomenda-se que, ao final de cada tópico e do curso, seja conduzida uma seção presencial para discussão, reflexão, *feedback* e avaliação.

11.6 Utilização da sala de aula invertida

A sala de aula invertida, já considerada no Capítulo 9 como método ativo de aprendizagem, é o modelo de ensino híbrido mais difundido. Isso porque requer poucas alterações nas instalações das salas de aula e sua condução fica a cargo principalmente do professor, não requerendo maior envolvimento de outros atores.

Embora sendo frequentemente considerada uma revolução na educação, sua concepção á bastante simples: o material didático é disponibilizado para os alunos com antecedência, as "lições de casa" são feitas em aula e o aprendizado conceitual é feito em casa. Mas são muitas as suas vantagens. Ela auxilia estudantes que são muito ocupados; ajuda alunos com diferentes habilidades a se superarem; cria condições para que os alunos "pausem" e "rebobinem" o professor; intensifica a interação professor-aluno; possibilita aos professores conhecer melhor seus alunos; e aumenta a interação aluno-aluno (BERGMANN; SAMS, 2016).

A sala de aula invertida é conduzida com bastante flexibilidade. Mas é possível identificar algumas etapas que se dão ao longo do processo.

11.6.1 Planejamento do curso

Como qualquer outra atividade educativa, o ensino híbrido inicia-se com o seu planejamento. O que implica identificar as necessidades dos alunos, a definição dos objetivos, a determinação dos conteúdos, a seleção das estratégias e recursos para facilitar a aprendizagem, bem como os instrumentos de avaliação. Ênfase especial, no entanto, deve ser conferida à estruturação do curso em tópicos com a definição do formato mais adequado para o seu desenvolvimento (presencial ou a distância)

11.6.2 Apresentação do curso

O que se pretende com esta etapa é preparar os alunos para as atividades que serão desenvolvidas. Ênfase especial deverá ser conferida à busca do envolvimento e da participação dos alunos na sala de aula invertida. Recomenda-se, para tanto, a comunicação clara das expectativas, esclarecendo o que se deseja que eles façam, e a quantidade de tempo que deverão dispender para se preparar para as aulas. Recomenda-se também que essa etapa seja desenvolvida presencialmente, mas em um clima que favoreça ao máximo a participação dos alunos.

135

11.6.3 Preparação do material

Todo o material necessário para o desenvolvimento do curso precisa ser preparado com antecedência, para garantir que esteja disponibilizado para os alunos com tempo suficiente para que desenvolvam todas as atividades previstas para serem realizadas em casa.

O material pode ser elaborado pelo próprio professor ou selecionado entre o que está disponível *on-line*. É preciso, porém, garantir que a seleção e a disponibilização desse material não violem direitos autorais.

Esse material pode incluir:

- **Vídeos.** Podem ser elaborados pelo professor ou estar disponíveis *on-line*, abrangendo palestras, tutoriais, entrevistas etc. Convêm que esses vídeos sejam curtos (não excedendo 30 minutos). Com vistas a garantir maior envolvimento dos alunos, convêm inserir nesses vídeos perguntas de orientação para auxiliá-los na identificação dos tópicos mais importantes, nos quais precisam se concentrar.

- **Textos *on-line*.** Os textos podem ser elaborados pelo professor ou constituídos de partes de livros, artigos publicados em periódicos, postagens de *blogs* etc. Nesse tipo de material, também podem ser incluídas perguntas de orientação referentes aos tópicos mais importantes.

- **Apresentações de *slides*.** Coleções de *slides*, desde que bem elaboradas, podem ser utilizadas para organizar as lições e apresentá-las de forma envolvente.

- ***Podcasts.*** Arquivos de áudio digitais são úteis nas aulas invertidas, porque os alunos podem baixar em seus *smartphones* ou *tablets* e ouvir quando quiserem. Convêm, também, inserir perguntas de orientação.

- ***Screencasts.*** São vídeos filmados a partir da tela de um computador, podendo ser acompanhados de narração ou de escritos na tela. Permitem a geração de vídeos com baixo custo, já que sua criação não depende de estúdios. São eficazes para a introdução de novos conceitos e o fornecimento de informações complexas. Convêm, também, inserir perguntas de orientação.

11.6.4 Avaliação da aprendizagem dos alunos

Esta etapa é importante porque possibilita ao professor saber o quanto os alunos aprenderam antes das atividades em sala de aula. Com base nessas informações, o professor pode – se julgar necessário – alterar as atividades previstas para serem desenvolvidas em sala de aula, para maior envolvimento dos alunos.

Entre as técnicas utilizadas para essa avaliação, estão:

- questionários de autoavaliação;
- questões de múltipla escolha ou de resposta curta;
- fóruns de discussão *on-line*;
- mapas mentais;
- resumo dos materiais estudados.

Como utilizar o ensino híbrido (*blended learning*)

Para que as avaliações sejam úteis, elas devem ser enviadas ao professor com antecedência, para que este possa fornecer o *feedback* adequado.

11.6.5 Atividades em sala de aula

Com base nos resultados da avaliação, o professor seleciona atividades a serem desenvolvidas em sala de aula com vista a auxiliar os alunos no processo de aprendizagem. São atividades caracterizadas pelo papel ativo dos alunos e pela interação com colegas e professor. Essas atividades podem ser individuais ou grupais.

As atividades individuais são propostas quando o professor julga conveniente revisar os conteúdos abordados durante o trabalho fora da sala de aula antes de passar para as atividades em grupo. Entre as atividades individuais, estão:

- questões para reflexão acerca de alguns tópicos considerados mais complexos;
- propostas de resolução individual de problemas com vistas à aplicação prática dos conceitos aprendidos;
- elaboração de artigos curtos indicando o que de mais importante foi aprendido durante o trabalho fora da sala de aula.

As atividades grupais – as mais comuns na sala de aula invertida – são utilizadas para ajudar os alunos a compreender melhor os conteúdos e descobrir novos conhecimentos. Entre as atividades em grupo, estão:

> **Discussões em grupo.** Ocorrem da forma tradicional. Cabe, porém, ao professor atuar como animador da discussão para evitar o consenso prematuro dos alunos.
>
> **Pensamento compartilhado.** Nesta estratégia, os alunos trabalham coletivamente para resolver um problema ou para responder a uma pergunta específica sobre determinado texto ou vídeo.
>
> **Agrupamento de afinidades.** Em grupo, os alunos discutem e procuram identificar como e por que determinadas informações podem ser agrupadas em uma categoria.
>
> **Estudos de caso.** Os alunos analisam um caso referente a um problema da vida real que tenha a ver com o que foi estudado fora da sala de aula.
>
> **Grupo de observação/grupo de verbalização.** Uma parte dos alunos senta-se em círculo e participa de uma discussão. Os demais sentam-se em um círculo externo e assistem à discussão, analisando criticamente o conteúdo e/ou a lógica dela. Em seguida, os participantes do círculo externo discutem o que ocorreu na primeira fase e procuram fornecer uma visão adicional sobre o tópico.

11.6.6 Avaliação do progresso dos alunos

Na sala de aula invertida, a avaliação é uma atividade constante que ocorre ao longo de todo o processo didático. Convém, porém, incluir, ao final de cada módulo, uma atividade específica de avaliação, que pode conter questionários, questões objetivas, questões discursivas ou mesmo um resumo do que os alunos aprenderam. Os alunos também poderão ser convidados a participar de discussões em fóruns, o que se mostra interessante não apenas para auxiliar na avaliação do progresso deles, mas também para identificar as áreas que requerem melhoria.

137

LEITURAS SUPLEMENTARES

HORN, Michael B.; STAKER, Heather. *Blended*: usando a inovação disruptiva para aprimorar a educação. Porto Alegre: Penso, 2015.

Trata-se de importante guia de referência para implementar o ensino híbrido nas escolas e para construir um sistema educacional centrado no aluno.

BERGMANN, Jonathan; SAMS, Aaron. *Sala de aula invertida*: uma metodologia ativa de aprendizagem. Rio de Janeiro, 2016.

Livro escrito pelos criadores do conceito de sala de aula invertida, que apresentam as razões que justificam a inversão da sala de aula e explicam como implementar o processo.

12

UTILIZAÇÃO DE RECURSOS TECNOLÓGICOS

Com vistas a tornar a comunicação mais eficaz, os professores valem-se da utilização de recursos tecnológicos. Durante muito tempo, esses recursos limitavam-se ao tradicional quadro-negro e aos projetores de transparências. Mas, com o aprimoramento da tecnologia educacional, notadamente a relacionada à internet, ampliaram-se significativamente as possibilidades de utilização desses recursos em sala de aula.

Quando se pensa em tecnologia aplicada ao Ensino Superior, pensa-se imediatamente no uso da informática, que privilegia o uso de computadores e a conexão com o mundo externo por meio da internet. Mas a tecnologia não se refere apenas à informática, embora a trate como setor privilegiado. A tecnologia educacional inclui o uso da televisão, do rádio, do vídeo, do retroprojetor e mesmo do quadro de giz.

Este capítulo é, pois, dedicado à utilização dos múltiplos recursos tecnológicos disponíveis para facilitar a aprendizagem no Ensino Superior. **Após estudá-lo cuidadosamente, você será capaz de:**

- reconhecer vantagens e limitações do uso de recursos tecnológicos no Ensino Superior;
- identificar relações entre objetivos, conteúdos, características dos professores, características dos estudantes e o uso de tecnologias de ensino;
- classificar os recursos tecnológicos;
- identificar aplicações para os recursos tecnológicos no Ensino Superior.

12.1 Vantagens da utilização de recursos tecnológicos

Como já foi considerado ao longo dos capítulos iniciais, um dos principais problemas detectados na comunicação docente no Ensino Superior é o excesso de verbalismo.

Como consequência dele, muito do que é passado aos estudantes nas aulas constitui-se em palavras vazias, sem significado. Os esforços verbais dos professores muitas vezes são suficientes apenas para que os estudantes "decorem a matéria", sem que se tornem capazes de compreender o seu significado ou aplicá-la a situações concretas.

Com vistas a tornar a comunicação mais clara e precisa, os professores vêm lançando mão de recursos, que vão desde os simples desenhos ou diagramas no quadro até os sofisticados equipamentos e programas de multimídia. Mas, para que seu uso seja eficaz, torna-se necessário que o professor esteja consciente de suas vantagens e limitações, das circunstâncias em que são recomendados, bem como dos cuidados a serem tomados em sua utilização.

São muitas as vantagens da utilização de recursos tecnológicos no Ensino Superior. As mais importantes são indicadas a seguir.

12.1.1 Aproximação da realidade

Os recursos tecnológicos são importantes para aproximar a realidade das situações vivenciadas em sala de aula. Mediante o uso de fotografias, transparências, vídeos e outros recursos, torna-se possível apresentar experiências distantes no espaço ou fragmentadas em locais diferentes, permitindo que os estudantes tenham aprendizagem num cenário bem próximo ao da realidade.

12.1.2 Facilitação do acesso à informação

Com a adoção de recursos tecnológicos, livros, sobretudo os volumosos, não precisam ser trazidos para a sala de aula. Materiais de apoio e o próprio material utilizado na exposição pode ser transmitido em tempo real aos estudantes, que podem acessá-los em *notebooks* ou celulares.

12.1.3 Criação de um ambiente agradável de aprendizagem

Recursos tecnológicos, como microcomputadores, *tablets* e *smartphones*, são produtos altamente atraentes para os alunos, notadamente para os mais jovens. Com a introdução de recursos tecnológicos, os professores podem incorporar imagens, vídeos e outros materiais gráficos às suas aulas. Com a utilização de aplicativos e de programas e *sites*, podem variar o formato de suas aulas. Isso cria um ambiente de aprendizagem mais agradável, contribuindo para o interesse dos estudantes.

12.1.4 Promoção do aprendizado independente

Como a internet proporciona acesso a uma ampla gama de recursos para realizar pesquisas de diferentes maneiras, os alunos encontram nos recursos tecnológicos oportunidade para aprender de acordo com o seu próprio ritmo. Os professores, por sua vez, passam a dispor de maior tempo para auxiliar os estudantes que apresentam problemas ou deficiências.

Utilização de recursos tecnológicos

12.1.5 Facilitação da avaliação

Dispõe-se hoje de *softwares* com múltiplas funcionalidades, como criação de bancos de questões reutilizáveis, avaliação automática, análise das notas e fornecimento de *feedback* imediato aos estudantes. Também existem *softwares* construídos com a finalidade de identificar cópias e outras modalidades de fraude em trabalhos acadêmicos.

12.2 Desvantagens dos recursos tecnológicos

Embora sejam evidentes as vantagens dos recursos tecnológicos, sua utilização também envolve desvantagens, como as indicadas a seguir.

12.2.1 Utilização com finalidade recreativa

É evidente que os recursos tecnológicos servem para conferir um caráter moderno ao ensino. De modo geral, esses recursos agradam aos alunos e simplificam a apresentação das aulas. Mas é preciso evitar que sejam utilizados com propósitos recreativos.

12.2.2 Dependência do recurso

Alguns professores – muitas vezes de forma pouco consciente – acabam por utilizar recursos tecnológicos como direcionadores do processo de ensino. É o caso das aulas planejadas de forma tal que se tornam inteiramente dependentes do uso do projetor multimídia.

12.2.3 Incentivo à passividade

O uso exaustivo de recursos tecnológicos pode desestimular a adoção de um papel mais ativo do estudante. Uma coleção de transparências bem organizada poderá ser muito interessante; mas, se o professor não favorecer a participação dos alunos, mediante perguntas ou comentários, não estará fazendo bom uso desse recurso.

12.2.4 Exigência de competência técnica para utilização

Por mais simples que sejam, as tecnologias educacionais requerem conhecimentos e habilidades técnicas para sua utilização. Mesmo o quadro de giz, que é utilizado de forma quase natural por muitos professores, requer a observância de algumas técnicas para que possa proporcionar bons resultados. Assim, é necessário que o professor domine as tecnologias para conferir qualidade às suas aulas.

12.3 Tecnologias emergentes de ensino

O notável desenvolvimento das tecnologias de comunicação e informação vem impactando significativamente as estratégias de ensino adotadas no Ensino Superior. As tradicionais aulas expositivas e mesmo as discussões em grupo vêm dando lugar a novas práticas que contribuem para que as salas de aula se assemelhem ao mundo

141

real do trabalho e aos múltiplos ambientes sociais em que os estudantes interagem. Entre essas novas tecnologias estão as que vêm indicadas a seguir, as quais provavelmente impactarão o ensino, a aprendizagem e a pesquisa nas escolas superiores nos próximos anos.

12.3.1 Computação em nuvem

Trata-se de tecnologia que favorece o compartilhamento de informações com os colegas e o acesso a material que o professor pode não ter condições para apresentar em sala de aula. Também contribui para diversificar o ensino, já que possibilita o contato com textos escritos, fotos, bancos de dados, vídeos e jogos, favorecendo não apenas o aprendizado independente, mas também maior participação do estudante em sala de aula. Constitui, a rigor, uma tecnologia que possibilita a virtualização da sala de aula.

12.3.2 Impressão em 3D

Com objetos impressos em 3D, os alunos têm oportunidade de criar objetos, podendo sentir suas próprias criações, o que os auxilia no processo de aprendizagem. A utilidade da impressão em 3D é bem evidente em áreas como Engenharia, Arquitetura, Medicina, Odontologia e *Design*. Mas pode ser empregada em muitas outras áreas, como Biologia Molecular, Arqueologia e História. Ela permite, por exemplo, recriar cenários de civilizações antigas, como a egípcia e a mesopotâmica, estimulando reflexões sobre diferentes temas.

12.3.3 Realidade aumentada

É uma tecnologia que combina a captura de imagens com a projeção de figuras em 3D, proporcionando maior interatividade entre o usuário e o computador. Por meio de uma câmera, é transmitida uma imagem que será combinada com animação. Essa combinação, por sua vez, causa um efeito de realidade aumentada. O aluno aponta a câmera do celular para um livro ou foto e vê na tela as figuras impressas projetadas em 3D.

12.3.4 Gamificação (*Gamification*)

Gamificação é a aplicação de princípios e elementos de jogos (*games*) em contextos que não sejam os próprios jogos (NIMAN, 2014). Significa, pois, trazer o jogo para a realidade com vistas a alcançar objetivos relacionados a participação, engajamento, cooperação e aprendizado pelos próprios erros. Trata-se, portanto, de um conceito que envolve muito mais do que a utilização de tecnologia, mas de uma estratégia geral de aprendizagem ativa.

12.3.5 Aprendizagem móvel

Trata-se de uma estratégia que possibilita estudantes e professores criarem novos ambientes de aprendizagem a distância mediante a utilização de dispositivos móveis

Utilização de recursos tecnológicos

com acesso à internet (CROMPTON; TRAXLER, 2018). Consiste basicamente na utilização de *laptops*, celulares ou *tablets* no processo de ensino-aprendizagem. Como se vale de aparelhos portáteis, a aprendizagem móvel pode ocorrer em praticamente qualquer lugar, mesmo que o aluno esteja, por exemplo, em um trem ou em uma fila de espera.

12.3.6 Aprendizagem combinada

Corresponde a um sistema de formação em que a maior parte dos conteúdos é transmitida a distância, geralmente pela internet, envolvendo, no entanto, situações presenciais (BOGAN; OGLES, 2016). A aprendizagem combinada pode ser estruturada com atividades síncronas ou assíncronas, ou seja, tanto em situações nas quais os professores e os alunos atuam juntos em horário predefinido quanto em horários flexíveis.

12.3.7 BYOD (*Bring Your Own Device*)

BYOD, que pode ser traduzido como "traga o seu próprio dispositivo", consiste na utilização de múltiplos dispositivos pessoais de computação para acesso aos serviços proporcionados pela instituição de ensino (FORTSON, 2013). Não se trata, a rigor, de uma estratégia, mas de uma política, já que se refere à permissão para que os alunos levem seus próprios dispositivos móveis (*notebooks, tablets, smartphones*) para a sala de aula e outros espaços educativos, como laboratórios e bibliotecas.

12.3.8 Curso *On-line* Aberto e Massivo (*Massive Open On-line Course* – MOOC)

MOOC é uma modalidade de curso oferecido por meio de ambientes virtuais de aprendizagem, ferramentas da *web* 2.0 ou redes sociais, que pode ser ofertado a um grande número de estudantes, possibilitando ampliar seus conhecimentos num processo de coprodução (KAPLAN; HAENLEIN, 2016). Pode ser caracterizado como um curso *on-line*, mas, diferentemente dos tradicionais, que são constituídos por videoaulas que podem ser assistidas a qualquer momento, no MOOC os alunos obrigam-se a entregar tarefas em prazos definidos para fazer jus ao certificado de conclusão.

12.4   Ferramentas tecnológicas disponíveis

Por ferramentas tecnológicas entende-se um grande número de objetos. O conceito não se refere apenas àquilo que é moderno, eletrônico ou digital. Abrange uma grande multiplicidade de ferramentas, desde lápis, papel e quadro de giz até o uso de *softwares* de apresentação e plataformas digitais. Assim, abrange todos os itens que podem ser utilizados com o propósito de tornar o processo educativo mais cômodo.

Foi possível até um passado relativamente recente estabelecer sistemas de classificação de tecnologias de ensino, já que estas se apresentavam em número bastante restrito. Assim, Nélio e Ivone Parra, em 1985, elaboraram a *Classificação Brasileira de Recursos Audiovisuais*, abrangendo a maioria dos recursos auxiliares de ensino então disponíveis. Todavia, com a notável ampliação e diversificação dos recursos tecnológicos, torna-se difícil em nossos dias estabelecer um sistema de classificação

143

de tecnologias de ensino que seja suficientemente abrangente. Assim, procura-se, a seguir, categorizar as tecnologias atualmente disponíveis segundo suas funções e usos e apresentar exemplos.

12.4.1 Tecnologias de comunicação

São tecnologias que possibilitam aos professores e alunos comunicarem-se de diferentes maneiras. As mais utilizadas são: *e-mail*, fóruns de discussão e *chats*. O ***e-mail*** é uma forma prática e econômica para enviar e receber informações, pois permite que os alunos a qualquer momento formulem questões para o professor que, por sua vez, pode respondê-las oportunamente, bem como enviar material para todos os estudantes. O **fórum de discussão** tem como principal vantagem possibilitar a interação assíncrona, ou seja, a que ocorre quando o emissor envia uma mensagem e o receptor não necessariamente a recebe no mesmo momento. Assim, cada participante do grupo pode postar suas contribuições no fórum e a ele voltar a qualquer momento, sem que tenha de ler as postagens dos demais. Como se torna possível ler, reler, pesquisar e contribuir posteriormente, o fórum favorece o amadurecimento do que se pretende compartilhar. Os ***chats***, ou salas de bate-papo, por sua vez, são adequados para a comunicação síncrona, que é a que ocorre quando todos os participantes estão conectados ao mesmo tempo. Trata-se, portanto, de uma tecnologia adequada para promover a interação entre os participantes e o esclarecimento de dúvidas em tempo real.

12.4.2 Tecnologias de apresentação

A maioria dos professores universitários apresenta *slides* em suas aulas. Para tanto, valem-se de *softwares* específicos, sendo que o mais popular é o **PowerPoint**, que possibilita usar imagens, músicas e animações. É fácil de usar e é totalmente apresentado em português. Uma alternativa ao PowerPoint é o **Prezi**, um *software on-line*, que pode valer-se da computação em nuvem e é utilizado para elaborar apresentações sequenciais e não lineares de quadros com textos, fotos, tabelas e gráficos. Uma de suas vantagens é a de possibilitar a elaboração da apresentação como se fosse em uma lousa. Assim, novos elementos podem ser acrescentados ao mesmo tempo em que a apresentação é feita. O **Keynote**, que é a plataforma de apresentação para o Mac, assemelha-se ao PowerPoint e, como possibilita integração com iPads, iPods e iPhones, proporciona maior interatividade durante as apresentações. O **Google Slides** é uma ferramenta com visual e funcionalidades semelhantes aos do PowerPoint. Para acessá-lo, basta se cadastrar no Google. Uma de suas vantagens é a de salvar automaticamente cada alteração feita durante o trabalho e arquivá-la na nuvem. Outra vantagem é a de permitir o compartilhamento de trabalhos.

12.4.3 Tecnologias de planejamento

Diversas tecnologias foram desenvolvidas com o propósito de facilitar o planejamento das atividades educativas. Dentre elas, estão o Planboard, o Common Curriculum,

Utilização de recursos tecnológicos

o Evernote e o Edmodo, sendo que as duas últimas estão disponíveis em português. O **Planboard** é uma tecnologia que permite ao professor acompanhar a progressão de suas aulas. Ele fornece uma espécie de calendário interativo que possibilita estabelecer os tópicos a serem abordados ao longo do curso, administrar os projetos que as turmas estão executando e compartilhar as informações com outros professores. Também auxilia na criação mediante um editor que possibilita anexar fotos e vídeos. O calendário com todas as suas aulas pode ser importado para o ano seguinte, facilitando o planejamento das atividades. O **Common Curriculum** é um *site* que possibilita aos professores construir rápida e facilmente planos de aula detalhados e organizados. Esse *site* apresenta uma grande quantidade de modelos e os professores constroem seus planos colando os textos correspondentes aos seus vários componentes, como os objetivos e os conteúdos. O **Evernote** é um aplicativo que possibilita ao professor fazer anotações digitais, bem como anexar fotos, vídeos e textos da internet. Pode ser utilizado durante reuniões, ao longo das aulas ou em qualquer outro local, facilitando o planejamento das próximas aulas ou unidades de ensino. As anotações ficam sincronizadas em nuvem, possibilitando acesso a qualquer momento. O **Edmodo** é uma rede social gratuita que conecta professores e estudantes de diversas partes do mundo. Com o apoio dessa rede, os professores podem estabelecer calendários de atividades, compartilhar material multimídia, gerir projetos educacionais, organizar fóruns, atribuir notas e acompanhar a frequência e a participação dos estudantes nas atividades.

12.4.4 Tecnologias de produção de conteúdos

São programas computacionais, *softwares* e ferramentas utilizadas para criar o conteúdo de materiais para serem disponibilizados em ambientes virtuais de aprendizagem. Entre esses conteúdos estão: textos, gráficos, imagens, animações, simulações e avaliações. Diversas ferramentas que auxiliam na produção de conteúdo estão disponíveis na internet. Entre elas, as ferramentas utilizadas para autoria de conteúdo *e-learning*, como: **Canva**, uma ferramenta *on-line* de criação de conteúdos gráficos; **Sway**, um aplicativo que permite de forma prática e rápida a criação de apresentações para a *web*; **SlideShare**, um *site* de compartilhamento de apresentações do PowerPoint, que possibilita incluir vídeos do YouTube. Também são muito úteis os programas de captura de tela no Windows, como o **SnapCrab**, o **Greenshut** e o **ShareX**, que são de acesso livre.

12.4.5 Tecnologias de apoio a disciplinas específicas

Estas tecnologias são constituídas por *softwares* educativos, que têm como propósito o autoaprendizado. São fundamentais na educação a distância e muito úteis no ensino presencial, pois são capazes de proporcionar satisfação ao estudante, bem como *feedback* imediato acerca de seu desempenho. Como há muitas modalidades de *softwares*, estes podem ser classificados em: tutoriais, jogos, exercícios e práticas, simulação e modelagem, aplicativos, autoria e programação. **Tutoriais** são *softwares*

145

que apresentam conceitos e instruções para a realização de tarefas específicas. As informações são apresentadas em sequência aos alunos, que podem utilizá-las como desejarem. Podem ser entendidos como "manuais de instrução", já que permitem, mediante explicações simplificadas, que os alunos alcancem os objetivos pretendidos. **Exercícios e prática** são *softwares* que enfatizam o que já foi aprendido. Os alunos utilizam-nos como se fossem livros didáticos. As informações são repassadas aos alunos, seguidas de questionamentos. O que cabe ao aluno é, pois, passar de uma atividade a outra e reconhecer o seu desempenho. Sua principal função é, portanto, a de reforçar a aprendizagem. **Jogos educacionais** são *softwares* que contribuem para o aprendizado de forma lúdica. O que se busca com seu uso é desafiar o aluno mediante envolvimento em uma competição com o computador ou com seus colegas. Os *softwares* de **simulação e modelagem** simulam realidades que nem sempre podem ser vistas pelos alunos fora do ambiente virtual, como, por exemplo, elaboração de orçamentos e experimentos de laboratório. **Aplicativos** são *softwares* que executam tarefas específicas predeterminadas, como, por exemplo, processamento de texto, elaboração de planilhas eletrônicas e gerenciamento de bancos de dados. São muito úteis porque promovem o desenvolvimento das habilidades dos alunos. Não são adequados, porém, quando o que se pretende é a construção do conhecimento e a compreensão das ideias.

12.4.6 Tecnologias de avaliação

São utilizadas principalmente para proporcionar a avaliação formativa, ou seja, a que ocorre durante a instrução, fornecendo *feedback* aos alunos com o fim de ajustar o processo ensino-aprendizagem. Essas tecnologias permitem elaborar questionários com questões de múltipla escolha e discursivas, que podem ser compartilhadas através de mídias sociais ou postadas em *sites* ou *blogs* dos professores. Entre os *sites* mais utilizados estão o **ClassMaker**, o **QuizBox**, o **GoogleDocs** e o **eQuizzer**, que são de acesso livre.

12.4.7 Ambientes virtuais de aprendizagem

Os ambientes virtuais de aprendizagem (AVAs) são constituídos por um conjunto de ferramentas disponíveis na internet que possibilitam o gerenciamento, a distribuição e a avaliação das atividades didáticas dentro de uma instituição de ensino. São apresentados de forma tal que possibilitam estabelecer a conexão entre professor e aluno de forma a simular uma sala de aula. Graças a esses ambientes, torna-se possível organizar todo um curso, fazer videoconferências, combinar aulas presenciais com aulas a distância, gerenciar os conteúdos dos cursos, acompanhar o desenvolvimento dos alunos e promover atividades avaliativas. Os AVAs incluem ferramentas que contribuem para o andamento das aulas, tais como: pastas de arquivos de texto, vídeos, apresentações em *slides*, questionários, *chats on-line* e fóruns para debates e esclarecimentos de dúvidas. Constituem a base de muitos cursos a distância, visto possibilitar ao aluno atuar de forma autônoma. Tornaram-se muito populares com

Utilização de recursos tecnológicos

a pandemia de Covid-19, quando as aulas passaram a ser oferecidas remotamente para garantir o distanciamento social.

12.5 Como usar recursos tecnológicos

Para que o uso dos recursos tecnológicos seja eficaz, requer-se dos professores não apenas que identifiquem suas vantagens e limitações, mas também que saibam utilizá-los com a perícia adequada. Assim, apresentam-se, a seguir, esclarecimentos acerca do uso de alguns dentre os recursos tecnológicos mais utilizados no Ensino Superior.

12.5.1 Quadro de giz e quadro-branco

Os quadros – sejam eles pretos, verdes ou brancos, lisos ou quadriculados, para serem utilizados com giz ou com pincéis – constituem provavelmente a mais universal de todas as características de uma sala de aula. Muitos professores simplesmente não os utilizam por preferirem a projeção de transparências. Mas constituem ainda um eficiente recurso visual.

São muitas as vantagens do uso dos quadros. Não exigem habilidades especiais do professor e são pouco dispendiosos. Podem ser adequados ao nível de informação da classe e utilizados de diferentes formas, conforme o progressivo interesse demonstrado pelos alunos. E, por constituírem um recurso a que os alunos estão acostumados desde os primeiros anos de escola, contribuem para estimular o interesse pela disciplina.

O ato de escrever sobre o quadro produz efeitos interessantes nos alunos: contribui para a concentração na aula e os estimula a anotar o que o professor escreve. O quadro constitui, portanto, um local adequado para escrever palavras-chave ou nomes cuja memorização seja convenientes ao longo de uma aula expositiva.

Por se tratar de um recurso com o qual o professor está acostumado desde os primeiros anos de escola, os quadros são utilizados de modo quase intuitivo. Mas há uma série de cuidados que podem ser tomados com vistas a alcançar melhores resultados com o uso dos quadros. Entre eles estão:

Planejamento da utilização

O professor precisa primeiramente certificar-se de que o quadro é o recurso adequado para facilitar o ontendimento do assunto. Em caso positivo, ele precisa definir o que irá colocar no quadro: sumários, gráficos, desenhos etc. Precisa também definir se irá necessitar de régua, compasso, giz ou pincéis de cores variadas etc. Por fim, precisa planejar a sequência e a harmonização dos elementos no quadro.

Limpeza

A limpeza constitui requisito indispensável para uma boa apresentação. Por isso, antes de iniciar qualquer explicação, convém apagar totalmente o quadro.

147

> ### Sequência de utilização
> Para escrever ou desenhar, convém observar a sequência: de cima para baixo e da esquerda para a direita. Quando o quadro for muito largo, o professor poderá utilizar primeiramente a sua metade esquerda e, depois, a sua metade direita.

> ### Postura do professor
> Não é conveniente escrever ou desenhar no quadro em silêncio. Falar à medida que se escreve ajuda os estudantes a fixar os conceitos. O professor também não deve dar as costas para os alunos; deve procurar escrever um pouco de lado, falando para a classe.

12.5.2 Blocos de papel (*flipcharts*)

Os *flipcharts* (do inglês: *flip* = piparote; *chart* = quadro), também conhecidos como blocos de papel, ainda são muito utilizados em cursos universitários, com as mesmas finalidades dos quadros. Mas apresentam algumas vantagens adicionais. O que neles foi escrito não precisa ser apagado, podendo ser consultado a qualquer momento. Podem ser folheados para a frente e para trás. As folhas são removíveis e podem ser colocadas na parede ou no quadro. E, como são enroláveis, podem ser transportados facilmente de uma sala para outra.

12.5.3 Projetor multimídia

O projetor multimídia constitui um dos recursos tecnológicos mais apreciados pelos professores universitários. Suas vantagens em relação a outras tecnologias de apresentação são bem evidentes, já que ele permite:

- projeção de imagens da tela de computadores, filmadoras, videocassetes e DVDs;
- apresentação de gráficos, textos e planilhas com a possibilidade de uso de som e animação;
- projeção de imagens em cores brilhantes e saturadas, mesmo com as luzes acesas;
- fácil locomoção, visto ser compacto e leve;
- projeção direta do que é digitado ou desenhado na tela do computador;
- comando de apresentação a distância; e
- leitura do material projetado sem que o professor tenha de olhar para a tela.

Apresentações com projetor multimídia exercem muita sedução sobre os professores, pois as vantagens dessa tecnologia são notáveis. Alterações no material podem ser feitas a qualquer momento. As animações de texto e os elementos gráficos ajudam a ilustrar a aula e a prender a atenção dos alunos. Dados numéricos podem ser apresentados sob a forma de gráficos pictóricos, contribuindo para aumentar o interesse dos alunos e para mostrar padrões e tendências. Com um pouco de arte, as mensagens se tornam muito atraentes, principalmente quando se usa animação.

Utilização de recursos tecnológicos

Embora sua utilização não requeira elevados conhecimentos técnicos, é necessário que o professor detenha certas habilidades tanto para a preparação das transparências quanto para o seu manuseio em sala de aula. Além de saber manuseá-lo, o professor precisa estar preparado para utilizá-lo adequadamente. Ele não pode limitar-se a ler o que está sendo projetado. Também não pode utilizar o aparelho para projetar textos densos.

Para tornar mais eficientes as apresentações com o projetor multimídia, seguem algumas recomendações:

- Use o PowerPoint como um guia para sua apresentação, e não como folha a ser lida para a plateia. Procure fazer observações orais que ampliem e discutam, em lugar de reproduzir o que está na tela.
- Não se limite aos recursos oferecidos pelo projetor. O uso de elementos fornecidos por múltiplos recursos torna a apresentação mais rica.
- Olhe para a audiência enquanto estiver projetando as transparências.
- Evite utilizar a projeção com a sala completamente escurecida por mais de 15 minutos.
- Elabore transparências simples. Procure não colocar mais do que cinco palavras por linha e não mais do que cinco linhas por transparência.
- Estabeleça um forte contraste entre as imagens e o fundo. Prefira utilizar cores escuras para o fundo e claras para as palavras.
- Faça pausas constantes. Deixar a tela vazia de vez em quando contribui tanto para o descanso visual dos estudantes quanto para concentrar a atenção na apresentação oral, sobretudo quando se deseja que os estudantes adotem uma postura reflexiva.
- Distribua textos ao final, não durante a apresentação, a não ser que a consulta ao texto seja essencial.
- Tenha sempre um meio alternativo para apresentação, visto ser possível a ocorrência de falhas no funcionamento do aparelho.

12.5.4 Lousa interativa (*smart board*)

A lousa interativa constitui uma combinação do tradicional quadro-branco com a tecnologia do computador. A imagem do computador é projetada na lousa, e basta tocar sua superfície para acessar ou controlar qualquer aplicação do computador. Usando uma caneta digital, torna-se possível trabalhar naturalmente, tomando notas e destacando informações importantes com tinta eletrônica. Esse tipo de lousa comporta recursos multimídia, simula imagens, inclusive em três dimensões, e possibilita navegar na internet. Assim, até mesmo notícias em tempo real podem ser abordadas em sala de aula.

Utilizando a lousa interativa, o professor pode acessar páginas da internet, escrever, desenhar, copiar e enviar para os alunos tudo o que foi apresentado durante as aulas. O conteúdo apresentado na lousa interativa pode ficar disponível em um sistema *on-line*, como um documento que pode ser baixado a qualquer momento.

149

Assim, os alunos podem utilizar melhor o tempo em sala de aula, discutindo seu conteúdo ou adaptando-o de acordo com seu nível de conhecimento.

A lousa interativa também apresenta limitações. Seu preço é consideravelmente alto, o que faz com que ainda esteja disponível em poucas instituições de Ensino Superior. É frequente a ocorrência de problemas técnicos. Requer do professor tempo inicial para preparação de aulas específicas. Também exige do professor certo grau de criatividade para preparação de aulas adequadas.

12.5.5 *E-mails*

Por meio de *e-mails*, professores podem fornecer informações aos alunos acerca dos procedimentos a serem observados na elaboração de trabalhos, do prazo para sua apresentação, bem como de sua avaliação. Também podem fornecer textos para leitura e análise, indicar *sites* de interesse para pesquisas relativas à disciplina, informar acerca de notas e faltas etc.

Quando, porém, é utilizado sem regras definidas, o recebimento e o envio de *e-mails* podem se transformar em atividade muito desagradável, tanto para os professores quanto para os alunos. Por essa razão, sugere-se que os professores adotem uma série de cuidados na administração de seus *e-mails*, tais como:

- estabelecer convenção para endereçamento das mensagens;
- definir o tempo para resposta;
- definir acerca do formato dos documentos anexados ao *e-mail*;
- baixar os *e-mails* para evitar perda de mensagens;
- preparar cópia de toda mensagem importante.

12.5.6 Fóruns de discussão *on-line*

Em algumas disciplinas, os professores utilizam fóruns para discussão *on-line* de temas ligados ao curso. Como nem sempre é possível reunir os alunos em horários predeterminados, esses fóruns tornam-se muito úteis para estimular a continuidade dos debates e conceitos iniciados em sala de aula.

Esses fóruns são muito apreciados pelos alunos, sobretudo porque lhes permite interagir com os colegas e manifestar suas ideias. Mas, para que possam contribuir para os objetivos da disciplina, requer-se uma série de cuidados, tais como:

- definição clara dos objetivos da discussão;
- estabelecimento de instruções detalhadas para os estudantes, inclusive acerca de seus deveres e responsabilidades;
- estabelecimento de regras definidoras de comportamentos apropriados e inapropriados;
- definição precisa do início e do término de cada discussão;

Utilização de recursos tecnológicos

- definição prévia de critérios para avaliação do desempenho dos estudantes na discussão;
- criação de uma atmosfera favorável à discussão;
- encorajamento para a participação ativa dos alunos;
- fechamento de cada discussão com a apresentação sumarizada dos pontos discutidos;
- estabelecimento de vínculo do fórum com outras atividades didáticas.

12.5.7 *Chats*

Embora mais conhecidos por sua utilização na educação a distância, os *chats* também constituem recursos que contribuem para o enriquecimento das aulas. Eles podem ser utilizados como um meio para que o professor possa reunir-se com os grupos de estudo e orientá-los em suas atividades. Contribuem para o esclarecimento de dúvidas e para a realização de atividades que envolvam perguntas e respostas rápidas. Também podem ser utilizados como fóruns síncronos, em que o professor apresenta uma questão e os estudantes a debatem. A seguir, o professor medeia as interações e cada membro do *chat* pode lançar *links* para acesso a imagens, vídeos e outros materiais.

LEITURAS SUPLEMENTARES

SANTINELLO, Jamile. *Ensino superior em ambientes virtuais de aprendizagem (AVAs)*: formação docente universitária em construção. Curitiba: Intersaberes, 2015.

Nessa obra, a autora estabelece uma relação entre a educação e os ambientes virtuais, contrapondo metodologias e conceituações. Apresenta dados históricos e contextualizados sobre a educação a distância, bem como sobre as particularidades dos ambientes virtuais de aprendizagem.

SANTOS, Edméa (org.). *Mídias e tecnologias na educação presencial e a distância*. Rio de Janeiro: LTC, 2016.

Elaborado a partir de pesquisas e práticas pedagógicas, esse livro contribui tanto para a articulação da tecnologia a conteúdos disciplinares quanto para a reflexão crítica acerca de seu papel na potencialização de novas e melhores práticas educativas.

CARVALHO, Fábio Câmara Araújo de; IVANOFF, Gregório Bittar. *Tecnologias que educam*: ensinar e aprender com tecnologias de informação e comunicação. São Paulo: Pearson, 2009.

Os autores apresentam exemplos de utilização de *e-mails*, imagens e mapas, vídeos, recursos para armazenagem de arquivos na internet, dicionários, tradutores e bibliotecas virtuais. Tratam, também, da comunicação e interação por meio de ferramentas colaborativas como *chats*, grupos, comunidades virtuais e fóruns de discussão.

13

AVALIAÇÃO DA APRENDIZAGEM

Poucas coisas são tão desagradáveis para os professores universitários quanto a necessidade de avaliar o aprendizado de seus estudantes. Não apenas pelos esforços requeridos, mas também pelo constrangimento que representa avaliá-los e, algumas vezes, reprová-los. Sem contar que com frequência a avaliação tem sido tratada como procedimento autoritário, ideológico, injusto e excludente, levando muitos professores a duvidar de sua eficácia e a aplicá-la apenas por exigência da escola.

O maior problema da avaliação no Ensino Superior está no fato de envolver sérias consequências para quem está sendo avaliado. As notas que o aluno recebe não apenas determinarão se ele será aprovado ou reprovado. Poderão afetar sua autoestima, influenciar sua motivação para os estudos, reforçar o interesse pelo abandono do curso, guiá-lo na escolha do campo de sua especialização, afetar seus planos de estudos de pós-graduação e até mesmo influenciar o desenvolvimento de sua carreira.

Este capítulo é dedicado ao processo de avaliação da aprendizagem. **Após estudá-lo cuidadosamente, você será capaz de:**

- reconhecer a importância da avaliação no Ensino Superior;
- identificar princípios que contribuem para uma avaliação mais eficaz;
- decidir acerca da modalidade de avaliação mais adequada com base nos objetivos pretendidos.

13.1   Por que a avaliação da aprendizagem é crítica

As provas e os exames, que constituem os procedimentos mais adotados na avaliação do aprendizado de estudantes, têm sido objeto de muitas críticas (GIL, 2018). Algumas provas podem ser vistas como defesas psicológicas contra uma atividade facilmente reconhecida como frustradora. Outras, porém, são pertinentes e têm sido objeto de rigorosos estudos. Entre as mais citadas, estão:

- A avaliação – que geralmente ocorre ao final do semestre letivo, ao longo de alguns poucos dias – é fonte de ansiedade e de *stress*.
- Como nem sempre é aplicada de forma consciente e com rigor técnico, a avalição conduz a injustiças.
- A avaliação privilegia o controle da retenção de conhecimentos, deixando de lado aspectos importantes da aprendizagem.
- Muitas avaliações têm pouco a ver com o que foi ensinado no curso.
- A avaliação desenvolvida em sua forma tradicional favorece o imobilismo social.
- As avaliações são muito influenciadas pelos estereótipos e preferências dos professores.
- As avaliações consomem demasiado tempo e energia dos professores e dos alunos.
- As provas tradicionais enfatizam mais a forma do que o conteúdo.
- A validade das provas é crítica, pois nem sempre medem efetivamente aquilo que pretendem medir.
- A fidedignidade das provas também é crítica, pois são frequentes os desacordos entre examinadores que examinam as mesmas provas.
- As avaliações desestimulam a expressão dos juízos pessoais dos alunos.
- As avaliações recompensam aprendizagens efêmeras.
- As avaliações contribuem para encurtar o período letivo.
- As provas tradicionais favorecem a especulação com a sorte.
- Os exames tradicionais desestimulam o trabalho em grupo.
- As provas tradicionais incentivam a fraude.
- A exigência da avaliação dificulta o avanço dos estudantes.
- Os exames dificultam a prática de uma pedagogia da descoberta.

13.2   Por que é importante a avaliação

Os múltiplos aspectos negativos considerados não são suficientes para desmerecer o processo de avaliação, pois ela é necessária para que o direito de aprender efetive-se da melhor maneira possível. Além disso, a avaliação faz parte da vida e da lógica humana. Que as avaliações tenham servido a muitos processos escusos, inclusive os de humilhar e excluir, ninguém pode contestar, mas a avaliação pode servir também para promover e emancipar (SAUL, 2010).

Entre os múltiplos argumentos em favor da avaliação, estão os seguintes:

- A avaliação pode ser feita com alto grau de cientificidade.
- A aprendizagem pode ser mensurada com razoável grau de precisão.

Avaliação da aprendizagem

- O processo de avaliação fornece dados necessários à melhoria da aprendizagem e do ensino.
- A avaliação inclui muito mais procedimentos além do rotineiro exame escrito.
- A avaliação envolve todo o processo de aprendizagem, incluindo o conhecimento prévio dos estudantes.
- A avaliação permite que os estudantes identifiquem suas forças e fraquezas.
- A avaliação fornece *feedback* para que o professor possa avaliar o seu desempenho.
- A avaliação constitui importante elemento para verificar o cumprimento das funções dos professores e da instituição.

13.3 Como tornar a avaliação adequada aos propósitos do Ensino Superior

A avaliação vem se modificando ao longo dos tempos, em decorrência não apenas da incorporação de novas tecnologias, mas também da filosofia que a rege. A existência de uma diversidade cada vez maior de procedimentos avaliativos com notável nível de precisão contribui para que os professores adotem novas atitudes em relação à avaliação. Segue, então, a apresentação de alguns princípios cuja observância contribui para uma avaliação mais eficaz.

13.3.1 A avaliação deve ser entendida como parte integrante do processo de aprendizagem

A avaliação ao longo dos últimos séculos vinculou-se quase exclusivamente à função seletiva da escola. Grande parte dos esforços dos professores foi dedicado principalmente a determinar que estudantes seriam eliminados em cada uma das etapas do processo educacional. Assim, as instituições educacionais dirigiram sua atenção primordial ao estudante raro, o que teve como efeito a eliminação da maioria das crianças provenientes das classes operárias e a oferta de vantagens competitivas aos filhos dos profissionais liberais (BLOOM; HASTINGS; MADAUS, 1983, p. 5). A avaliação nas escolas superiores, por sua vez, serviu para garantir a existência de uma elite intelectual capaz de dar suporte ideológico às classes dominantes, bem como para a reserva de mercado dos profissionais liberais.

Esta concepção de avaliação está ultrapassada. Em uma escola concebida para servir a uma sociedade democrática, a avaliação deve ser muito menos instrumento de seleção e de fiscalização e muito mais como um método de coleta e análise dos dados necessários à melhoria da aprendizagem dos alunos, e como parte integrada e essencial desse processo.

13.3.2 A avaliação deve ser contínua

A avaliação tem sido tradicionalmente concebida como algo que ocorre ao fim de um ciclo didático. Mas a avaliação deve ser vista como um processo que se desenvolve ao longo de todo um curso. Nesse sentido, pode-se falar em três tipos de avaliação:

155

diagnóstica, formativa e somativa. A *avaliação diagnóstica* visa identificar as aptidões iniciais, necessidades e interesses dos estudantes para determinar os conteúdos e as estratégias de ensino mais adequadas. A *avaliação formativa* tem a finalidade de proporcionar informações acerca do desenvolvimento do processo de ensino e aprendizagem, para que o professor possa ajustá-lo às características dos estudantes a que se dirige. Suas funções são as de orientar, apoiar, reforçar e corrigir. A *avaliação somativa*, por fim, é uma avaliação pontual, que geralmente ocorre no final de um curso, de uma disciplina ou de uma unidade de ensino, visando determinar o alcance dos objetivos previamente estabelecidos. Sua principal função é orientar a promoção ou a titulação do estudante.

13.3.3 Os instrumentos de avaliação devem apresentar fidedignidade e validade

Os instrumentos de avaliação devem possuir certas qualidades, sendo que fidedignidade e validade são as mais importantes. A *fidedignidade* refere-se à estabilidade ou ao grau de consistência de seus resultados. Se um teste é aplicado ao mesmo grupo diversas vezes, espera-se que os resultados sejam os mesmos, desde que as características do grupo não se modifiquem. Se cada vez que o teste for aplicado, garantidas as mesmas condições do grupo, os resultados forem diferentes, não se poderá ter confiança nesse instrumento, porque não haverá consistência nas medidas. A *validade* refere-se à condição de a prova medir o que efetivamente se propôs a medir.

13.3.4 A avaliação deve abranger os diferentes domínios da aprendizagem

O sistema de avaliação adotado na maioria de nossas escolas superiores tem privilegiado o domínio cognitivo, mais especificamente a memorização. A aprovação em muitas disciplinas e mesmo na conclusão de cursos, e, por extensão, em alguns concursos públicos, tem decorrido, frequentemente, muito mais da capacidade de memorização do que da compreensão dos conteúdos.

O processo de avaliação deve possibilitar não apenas verificar o que o estudante foi capaz de memorizar, mas também o nível de compreensão do significado desse material e de transferência do que foi aprendido em aula para outras situações. Deve possibilitar também a avaliação da aprendizagem nos domínios afetivo e psicomotor, o que pode requerer a utilização de instrumentos diversos, além das tradicionais provas escritas.

13.3.5 A avaliação deve ser integrada

De modo geral, os professores do Ensino Superior elaboram suas provas de forma independente. É desejável, porém, a participação de outros professores nesse processo, pois há disciplinas que constituem pré-requisito (precisam ser cursadas anteriormente com aproveitamento) ou correquisito (devem ser cursadas simultaneamente) em relação à disciplina que está a cargo do professor. Essa participação também é

Avaliação da aprendizagem

necessária para promover a chamada "avaliação integradora", que algumas escolas executam para verificar o que os alunos aprenderam nas diversas áreas do curso.

13.3.6 As avaliações devem ser preparadas com antecedência

As provas devem ser elaboradas de preferência à medida que os conteúdos forem sendo transmitidos. Dessa forma, o professor acaba por elaborar uma prova intimamente vinculada aos conteúdos que foram transmitidos ao longo do ano ou do semestre.

13.3.7 As provas devem ser diversificadas

Convém que os professores diversifiquem suas avaliações, tanto em função das diferenças nas preferências dos estudantes pelo tipo de avaliação quanto de seu ajustamento aos diferentes objetivos. Convém, também, que não realizem uma única seção de avaliação durante o semestre. Testar uma única vez significa negar *feedback* tanto para o professor quanto para o aluno acerca de seu progresso no curso.

13.3.8 Convém preparar os alunos para as provas

É importante que os alunos sejam informados acerca do tipo de prova a ser aplicada, da quantidade de questões e da maneira como devem ser respondidas. Importa, também, que sejam preparados emocionalmente para as provas. O que significa que os professores não devem planejar suas provas com o propósito de apanhar os alunos com pegadinhas (LOWMAN, 2004). E que pequenas avaliações desenvolvidas ao longo do curso também são úteis para orientar os estudos dos alunos.

13.3.9 As provas devem ser ministradas sob um clima favorável

Como as provas são acontecimentos importantes na vida dos estudantes, é natural que estes se manifestem ansiosos nesse momento. Assim, recomenda-se ao professor que contribua para que os alunos se sintam bem nesse dia. É necessário, portanto, garantir que a prova possa ser efetivamente realizada no período disponível. Convém, ainda, não perder muito tempo para iniciar a prova e manter-se na sala de aula e disponível para responder eventuais dúvidas

13.3.10 As provas devem ser corrigidas com cuidado e devolvidas rapidamente

Corrigir provas – principalmente para professores que lecionam em muitas classes – constitui atividade estafante. Mas as provas constituem um acontecimento importante na vida dos alunos. Elas precisam ser corrigidas com muito cuidado. Convém que o professor corrija as provas sem identificar o nome do aluno para evitar o "efeito de halo", que se manifesta quando uma impressão global prévia acerca da competência do estudante afeta uma avaliação específica. Quando esse efeito acontece, alguns alunos podem ser avaliados com maior condescendência, e outros

13   Avaliação da aprendizagem

com maior rigor. E, para garantir que os alunos recebam um *feedback* oportuno acerca de seu desempenho, as provas devem ser devolvidas com a maior rapidez possível.

13.3.11 O processo deve contar também com a autoavaliação

Autoavaliação é o processo pelo qual as pessoas se apercebem do quanto aprenderam e em que medida se tornaram capazes de proporcionar a si mesmas informações necessárias para o desenvolvimento da aprendizagem. Trata-se, pois, de um processo que requer o desenvolvimento de habilidades como as de observar a si mesmo, de comparar e relacionar seu desempenho com os objetivos propostos, e de atitudes, como honestidade pessoal para reconhecer tanto os seus sucessos como as suas falhas. Mas, para que seja efetiva, deve se traduzir não em notas, mas em um conjunto de informações que contribuam para a aprendizagem.

13.3.12 O desempenho do professor também deve ser avaliado

A maioria das instituições universitárias realiza no final do semestre ou do ano um tipo de avaliação em que os alunos manifestam sua opinião sobre as aulas ministradas. Também há professores que, ao final da matéria, mas geralmente antes da atribuição das notas finais, procuram ouvir os estudantes acerca de sua atuação em sala de aula. Esses procedimentos constituem o que se denomina avaliação de reação. Podem ser de algum interesse, já que dão uma ideia acerca dos primeiros efeitos do processo educativo nos estudantes. Mas há que se considerar que as reações podem ser afetadas por acontecimentos que nada têm a ver com o conteúdo ensinado ou com a estratégia de ensino adotada. Torna-se necessário, portanto, que esse tipo de avaliação seja controlado da melhor maneira possível para minimizar o efeito das "variáveis estranhas".

Essa modalidade de avaliação pode ser muito constrangedora para os estudantes, que se veem obrigados a opinar acerca dos procedimentos de alguém que dispõe de algum tipo de autoridade sobre eles. Também pode ser aproveitada pelo estudante para se vingar de um professor tido como implicante ou por demais rigoroso. Por isso, é lamentável que algumas instituições de ensino – excessivamente focadas no cliente – valham-se desse tipo de avaliação exclusivamente para decidir acerca da continuidade ou não do contrato do professor.

Não se quer dizer que o desempenho do professor não deva ser avaliado. Mas que a avaliação docente não tem por objetivo verificar se o professor é "simpático", "bonzinho" ou "divertido", e sim proporcionar informações referentes a comportamentos e atitudes assumidos pelo professor em sala de aula que afetem o processo de aprendizagem. Cabe, pois, ao professor adotar uma postura favorável à sua avaliação, o que pode se concretizar com questionários aplicados anonimamente aos estudantes com questões referentes à qualidade do curso, à eficácia das atividades docentes, à qualidade do material fornecido, à adequação das tarefas solicitadas e das próprias atividades de avaliação. Recomenda-se também que o professor promova discussões em grupo, preferencialmente sem sua presença, que culminem com

158

Avaliação da aprendizagem

a apresentação por escrito das conclusões a que chegaram e que, de posse delas, dialogue com os alunos para verificar o que é possível mudar.

13.4 Que modalidades de prova podem ser aplicadas

O primeiro passo na avaliação da aprendizagem consiste na definição dos objetivos que se pretende alcançar, o que significa que esse processo começa com o planejamento, bem antes, portanto, das próprias aulas em que os conteúdos foram ministrados. Assim, tão logo os objetivos tenham sido definidos, procede-se à determinação da técnica mais adequada.

Os procedimentos mais adotados para avaliação da aprendizagem no Ensino Superior têm sido as provas. As mais utilizadas são as provas objetivas, as provas discursivas, as provas práticas e as provas orais. A utilização de cada uma delas depende de diversos fatores, como o tamanho das classes, a duração do curso e, principalmente, os objetivos de aprendizagem.

13.4.1 Provas objetivas

Provas objetivas são aquelas que oferecem alternativas de resposta. O estudante escolhe uma das opções, conforme o que for solicitado pelo enunciado da pergunta. Sua aplicação no Ensino Superior tem sido objeto de muitas críticas. Alega-se que não são adequadas aos propósitos de seus cursos, pois mediriam apenas a capacidade de memorização. Também se alega que inibem a criatividade dos alunos, que os desestimulam a escrever, que degradam o trabalho escolar etc.

Mas as provas objetivas, quando bem elaboradas, contribuem para o processo ensino-aprendizagem, visto que:

- promovem um julgamento imparcial;
- garantem rapidez na correção;
- proporcionam imediato *feedback* ao estudante;
- permitem a verificação extensa da matéria;
- possibilitam a comparação entre turmas;
- permitem a identificação das diferenças individuais;
- contribuem para a avaliação do trabalho docente.

As provas objetivas podem assumir diferentes formas em decorrência do tipo de questão utilizada. Os principais tipos de questão objetiva são: questões do tipo certo ou errado, questões de múltipla escolha, questões de resposta múltipla, questões de asserção-razão, questões de associação e questões de ordenação.

Questões do tipo certo ou errado. São questões que propõem ao estudante indicar se é certa ou errada cada uma das afirmações que lhe são apresentadas. São de fácil elaboração, mas apresentam um grande inconveniente: mesmo sem o menor conhecimento do assunto, o estudante tem chance de acertar 50% das questões.

159

Exemplos:

Na parede celular de algumas bactérias pode-se encontrar lipopolissacarídeo endotoxina capaz de estimular uma resposta do sistema imunológico do hospedeiro.

Certo ( ) Errado ( )

A Geografia Teorética ou Nova Geografia reforça a Geografia Tradicional e desprestigia o planejamento territorial adotado pelo Estado.

Certo ( ) Errado ( )

Questões de múltipla escolha. São as mais utilizadas e, quando bem elaboradas, permitem avaliar muito mais do que a memorização de fatos, mas resultados mais complexos, como: compreensão de leitura, raciocínio dedutivo, raciocínio indutivo, julgamento de valor e habilidade para utilizar instrumentos de estudo.

Segue um exemplo de questão de múltipla escolha, elaborado para o Enade/2011, adequada para avaliar muito mais do que a simples memorização acerca de um tema de natureza filosófica:

Se o homem no estado de natureza é tão livre, conforme dissemos, se é senhor absoluto da sua própria pessoa e posses, igual ao maior e a ninguém sujeito, por que abrirá ele mão dessa liberdade, por que abandonará o seu império e sujeitar-se-á ao domínio e controle de qualquer outro poder? Ao que é óbvio responder que, embora no estado de natureza tenha tal direito, a fruição do mesmo é muito incerta e está constantemente exposta à invasão de terceiros porque, sendo todos reis tanto quanto ele, todo homem igual a ele, e na maior parte pouco observadores da equidade e da justiça, a fruição da propriedade que possui nesse estado é muito insegura, muito arriscada. Estas circunstâncias obrigam-no a abandonar uma condição que, embora livre, está cheia de temores e perigos constantes; e não é sem razão que procura de boa vontade juntar-se em sociedade com outros que estão já unidos, ou pretendem unir-se, para a mútua conservação da vida, da liberdade e dos bens a que chamo de "propriedade" (LOCKE, J. *Segundo tratado sobre o governo*. São Paulo: Abril Cultural, 1983, p. 82).

Considerando as ideias de Locke expostas no texto acima, assinale a alternativa correta.

A – A propriedade surge com a criação da sociedade.

B – No estado de natureza, o homem é livre, mas desigual.

C – O direito de propriedade é compatível com a sociedade.

D – Devido à insegurança, os homens optam por viver sem direitos.

E – A efetivação do direito de propriedade requer um poder absoluto.

A elaboração de boas questões de múltipla escolha não é, como muitos podem imaginar, tarefa das mais simples. Tanto é que, com base na experiência de especialistas em avaliação (GORING, 1981; MEDEIROS, 1989; SVINICKI; MCKEACHIE, 2014), podem ser definidos procedimentos técnicos para elaboração de provas objetivas:

■ Garanta que cada questão apresente uma única resposta correta.

■ Inclua cinco opções. Dessa forma, a probabilidade de acerto devido ao acaso fica em 20%.

Avaliação da aprendizagem

- Expresse o enunciado da questão em linguagem positiva.
- Inclua no enunciado o máximo de palavras, mantendo as opções de resposta mais curtas.
- Faça variar a posição da resposta correta ao longo da prova.
- Não sobrecarregue os enunciados com elementos inúteis.
- Verifique se o enunciado do problema comporta tantas soluções quantas são as opções pretendidas. Não sendo possível, recorra a outro tipo de questão.
- Não retire frases completas de livros ou apostilas.
- Faça com que todas as alternativas sejam gramaticalmente concordantes com o enunciado.
- Formule primeiramente a pergunta e sua resposta correta. Assim, fica mais fácil construir outras alternativas.
- Elabore opções com aproximadamente a mesma extensão, pois é evidente a tendência para que a resposta certa fique mais longa.
- Evite termos como *sempre*, *nunca*, *somente* e *todos*, pois sugerem escolhas incorretas.
- Não inclua opções que expressem a mesma coisa, pois nesse caso nenhuma das duas poderá estar certa.

Questões de resposta múltipla. Estas questões apresentam três ou quatro afirmações relacionadas a determinado tema. Seguem-se, então, algumas alternativas referentes à veracidade das afirmações, sendo que apenas uma é correta. Por exemplo:

Os teóricos da personalidade divergem sobre as questões básicas da natureza humana: livre-arbítrio *versus* determinismo, natureza *versus* criação, importância do passado *versus* presente, peculiaridade *versus* universalidade, equilíbrio *versus* crescimento e otimismo *versus* pessimismo (SCHULTZ, D. P.; SCHULTZ, S. E. *Teorias da personalidade*. São Paulo: Pioneira Thompson, 2002, p. 36).

Considerando as diferentes questões implícitas nas teorias da personalidade, avalie as afirmações abaixo.

I. Diferenças culturais afetam o desenvolvimento da personalidade e, portanto, a natureza humana.

II. As teorias da personalidade diferenciam-se porque partem de diferentes concepções da natureza humana.

III. Personalidade, conceito que envolve as características pessoais, mais permanentes e estáveis, pode variar de acordo com as circunstâncias de seu desenvolvimento.

IV. Aspectos internos influenciam o comportamento das pessoas em diferentes situações e definem sua personalidade.

É correto apenas o que se afirma em:

A – I e III.

B – I e IV.

C – II e IV.

D – I, II e III.

E – II, III e IV.

Questões asserção-razão. Nestas questões, propõe-se a análise de relações entre duas proposições que são ligadas pela palavra PORQUE, e a segunda proposição pode ser (ou não) a razão ou justificativa da primeira. Por exemplo:

A cromatografia gasosa é uma das técnicas analíticas mais utilizadas para a separação e identificação de substâncias orgânicas. Além de possuir alto poder de resolução, é muito atrativa devido à possibilidade de detecção em escala, de nano a picogramas (10-9g a 10-12g). Considerando essa técnica, avalie as asserções a seguir.

A grande limitação da cromatografia gasosa é a necessidade de que a amostra seja volátil ou estável termicamente.

PORQUE

Na cromatografia gasosa, amostras não voláteis ou termicamente instáveis devem ser derivadas quimicamente.

A respeito dessas asserções, assinale a opção correta.

A – As duas asserções são proposições verdadeiras, e a segunda é uma justificativa correta da primeira.

B – As duas asserções são proposições verdadeiras, mas a segunda não é uma justificativa correta da primeira.

C – A primeira asserção é uma proposição verdadeira, e a segunda, uma proposição falsa.

D – A primeira asserção é uma proposição falsa, e a segunda, uma proposição verdadeira.

E – Tanto a primeira quanto a segunda asserções são proposições falsas.

Questões de associação. Nestas questões, o estudante é solicitado a estabelecer associações entre elementos que são apresentados em duas colunas. Por exemplo:

Coloque dentro dos parênteses a letra correspondente ao nome do filósofo que integra a respectiva escola.

A – René Descartes	Escolástica ( )
B – Francis Bacon	Positivismo ( )
C – Auguste Comte	Existencialismo ( )
D – Jean-Paul Sartre	Empirismo ( )
E – Sócrates	Racionalismo ( )
F – Santo Agostinho	
G – Santo Tomás de Aquino	
H – John Locke	

Questões de ordenação. Nestas questões, o estudante é solicitado a ordenar os elementos de um conjunto. Por exemplo:

Avaliação da aprendizagem

Ordene os países de acordo com a sua extensão territorial.

Canadá ( ) China ( ) Índia ( )
Rússia ( ) México ( ) Estados Unidos ( )
Brasil ( ) Austrália ( ) Turquia ( )

13.4.2 Provas discursivas

Provas discursivas são aquelas em que o professor apresenta temas ou questões para que os alunos discorram sobre elas ou respondam a elas. Constituem um dos mais tradicionais instrumentos adotados para a avaliação da aprendizagem nos cursos da área das Ciências Humanas e nos cursos de pós-graduação. Há duas modalidades de prova discursiva: a dissertativa e a de perguntas curtas. A prova dissertativa é constituída por um tema a ser desenvolvido livremente pelo aluno, que tem como única limitação o tempo disponível para resposta. Essa modalidade de prova é adequada para avaliar: (a) o raciocínio lógico dos estudantes; (b) a capacidade de analisar, hierarquizar e sintetizar as ideias; (c) a justificativa das opiniões; e (d) a clareza de expressão. Mas, apesar de seu uso tão disseminado, as provas discursivas não são consideradas pelos educadores como instrumentos de larga aplicabilidade. Entre suas limitações estão: (a) o excessivo gasto de tempo na correção; (b) a influência da subjetividade do professor; (c) a dificuldade para avaliar o aprendizado de toda a matéria; (d) a interpretação inadequada de seus propósitos pelos estudantes; e (e) a dificuldade para fornecer *feedback* específico.

A prova de respostas curtas é constituída por algumas questões abertas. Devem ser formuladas de forma tal que fiquem explícitos os limites relativos à extensão e ao gênero das respostas. Esse tipo de prova tem praticamente o mesmo valor das provas dissertativas no referente aos objetivos que se pretende avaliar. Mas, por definir mais exatamente o problema e por apresentar restrições quanto às respostas, obriga o estudante a dar respostas mais diretas. Sua principal vantagem é, pois, a de evitar uma exagerada verbosidade nas respostas, tornando menos cansativo corrigir as provas. Sua elaboração, exige, no entanto, a tomada de uma série de cuidados, tais como:

- Utilizá-la preferencialmente para a avaliação da aprendizagem relativa a conteúdos complexos.
- Apresentar a tarefa com clareza e precisao, com questões iniciadas por verbos de ação, como: descrever, comparar, contrastar, relacionar e justificar.
- Não formular questões relacionadas entre si.
- Preparar uma chave de apuração considerando os elementos importantes a serem considerados e o seu valor.
- Proporcionar tempo suficiente para o aluno refletir, organizar as respostas e redigir.
- Corrigir as provas sem identificar o seu autor.
- Avaliar uma questão de cada vez em todas as provas.
- Escrever comentários nas provas.

Muitos professores, ao avaliarem provas discursivas, restringem-se a assinalar os erros e calcular a nota. Mas convém escrever um pequeno comentário em cada prova para justificar a nota obtida. Essa prática é vantajosa não apenas por fornecer um *feedback* ao estudante, mas também para oferecer ponto de referência para o professor justificar sua nota, caso seja procurado pelo estudante para fornecer maiores esclarecimentos.

13.4.3 Provas práticas

Em algumas disciplinas, é necessário avaliar destrezas cuja medição não pode ser feita com provas escritas, como, por exemplo: manejar instrumentos, operar máquinas, tocar instrumentos musicais etc. Nessas disciplinas, muitos dos objetivos são de natureza psicomotora, pois envolvem atividades de natureza neuromuscular. Devido à impossibilidade de avaliar essas habilidades mediante provas objetivas, muitos professores acabam por proceder a avaliações subjetivas do rendimento dos estudantes. Mas a destreza na execução dessas tarefas pode ser avaliada com razoável nível de objetividade mediante a utilização de observação sistematicamente planejada, registrada e controlada.

Esse tipo de avaliação pode referir-se tanto à *execução de atividades* quanto ao *resultado* de qualquer execução. A execução pode consistir numa aula expositiva, num trabalho de laboratório, clínica ou oficina, no manejo de equipamentos, maquinaria ou veículos, na condução de uma entrevista, na execução de uma peça musical etc. O resultado, por sua vez, pode referir-se a desenhos, pinturas, esculturas, plantas de casa, cartazes, maquetes etc.

A avaliação de execuções ou de produtos pode ser feita por meio de dois tipos de instrumento: folhas de cotejo ou escalas de classificação. A *folha de cotejo* consiste numa série de afirmações relacionadas ao que vai ser avaliado, sendo que cada uma delas refere-se a uma qualidade positiva ou negativa. Quando essa qualidade se manifesta na execução do produto que se avalia, coloca-se um sinal ao lado da afirmação. Cada sinal relacionado a uma qualidade positiva representa um ponto na avaliação do estudante, e cada sinal relacionado a uma qualidade negativa, um ponto a menos. Por exemplo, uma folha de cotejo para avaliar a destreza de alunos de Enfermagem na aplicação de injeções pode envolver afirmações como: (a) lavou as mãos antes do início da atividade; (b) fez a antissepsia do local; e (c) separou o material a ser utilizado. Folhas de cotejo só podem ser elaboradas para avaliar situações em resultados que admitam distinções dicotômicas, do tipo "sim-não" ou "presente-ausente".

Existem, no entanto, habilidades que não podem ser avaliadas de forma absoluta. Nesses casos, podem ser utilizadas *escalas de classificação*, que consistem numa série de itens relacionados com o que se pretende avaliar, cada um deles seguido por uma escala de opções ordenadas. Nessas escalas, o avaliador marca a opção que no seu entender pareça a mais indicada para descrever a execução ou o resultado a ser avaliado. Alguns exemplos de itens seguidos de escalas para avaliar a apresentação de um discurso:

1. *Contato visual com o auditório*:

Nenhum (   ) Pouco (   ) Razoável (   ) Bom (   ) Excelente (   )

2. *Gesticulação*:

Nenhuma (   ) Pouca (   ) Razoável (   ) Boa (   ) Excelente (   )

Avaliação da aprendizagem

3. *Timbre de voz*:
Muito desagradável (   ) Desagradável (   ) Razoável (   ) Agradável (   ) Muito agradável (   )

13.4.4 Provas orais

As provas orais já foram muito utilizadas no Ensino Superior, tanto para seleção quanto para promoção. Hoje, são bem mais raras. Poucas são as circunstâncias que recomendam seu emprego. Podem ser necessárias para a avaliação de estudantes portadores de necessidades especiais. Também podem ser usadas para verificar as habilidades no desempenho de tarefas que exijam locução, como as de entrevistador, intérprete ou guia de turismo, por exemplo. Nos cursos de pós-graduação, em que interessa verificar habilidades de argumentação, provas orais também podem ser úteis.

13.5   Outras modalidades de avaliação

Embora as provas, em suas diferentes modalidades, ainda constituam os procedimentos mais usuais para avaliação da aprendizagem no Ensino Superior, existem muitos outros, que podem ser aplicados em situações mais específicas. Assim, autores como Angelo e Cross (1993) e Barkley e Major (2020) desenvolveram importantes trabalhos de compilação de técnicas simples, aplicáveis às mais diversas situações no Ensino Superior. Algumas dessas técnicas são apresentadas a seguir.

13.5.1 Avaliação da memorização e da compreensão

■ Sondagem de conhecimento prévio. Questionário aplicado no início de um curso ou unidade referente aos respectivos conhecimentos.

■ Matriz de memória. Os alunos preenchem espaços em uma tabela em que são apresentados os títulos das linhas e das colunas, mas as células estão vazias.

■ Artigo de um minuto. Os alunos elaboram um artigo curto referente ao tópico mais importante aprendido durante a aula.

■ Ponto mais confuso. Os alunos são solicitados a responder à pergunta: "Qual foi o ponto mais confuso ou menos esclarecido na presente aula?".

■ Lista de fatores relevantes. Os alunos relacionam fatores que consideram relevantes em relação a um tópico apresentado em uma aula, leitura ou qualquer outra experiência desenvolvida durante o curso.

13.5.2 Avaliação da aplicação de conhecimentos

■ Comentário de citações. Os alunos recebem um conjunto de citações referentes a uma aula leitura e são solicitados a fazer seus próprios comentários a respeito.

■ Considerações pessoais. Os alunos recebem um texto referente a uma teoria ou conceito que lhes foi transmitido e são desafiados a encontrar uma maneira de aplicá-lo em um contexto novo ou diferente.

165

Avaliação da aprendizagem

- Paráfrase dirigida. Os alunos são solicitados a parafrasear parte de uma lição para um público específico, demonstrando capacidade de traduzir as informações em uma linguagem que esse público possa entender.

13.5.3 Avaliação da habilidade de análise

- Pós e contras. Os alunos listam prós e contras (vantagens e desvantagens, custos e benefícios) de uma teoria, um método, uma política etc.
- "O que", "como" e "por que". Os alunos analisam uma mensagem específica, considerando seu conteúdo ("o que"), sua forma ("como") e suas funções ("por que").
- Memorandos analíticos. Os alunos escrevem uma análise de um problema ou questão específica para auxiliar tomadores de decisão.

13.5.4 Avaliação da habilidade de síntese

- Resumo de uma frase. Os alunos são solicitados a fornecer as respostas a um determinado tópico: "Quem faz o que, quando, como, onde e por quê?", e, em seguida, a dizer tudo isso em uma única frase.
- Mapas conceituais. Os alunos elaboram um diagrama com a apresentação de um conceito central e de seus relacionamentos com outros conceitos.
- Artigo de síntese. Os alunos fazem várias leituras juntos, trabalham para extrair pontos em comum e elaboram um artigo de síntese.

13.5.5 Avaliação de habilidades humanas e atitudes

- Discussão livre. São constituídos pequenos grupos de alunos para responder a questões relacionadas ao curso. A discussão segue como uma troca informal de ideias, mas os alunos são avaliados em relação à sua habilidade para participar de discussões.
- Dramatização. É criada uma situação em que os alunos desempenham papéis que assumiriam em acontecimentos relacionados aos objetivos de aprendizagem.
- Diálogos dramáticos. Os alunos criam um diálogo com base na discussão de um problema ou questão entre dois personagens, reais ou imaginários, do passado ou do presente.
- Dilema ético. Os alunos são apresentados a um cenário em que alguém precisa tomar uma decisão entre duas ou mais alternativas difíceis.
- Proclamação. Os alunos analisam uma situação problemática na comunidade e elaboram um discurso com vistas a convencer os demais de sua urgência, bem como para oferecer estratégias para solucioná-la.

13.5.6 Avaliação da consciência dos alunos acerca de suas atitudes e valores

- Pesquisas de opinião em sala de aula. Os alunos indicam seu grau de concordância ou discordância em relação a enunciados referentes ao curso.

166

Avaliação da aprendizagem

- Dilemas éticos. Os alunos analisam um caso que apresenta um dilema ético relacionado à disciplina.
- Pesquisa de autoconfiança. Os alunos são solicitados a indicar seu grau de confiança no domínio dos conceitos e materiais relacionados ao curso.

13.5.7 Avaliação da autoconsciência dos alunos enquanto alunos

- Esboço autobiográfico. Os alunos escrevem uma breve descrição de uma experiência de aprendizagem bem-sucedida relacionada ao curso.
- Lista de verificação de interesses/conhecimentos/habilidades. Os alunos elaboram uma lista para indicar seus conhecimentos, suas habilidades e seus interesses em relação ao curso.
- Identificação e ordenação de objetivos. Os alunos listam e priorizam de três a cinco metas para o seu aprendizado no curso.

13.5.8 Avaliação de habilidades, estratégias e comportamentos de estudo relacionados ao curso

- Registros de tempo de estudo produtivo. Os alunos preenchem um registro com indicação da quantidade e da qualidade do tempo gasto em um estudo específico.
- Análise do processo. Os alunos descrevem o processo que realizam para concluir uma tarefa específica.
- Registros de aprendizagem diagnóstica. Os alunos escrevem com a finalidade de aprender, identificando, diagnosticando e prescrevendo soluções para seus próprios problemas de aprendizagem.

13.6 Como lidar com a cola

Poucas coisas podem ser mais desagradáveis para um professor quanto o fato de saber que alguns estudantes se valeram de colas nos exames. De fato, trata-se de séria manifestação de desonestidade, que não pode ser perdoada nem mesmo justificada. No entanto, as motivações para colar são tão universais e compreensíveis que também não se justifica tratar impiedosamente os coladores. O professor não deve olhar a cola apenas em termos de certo ou errado, honroso ou desonroso. Mesmo alunos que não necessitam colar para serem aprovados podem ser tentados a fazer uso da cola em virtude de fortes pressões para obter notas mais altas. Mas cola é um procedimento desonesto, e como tal não pode ser tolerado. O professor que não se importa com ela não apenas está sendo injusto, mas também estimulando estudantes a manter condutas inadequadas. Por isso, convém que esses professores considerem que mesmo os alunos que habitualmente colam, provavelmente colam mais com determinados professores do que com outros. Isso porque os estudantes, em sua maioria, sentem-se menos estimulados a colar numa matéria em que mantêm um relacionamento positivo com o professor. A cola é mais comum em relacionamentos impessoais de adversários, nos quais o confronto é esperado. É menos provável que os estudantes colem quando são estimulados pela matéria, gostam do professor, sabem por que os exames são dados, acreditam que vão obter notas justas e sabem que será difícil colar (LOWMAN, 2004).

Com relação à cola, nada é melhor do que a prevenção. Nesse sentido, diversas sugestões podem ser dadas. Primeiramente, convém que o professor se esforce no sentido de diminuir a pressão sobre os alunos, providenciando, por exemplo, uma quantidade razoável de oportunidades de avaliações. Depois, que procure elaborar provas interessantes, evitando, por exemplo, provas que exijam muita memorização ou a consideração de detalhes triviais.

A cola é mais fácil de ocorrer em classes numerosas. Por isso, nessas circunstâncias é recomendado que as provas sejam aplicadas com auxiliares. Mas nem todas as escolas possibilitam isso. Como a forma mais comum de cola é a que se faz de outro colega, também convém que as provas, principalmente as objetivas, sejam elaboradas em diferentes versões, com a alteração da ordem das questões.

LEITURAS SUPLEMENTARES

BARKLEY, Elizabeth F.; MAJOR, Claire H. *Técnicas para avaliação da aprendizagem*: um manual para os professores universitários 2020. Curitiba: PUCPRESS, 2020.

Esse livro foi escrito com o propósito de auxiliar os professores na aplicação de 50 técnicas apropriadas para a avaliação nos vários domínios da aprendizagem.

BERBEL, Neusi Aparecida Navas. *Avaliação da aprendizagem no Ensino Superior.* Londrina: UEL, 2001.

Esse livro, fundamentado em pesquisa empírica, aborda os problemas enfrentados tanto por professores quanto por alunos em relação ao processo avaliativo. Trata, entre outros tópicos, da coerência entre o ensinado e o avaliado, da coerência entre a forma de ensinar e de avaliar e da preparação do estudante para a avaliação.

BRASIL. Ministério da Educação. *Guia de elaboração e revisão de itens.* Brasília: MEC, Instituto Nacional de Estudos Pedagógicos, 2011.

Este guia apresenta as orientações do INEP relativas à construção e revisão de itens para testes de avaliação adotados no Exame Nacional de Desempenho dos Estudantes. Abrange a construção tanto de itens discursivos quanto de múltipla escolha.

BIBLIOGRAFIA

ABREU, Maria Célia de; MASETTO, Marcos Tarciso. *O professor universitário em aula*: prática e princípios teóricos. 5. ed. São Paulo: MG Ed. Associados, 1985.

ANDERSON, Lorin W.; KRATHWOHL, David R. (ed.) *A taxonomy for learning, teaching, and assessing*: a revision of Bloom's taxonomy of educational objectives. Boston: Allyn & Bacon, 2001.

ANGELO, Thomas A.; CROSS, K. Patricia. *Classroom assessment techniques*: a handbook for college teachers 2. ed. San Francisco: Jossey-Bass, 1993.

AUSUBEL, David Paul; NOVAK, Joseph D.; HANESIAN, Helen. *Educational psychology*: a cognitive view. New York: Holt, Rinehart and Winston, 1978.

BAEPLER, Paul; WALKER, J. D.; BROOKS, D. Christopher; SAICHAIE, Kem. *A guide to teaching in the active learning classroom*: history, research, and practice. Sterling: Stylus, 2016.

BARKLEY, Elizabeth F.; MAJOR, Claire H. *Técnicas para avaliação da aprendizagem*: um manual para os professores universitários 2020. Curitiba: PUCPRESS, 2020.

BAUMAN, Zygmunt. *Modernidade líquida*. Rio de Janeiro: Jorge Zahar, 2001.

BENNETT, Michael; BRADY, Jacqueline. A radical critique of the learning outcomes assessment movement. *Radical Teacher*, v. 100, p. 146-152, 2014.

BERBEL, Neusi Aparecida Navas. *Avaliação da aprendizagem no Ensino Superior*. Londrina: UEL, 2001.

BERGMANN, Jonathan; SAMS, Aaron. *Sala de aula invertida*: uma metodologia ativa de aprendizagem. Rio de Janeiro: LTC, 2016.

BERLO, David. K. *O processo de comunicação:* introdução à teoria e à prática. 10. ed. São Paulo: Martins Fontes, 2003.

BLOOM, Benjamin *et al. Taxonomia de objetivos educacionais*: domínio cognitivo. Porto Alegre: Globo, 1972.

BLOOM, Benjamin. *Taxonomia de objetivos educacionais*: domínio afetivo. Porto Alegre: Globo, 1973.

BLOOM, Benjamin; HASTINGS, J. Thomas; MADAUS, George F. *Manual de avaliação formativa e somativa do aprendizado escolar*. São Paulo: Pioneira, 1983.

BOGAN, Brent; OGLES, Matthew. *Blended learning*: a concise guide for mixing. Murfreesboro: UCM Management, 2016.

BOOKFIELD, Stephen; PRESKILL, Stephen. *Discussion as a way of teaching*. San Francisco: Jossey-Bass, 1999.

BRASIL. Ministério da Educação. *Guia de elaboração e revisão de itens*. Brasília: MEC, Instituto Nacional de Estudos Pedagógicos, 2011.

BRASIL. Ministério da Educação. Secretaria de Educação Superior. *Diretrizes curriculares para os cursos de graduação*. Brasília. Disponível em: http://portal.mec.gov.br/sesu/index. Acesso em: 14 jun. 2019.

BRUNER, Jerome. *Uma nova teoria da aprendizagem*. Rio de Janeiro: Bloch, 1976.

BUZAN, Tony; GRIFFITHS, Chris. *Mind maps for business*. Using the ultimate thinking tool to revolutionise how you work. 2. ed. London: Pearson, 2013.

CARNEGIE, Dale. *Como fazer amigos e influenciar pessoas*. 48. ed. São Paulo: Companhia Editora Nacional, 2000.

CARVALHO, Fábio Câmara Araújo de; IVANOFF, Gregório Bittar. *Tecnologias que educam*: ensinar e aprender com tecnologias de informação e comunicação. São Paulo: Pearson, 2009.

COHEN, Elisabeth G.; LOTAN, Rachel A. *Planejando o trabalho em grupo*. Porto Alegre: Penso, 2017.

COSTA, Elis Regina da; BORUCHOVITCH, Evely. Compreendendo relações entre estratégias de aprendizagem e a ansiedade de alunos do ensino fundamental de Campinas. *Psicol. Reflex. Crit.*, v. 17, n. 1, p. 15-24, 2004. Disponível em: http://dx.doi.org/10.1590/S0102-79722004000100004. Acesso em: 30 jan. 2019.

CROMPTON, Hellen; TRAXLER, John. *Mobile learning and higher education*: challenges in context. New York: Routledge, 2018.

DAHMS, Mona Lisa; SPLIID, Claus Monrad; NIELSEN, Jens F. D. Teacher in a problem-based learning environment: Jack of all trades? *European Journal of Engineering Education*, v. 42, n. 6, p. 1-24, 2017.

DANIS, Claudia; SOLAR, Claudie. *Aprendizagem e desenvolvimento dos adultos*. Lisboa: Instituto Piaget, 2001.

DAVE, R. H. Psychomotor levels. *In*: ARMSTRONG, R. J. (ed.). *Developing and writing behavioral objectives*. Tucson: Educational Innovators Press, 1970.

DAVIES, lvor K. *O planejamento do currículo e seus objetivos*. São Paulo: Saraiva, 1979.

Bibliografia

DEWEY, John. *How we think*: a restatement of the relation of reflective thinking to the educative process. Boston: Heath & Co Publishers, 1933.

DEWEY, John. *Democracia e educação*. 4. ed. São Paulo: Nacional, 1979.

DODGE, B. *Building blocks of a WebQuest*, 1997. Disponível em: https://webquest.org/sdsu/about_webquests.html. Acesso em: 10 dez. 2021.

DODGE, B. WebQuests: A technique for internet – based learning. *The Distance Educator*, v. 1, n. 2, 1995.

DUFFY, Donna K.; JONES, Janet. W. *Teaching within the rhythms of the semester*. San Francisco: Jossey-Bass, 1995.

ENG, Norman. *Teaching college*: the ultimate guide to lecturing, presenting, and engaging students. New York: Norman Eng, 2017.

ERIKSON, Martin G.; ERIKSON, Malgorzata. Learning outcomes and critical thinking: good intentions in conflict. *Studies in Higher Education*, 19 June 2018. Disponível em: https://www.tandfonline.com/doi/full/10.1080/03075079.2018.1486813. Acesso em: 14 jul. 2019.

FILATRO, Andrea. *Como preparar conteúdos para EAD*: guia rápido para professores e especialistas em educação a distância, presencial e corporativa. São Paulo: Saraiva Educação, 2018.

FILATRO, Andrea. *Produção de conteúdos educacionais*. São Paulo: Saraiva/Somos, 2015.

FILATRO, Andrea; CAVALCANTI, Carolina. *Metodologias inov-ativas*: na educação presencial, a distância e corporativa. São Paulo: Saraiva, 2018.

FONTANA, David. *Psicologia para professores*. São Paulo: Loyola, 1998.

FORTSON, Kim. Creating device-neutral assignments for BYOD classes. *The Journal: Technological Horizons In Education*, v. 40, n. 2, p. 6, 2013.

FREIRE, Paulo. *Pedagogia do oprimido*. 38. ed. São Paulo: Paz e Terra, 2002.

GAGNÉ, Robert M. *Como se realiza a aprendizagem*. Rio de Janeiro: LTC, 1980.

GARCIA ARETIO, Lorenzo. *Lla educación a distancia*: de la teoría a la práctica. Barcelona: Ariel Educación, 2001.

GARDNER, Howard. *Frames of mind*. New York: Basic Books, 1983.

GARDNER, Howard. Reflections on multiple intelligences. Myths and messages. *Phi Delta Kappan*, v. 77, n. 3, nov. 1995.

GARDNER, Howard. Are there additional intelligences? The case for naturalist, spiritual, and existential intelligences. *In*: J. KANE, Jeffrey (ed.). *Education, information and transformation*. Englewood Cliffs: Prentice Hall, 1999.

GIBB, Jack R. Defensive communication. *Journal of Communication*, v. 11, n. 13, p. 141-148, Sept. 1961.

GIL, Antonio Carlos. *Didática do Ensino Superior*. 2. ed. São Paulo: Atlas, 2018.

GODOY, Arilda Schmidt. *Didática para o Ensino Superior*. São Paulo: Iglu, 1988.

GORING, Paul A. *Manual de medições e avaliação do rendimento escolar*. Coimbra: Almedina, 1981.

HARDEN, R. M.; CROSBY, J. AMEE Guide n. 20: the good teacher is more than a lecturer – the twelve roles of the teacher. *Medical Teacher*, v. 22, n. 4, 2000.

HARROW, A. J. *A taxionomy of the psychomotor domain*. New York: McKay, 1972.

HASSETT, Marie, F. What makes a good teacher? *Home*, v. 12, p. 1-5, 2000.

HILDEBRAND, Milton; WILSON, Robert C.; DIENST, Evelyn R. *Evaluating university teaching*. Berkeley: Center for Research and Development in Higher Education, University of of California, 1971.

HOFRICHTER, Markus. *Como criar metas e objetivos*: de forma correta. Porto Alegre: Simplíssimo, 2017.

HOLMBERG, Börje. *Distance education in essence*: an overview of theory and practice in the early twenty-first century. 2. ed. Oldenburg: Bibliotheks- und Informationssystem der Carl von Ossietzky Universität Oldenburg, 2003.

HOLMBERG, Börge. The feasibility of a theory of teaching for distance education and a proposed theory. *ZIFF Papiere*, 60. Hagen: FernUniversitat, 1985.

HORN, Michael B.; STAKER, Heather. *Blended*: usando a inovação disruptiva para aprimorar a educação. Porto Alegre: Penso, 2015.

KAPLAN, Andreas M.; HAENLEIN, Michael. Higher education and the digital revolution: about MOOCs, SPOCs, social media, and the cookie monster. *Business Horizons*, v. 59, n. 4, p. 441-450, July/Aug. 2016.

KEEGAN, Desmond. *Otto Peters on distance education*: the industrialization of teaching and learning. London: Routledge, 1994.

KILPATRICK, William H. The project method. *Teachers College Record*, v. 19, n. 4. p. 319-335, Sept. 1918.

KNOWLES, Malcolm S. *The modern practice of adult education*: andragogy versus pedagogy. New York: Association Press, 1970.

KNOWLES, Malcolm S.; HOLTON III, Elwood. F.; SWANSON, Richard. A. *The adult learner*: the definitive classic in adult education and human resource development. 7. ed. Oxford: Elsevier, 2011.

KUH, George. D.; HU, Shouping.; VESPER, Nick. They shall be known by what they do: an activities board typology of college students. *Journal of College Student Development*, v. 41, n. 2, p. 228-244, 2000.

LEAL, Edvalda Araújo; MIRANDA, Gilberto José; CASA NOVA, Silvia Pereira de Castro. *Revolucionando a sala de aula*. São Paulo: Atlas, 2017.

LEGRAND, Louis. *A didática da reforma*: um método ativo para a escola de hoje. 2. ed. Rio de Janeiro: Zahar, 1976.

LOTUS INSTITUTE. *Distributed learning*: approaches, technologies and solutions. White Paper. Cambridge: Lotus Development, 1996.

LOWMAN, Joseph. *Dominando as técnicas de ensino*. São Paulo: Atlas, 2004.

Bibliografia

MAGER, Robert F. *A formulação de objetivos de ensino*. 7. ed. Porto Alegre: Globo, 1987.

MAGER, Robert F. *O que todo chefe deve saber sobre treinamento*. São Paulo: Market Books, 2001.

MARZANO, Robert J.; KENDALL, John S. *The new taxonomy of educational objectives*. 2. ed. Thousand Oaks: Corwin Press, 2007.

MASETTO, Marcos Tarciso. *Competência pedagógica do professor universitário*. São Paulo, Summus, 2003.

MASETTO, Marcos Tarciso. *Docência na universidade*. Campinas: Papirus, 1998.

MASETTO, Marcos Tarciso. *O professor na hora da verdade*: a prática docente no Ensino Superior. São Paulo: Avercamp, 2010.

MASETTO, Marcos Tarciso. *Aulas vivas*. 2. ed. São Paulo: MG, 1996.

MASETTO, Marcos Tarciso. *Desafios para a docência universitária na contemporaneidade*: professor e aluno em inter-ação adulta. São Paulo: Avercamp, 2015.

MASETTO, Marcos Tarciso. Desafios para a docência no Ensino Superior na contemporaneidade. *In*: *Didática e prática de ensino*: diálogos sobre a escola, a formação de professores e a sociedade. Encontro Nacional de Prática de Ensino ENDIPE, 17, 2014. Disponível em: http://uece.br/endipe2014/ebooks/livro4/48.%20DESAFIOS%20PARA%20A%20DOC%C3%8ANCIA%20NO%20ENSINO%20SUPERIOR%20NA%20CONTEMPORANEIDADE.pdf. Acesso em: 14 jul. 2019.

McKERNAN, James. A critique of instructional. *Education Inquiry*, v. 1, n. 1, p. 57-67, 2010.

McEWAN, Elaine K. *Ten traits of highly effective teachers*: how to hire, coach, and mentor successful teachers. Thousand Oaks, California: Corwin Press, 2002.

McNAIR, Malcolm P. (ed.). *The case method at the Harvard Business School*: papers by present and past members of the faculty and staff. New York: McGraw-Hill, 1954.

MEDEIROS, Ethel Bauzer. *Provas objetivas, discursivas, orais e práticas*: técnicas de construção. 9. ed. Rio de Janeiro: Fundação Getulio Vargas, 1989.

MORENO, Jacob Levy *Fundamentos do psicodrama*. São Paulo: Summus, 1983.

MOORE, Michael G.; KEARSLEY, Greg. *Educação a distância*: sistema de aprendizagem on-line. Sao Paulo: Cengage Learning, 2013.

MOORE, Michael. Theory of transactional distance. *In*: KEEGAN, Desmond. (ed.). *Theoretical principles of distance education*. Abington: Routledge, 1997.

NEARY, Mike; WINN, Joss. The student as producer: reinventing the student experience in higher education. *In*: BELL, Les; NEARY, Mike; STEVENSON, Howard (ed.). *The future of higher education*: policy, pedagogy and the student experience. London: Continuum, 2009.

173

NICOLESCU, Basarab. A prática da transdisciplinaridade. *In*: UNESCO (org.) *Educação e transdisciplinaridade*, Brasília: Unesco, v. 1, p. 9-25, 2000. Disponível em: http://unesdoc.unesco.org/images/0012/001275/127511por.pdf. Acesso em: 11 jul. 2018.

NIMAN, Neil B. *The gamification of higher education*: developing a game-based business strategy in a disrupted marketplace. Palgrave: Macmillan, 2014.

NOVAK, Joseph D.; CAÑAS, Alberto J. A teoria subjacente aos mapas conceituais e como elaborá-los e usá-los. *Práxis Educativa*, Ponta Grossa, v. 5, n. 1, p. 9-29, 1º jun. 2010. Disponível em: https://www.revistas2.uepg.br/index.php/praxiseducativa/article/view/1298/944. Acesso em: 18 out. 2019.

OPEN UNIVERSITY. *Learning curriculum and assessment*: study guide. Milton Keynes: The Open University, 1999.

ORNSTEIN, Alan C.; HUNKINS, Francis P. *Curriculum foundations, principles and issues*. 5. ed. Boston: Pearson, 2009.

OUELLET, Fernand. L'éducation interculturelle et l'éducation à la citoyenneté. Quelques pistes pour s'orienter dans la diversité des conceptions. Faculté de théologie, d'éthique et de philosophie, université de Sherbrooke. *VEI Enjeux*, França, n. 129, jun. 2002. Disponível em: http://documentation.reseau-enfance.com/IMG/pdf/0140_interculturel_et_education_citoyennete.pdf. Acesso em: 7 jan. 2018.

PERRENOUD, Phillippe. *Dez novas competências para ensinar*. Porto Alegre: Artmed, 2000.

PFROMM NETTO, Samuel. *Psicologia da aprendizagem e do ensino*. São Paulo: EPU, 1987.

POLITO, Reinaldo. *Como falar corretamente e sem inibições*. 111. ed. São Paulo: Saraiva, 2006.

POTENZA, Emilia. The seven roles of the teacher. *The Teacher/M&G Media*. Johannesburg, Fev. 2002. Disponível em: http://www.teacher.co.za/200202/curriculum.html. Acesso em: 17 maio 2000.

ROGERS, Carl. *Liberdade de aprender em nossa década*. 2. ed. Porto Alegre: Artes Médicas, 1986.

SANT'ANNA, Flavia M. *et al. Planejamento de ensino e avaliação*. 11. ed. Porto Alegre: Sagra: DC Luzzatto, 1995.

SANTINELLO, Jamile. *Ensino superior em ambientes virtuais de aprendizagem (AVAs)*: formação docente universitária em construção. Curitiba: Intersaberes, 2015.

SANTOS, Edméa (org.). *Mídias e tecnologias na educação presencial e a distância*. Rio de Janeiro: LTC, 2016.

SAUL, Ana Maria. *Avaliação emancipadora*: desafio à teoria e à prática de avaliação e reformulação de currículo. 8. ed. São Paulo: Cortez, 2010.

SCHÖN, Donald A. *Educando o profissional reflexivo*: um novo *design* para o ensino e a aprendizagem. Porto Alegre: Artmed, 2000.

SEVERINO, Antonio Joaquim. *Metodologia do trabalho científico*. 24. ed. São Paulo: Cortez, 2016.

SIEMENS, George. Connectivism: a learning theory for the digital age. *International Journal of Instructional Technology and Distance Learning*, v. 2, n. 1, 2005.

SIMPSON, Elisabeth J. *The classification of educational objectives in the psychomotor domain*. Washington: Gryphon House, 1972.

SMITH, B. Othnel; STANLEY, William O.; SHORES, J. Harlan. *Fundamentals of curriculum*. Yonkers: World Book Company, 1957.

STRONGE, James H. *Qualities of effective teachers*. 3 ed. Alexandria: Association for Supervision and Curriculum Development, 2018.

STRONGE, James H; TUCKER, Pamela D.; HINDMAN, Jennifer. L. *Handbook for qualities of effective teachers*. Virginia: ASCD, 2004.

SVINICKI, Marilia; MCKEACHIE, Wilbert. *McKeachie's teaching tips*: strategies, research, and theory for college and university teachers. 14. ed. Belmont: Cengage, 2014.

SVINICKI, Marilia; MCKEACHIE, Wilbert. *Dicas de ensino*: estratégias, pesquisa e teoria para professores universitários. 13. ed. São Paulo: Cengage Learning, 2013.

TYLER, Ralph W. *Princípios básicos de currículo e ensino*. Porto Alegre: Globo, 1974.

WEDEMEYER, Charles A. *Learning at the back door*: reflextions on nontraditional learning in the lifespan. Wisconsin: The University of Wisconsin Press., 1981.

WALSH, Allyn. *The tutor in problem-based learning*: a novice's guide. Hamilton: McMaster University, Faculty of Health Sciences, 2005.

WEDEMEYER, Charles A. *Learning at the back door*: reflextions on nontraditional learning in the lifespan. Wisconsin: The University of Wisconsin Press., 1981.

WEIL, Pierre; TOMPAKOW, Roland. *O corpo fala*: a linguagem silenciosa da comunicação não verbal. 57. ed. Petrópolis: Vozes, 2004.

WEISGERBER, Corine; BUTLER, Shannan. *Re-envisioning Ppedagogy*: educators as curators, 2012. Disponível em: URL: http://www. slideshare. net/corinnew/ reenvisioning-modern-pedagogy-educators-as-curators-11879841, 2012. Acesso em: 07 ago. 2021.

WEIMER, Maryellen. *Active learning*: a practical guide for college faculty. Madison: Magna Publications, 2017.

WERNER, David; BOWER, Bill. *Aprendendo e ensinando a cuidar da saúde*. 3. ed. São Paulo: Paulinas, 1984.

WESTON, David; CLAY, Bridget. *Unleashing great teaching*: the secrets to the most effective teacher development. New York: Routledge, 2018.

WIGGINS, Grant; McTIGHE, Jay. *Planejamento para a compreensão*: alinhando currículo, avaliação e ensino por meio da prática do planejamento reverso. 2. ed. Porto Alegre: Penso, 2019.

WURMAN, Richard Saul. *Ansiedade de informação 2*: um guia para quem comunica e dá instruções. São Paulo: Editora de Cultura, 2005.

ÍNDICE ALFABÉTICO

A

Acadêmicos, alunos, 19

Acessível, professor universitário, 5

Alunos, classificação dos, 18

Ambiente competitivo, 105

Ambientes virtuais de aprendizagem (AVAs), 146

Análise, 40

Ansiedade, 58

Aplicação, 40

Aplicativos, 114, 146

Apreço e respeito pelos alunos, 86

Aprendizagem, 13-17
   ativa, 98
      técnicas para facilitar a, 106
   avaliação e reflexão sobre a, 104
   baseada
      em jogos, 104
      em problemas, 102
      em projetos, 99
   combinada, 143

conceito de, 56

estratégias para facilitar a, 66

móvel, 142

psicologia da, 8

significativa, 15, 16

Apresentação
   da videoaula, 124
   do desafio, 100
   do projeto, 100

Articulação, 44

Artigo de um minuto, 107

Artistas, alunos, 19

Associações, 64

Atenção dos estudantes, 78

Atividades
   avaliativas – elaboração, 126
   para educação a distância, 111, 137

Atmosfera envolvente e motivadora, 105

Atualizado, professor universitário, 5

Áudio, 114
   podcasts, 112

Índice alfabético

Aula-recitação, 75

Aulas

  expositivas, 69, 70, 74

    como planejar a, 76

    condução, 77

    habilidades de comunicação para a, 72

    modalidades de, 74

    modelo clássico, 69

    modelo moderno, 69

    provocativa, 75

    vantagens e limitações da, 72

  nos cursos superiores, 12

Autoavaliação, 158

Autoestima, 58

Autoestudo, 104

Avaliação(ões), 41, 115

  adequada aos propósitos do ensino superior, 155

  como parte integrante do processo de aprendizagem, 155

  contínua, 155

  da aprendizagem, 153

  das discussões, 93

  diversificadas, 157

  do desempenho do professor, 158

  domínios da aprendizagem, 156

  e reflexão sobre a aprendizagem, 104

  importância, 154

  instrumentos de, 156

  integrada, 156

no ensino híbrido, 137

  preparadas com antecedência, 157

B

Blended learning, 129

Blocos de papel, 148

Bloom, Benjamin, 37

Bobbit, Franklin, 36

Bom ouvinte, professor universitário, 5

Brincadeiras, 65

BYOD (*Bring Your Own Device*), 143

C

Canal, 71

Canva, 145

Chamar os estudantes pelo nome, 87

Chats, 144, 151

Cientistas, alunos, 19

ClassMaker, 146

Codificador, 70

Cola, 167

Coleta das informações, 100

Common Curriculum, 145

Compartilhamento de notas, 107

Competência(s)

  intelectuais, 56

  tecnológica, professor universitário, 5

  teórica, professor universitário, 5

Complexo de valores, 43

Compreensão, 40

  do conteúdo, 64

Compreensivo, professor universitário, 5

Comprometido, professor universitário, 5

Computação em nuvem, 142

Comunicação, 71

Comunicativo, professor universitário, 5

Concentração, 60

Conclusão(ões), 78

  prematuras, 88

Conhecimento, 40

  conceitual, 41

  dos alunos, 16

Índice alfabético

factual, 41

metacognitivo, 41

preexistente, 103

procedural, 41

Consecução do projeto, 100

Consenso prematuro, 88

Construção de questionários, 108

Contato visual, 74

Conteúdos

adequação à diversidade dos alunos, 50

adequação à modalidade de ensino, 51

adequação ao tempo, 51

elaboração para educação a distância, 116

flexibilidade, 50

no planejamento do ensino, 48

ordenação dos, 51

seleção dos, 49

significância, 49

utilidade, 50

validade, 49

vinculação aos objetivos, 49

Controvérsia, 84

Convencionais, alunos, 19

Criação, 41

Criativo, professor universitário, 5

Curso *on-line* aberto e massivo, 143

Curva de Gauss ou da "distribuição normal", 17

D

Decodificadores, 71

Desconfiança acerca do valor da discussão, 87

Desengajados, alunos, 18

Design instrucional

na educação a distância, 113

Dewey, John, 51, 96, 99, 103

Diagnóstico das expectativas dos alunos, 19

Diálogo didático, 118

Dicção, 73

Didática do ensino superior, 8

Diferenças individuais, 16

Discussão, 90

clássica, 83

como encerrar, 88

como iniciar, 84

desenvolvente, 83

em classe, 81

toda, 82

modalidades de, 83

valor pedagógico, 81

em pequenos grupos, 89

socrática, 83

Domínio

afetivo, 42

cognitivo, 40

psicomotor, 43

Dramatizações, 65

E

E-mails, 115, 150

Edmodo, 145

Educação

a distância, significado, 111

fundamentos teóricos da, 112

vantagens e desvantagens, 112

fundamentos filosóficos e sociológicos da, 8

Elaborações

de conteúdos para educação a distância, 116

de planos de ensino, 26

179

Índice alfabético

Emissor, 70

Empático, professor universitário, 5

Ensino

  adequação á modalidade de, 51

  híbrido, 129

    avaliação no, 135

    como utilizar, 129

    e uso da sala de aula invertida, 135

    etapas do, 133

    modelos, 131

    vantagens e desvantagens, 130, 131

  métodos ativos de, 98

  planejamento, 23

  tecnologias emergentes de, 141

Entusiasmado, professor universitário, 5

eQuizzer, 146

Escalas de classificação, 164

Esforçados, alunos, 19

Espontaneidade, 78

Estimulante, professor universitário, 5

Evernote, 145

Exercícios e prática, 146

Experiência comum, 84

Exposição(ões)

  como planejar a, 76

  condução, 77

  habilidades de comunicação para a, 72

  modalidades de, 74

  modelo clássico, 69

  modelo moderno, 69

  provocativa, 75

  vantagens e limitações da, 72

Exposição-demonstração, 75

Exposição-discussão, 75

Expressão corporal, 73

F

Facilitação da aprendizagem, 55

Fatores

  emocionais, 58

  sociais, 58

Feedback, 62

  capacidade de dar e receber, 90

  durante a aula, 79

  instantâneo, 105

Ferramentas tecnológicas, 143

Fidedignidade, 156

Flexível, professor universitário, 6

Flipcharts, 148

Folha de cotejo, 164

Fontes

  seleção, 117

Fórum(ns) de discussão, 144, 146

  criação, 125

  on-line, 150

Formulação de/do problema(s), 84, 100

Formulação dos objetivos, 114

Fracionamento, 90

Freire, Paulo, 96

G

Gamification, 142

Gardner, Howard, 57

Gentil, professor universitário, 6

Geração de hipóteses, 104

Google Slides, 144

GoogleDocs, 146

Greenshut, 145

Grupo(s)

  de "cochicho", 90

  de observação, 91

  de verbalização, 91

  para formulação de questões, 91

180

Índice alfabético

H
Hábitos de estudo, 65
Herbart, Johann Friedrich, 36
Humilde, professor universitário, 6
Humor, 61
Humorado, professor universitário, 6

I
Identificação do problema, 103
Igualitário, professor universitário, 6
Ilustrações, 121
Imitação, 43
Impressão em 3D, 142
Incentivador, professor universitário, 6
Individualistas, alunos, 19
Informação insuficiente, 88
Inovador, professor universitário, 6
Intelectuais, alunos, 19
Inteligência(s)
   competências intelectuais, 56
   múltiplas, 57
Intensidade da voz, 73
Intercultural, professor universitário, 7
Interessado, professor universitário, 6

J
Jogos
   aprendizagem baseada em, 104
     benefícios na, 105
   de papéis (*role-play*), 105, 109
   digitais, 105
   educacionais, 146
   tradicionais, 105

K
Keynote, 144

L
Langdell, Christopher, 101
Lei de Diretrizes e Bases da Educação Nacional, 4, 25
Líder, professor universitário, 6
Listas visuais, 108
Lousa interativa (*smart board*), 149
Ludificação, 146

M
Mager, Robert, 37
Manipulação, 44
Manutenção do foco, 105
Mapas conceituais, 108
Medo da crítica, 88
Memória, 62
Memorização, 40
Mensagem(ns), 70
   não verbais, 86
Metas, 37
Metodologia do ensino superior, 7, 8
Método(s)
   ativos, 95
     fundamentos dos, 96
   de caso, 101
   de ensino, 9
     ativo, 98
Minimização da relação hierárquica, 87
Modalidades de prova, 159
Modelos de ensino híbrido, 132
Motivação, 59

N
Naturalização, 44

Índice alfabético

O

Objetivos, 37
  adequados, 38
  classificação dos, 40
  de capacitar estudantes, 38
  educacionais, histórico dos, 36
  facilmente compreendidos, 39
  formulação de, 35, 36, 44
  função dos, 35
  realistas, 65
Observação do comportamento, 90
Organização, 43
  da matéria, 66
  dos tópicos, 76

P

Paciente, professor universitário, 6
Painel integrado, 91
Participação, 61
  como estimular, 85
Pausas, 64
Pausas de esclarecimento, 107
Pedagogia, 3
  ativa, 103
  da ação, 103
Pensamento compartilhado, 107
Perguntas, 84
  avaliativas, 85
  comparativas, 85
  factuais, 85
  formulação de, 85
Piaget, Jean, 96
Planboard, 145
Planejamento
  curricular, 25
  das atividades educativas, 23

  de ensino, 8, 25, 26
  dos estudos, 65
  educacional, 24
  institucional, 24, 26
Plano
  de aula, 31
  de Desenvolvimento Institucional (PDI), 24, 26
  de disciplina, 27
    avaliação, 30
    bibliografia, 29
    conteúdo, 28
    cronograma, 30
    ementa, 29
    estratégias de ensino, 29
    identificação do plano, 27
    objetivos, 28
    recursos, 30
  de ensino rigidez dos, 32
  de unidade, 30
Podcasts
  no ensino híbrido, 136
  preparação, 122
Pontual, professor universitário, 6
Pontualidade, 65
PowerPoint, 144, 149
Prático, professor universitário, 6
Precisão, 44
Preparação das notas de aula, 77
Prezi, 144
Problema(s)
  de aprendizagem, 104
  formulação de, 84, 100
Processo(s)
  cognitivo, 41

182

Índice alfabético

de aprendizagem - fatores que influenciam o, 56

de comunicação, 70

Professor universitário, 1

características requeridas do, 4

em aula, 11

formação no Brasil, 1

preparação do, 7

Projeto político pedagógico, 26

Projetor multimídia, 148

Propósitos, 37

Prova(s)

clima favorável, 157

de respostas curtas, 163

discursivas, 163

diversificadas, 157

objetivas, 159

orais, 165

práticas, 164

preparar os alunos para, 157

Psicologia

da aprendizagem, 8

diferencial, 17

Q

Quadro de giz, 147

Quadro-branco, 147

Qualidade das aulas, 78

Quebra-cabeças, 107

Questionador, professor universitário, 6

Questionamentos, 64

Questões

asserção-razão, 162

de associação, 162

de múltipla escolha, 160

de ordenação, 162

de resposta múltipla, 161

do tipo certo ou errado, 159

QuizBox, 146

R

Reação, 61

Realidade aumentada, 142

Realimentação, 62

Realimentador, professor universitário, 6

Realista, professor universitário, 6

Reavaliação e aplicação de novos conhecimentos ao problema, 104

Receptividade, 43

Receptivo, professor universitário, 7

Receptores, 71

Recreadores, alunos, 18

Recurso(s)

audiovisuais, 79, 114, 122, 136, 143

de apoio, 121

gráficos, 65

tecnológicos, 139

como usar, 147

desvantagens, 141

vantagens, 139

Reflexão sobre o projeto, 100

Reflexivo, professor universitário, 7

Reforço, 87

Relações causa-efeito, 85

Repetições, 64

Resistência dos alunos, 87

Resolução de problemas, 105

Respeitoso, professor universitário, 7

Respiração, 73

Resposta, 43

Resumo da resposta de outro aluno, 107

Retenção de conhecimentos, 105

Índice alfabético

Revisão(ões), 66, 80
Ritmo da voz, 73
Roteiro
  para videoaulas – criação, 123
Role-playing, 109
Rousseau, Jean-Jacques, 96

S
Saber ouvir, 86
Sala de aula invertida, 95, 106, 132
  no ensino híbrido, 135
  utilização, 135
Screencasts, 136
Seções de revisão ativa, 108
Seleção
  e ogrnaização de conteúdos para EaD, 116
  dos tópicos, 76
  e organização de conteúdos, 47
Seminários, 92
Sensível, professor universitário, 7
ShareX, 145
Simulação e modelagem, 146
Sintonizado, professor universitário, 7
SlideShare, 145
SnapCrab, 145
Socializadores, alunos, 18
Solicitação de participação, 86
Solução de problemas, 108
Spencer, Herbert, 36
Sway, 145

T
Técnicas de avaliação, 9
Tecnologia(s), 115
  de apoio a disciplinas específicas, 145
  de apresentação, 144
  de avaliação, 146

de comunicação, 144
de ensino, 61
de planejamento, 144
de produção de conteúdos, 145
emergentes de ensino, 141
Teoria
  da distância transacional, 113
  da industrialização do ensino, 113
  da interação e comunicação, 113
  das inteligências múltiplas, 57
  do estudo independente, 113
Textos didáticos, 119
Tomada de notas, 80
Trabalho em equipe, 89, 92
Tutoriais, 145
Tyler, Ralph, 36

V
Validade, 156
Valorização, 43
Variação de estratégias de ensino, 61
Variedade, 79
Velocidade da voz, 73
Vídeo(s), 51, 114, 118, 136, 140
Videoaulas, 115, 116, 122, 143
  apresentação, 124
  roteiro, 123
  preparação do cenário e dos equipamentos, 123
  preparação do professor, 123
Voz, 72
Vygotsky, Lev, 96

Y
YouTube, 145
W
WebQuests, 124